Alberto Luzárraga

Diálogo de la 3ra República

IUSGENTIUM PRESS

Copyright © 2008
by Alberto Luzárraga

Primera edición, 2008
IUSGENTIUM PRESS

ISBN-13 978-0-9817008-0-9
ISBN-10 0-9817008-0-2

© Reservados todos los derechos de
la presente edición a favor del autor

Impreso por
Eagle Lithographers, Inc.
2727 N.W. 17th Ave.
Miami, FL 33142

Prohibida la reproducción total o parcial
por cualquier medio, salvo autorización
por escrito del autor.

DEDICATORIA

Al pueblo de Cuba que ha caminado entre tinieblas y desinformación por cincuenta años dedico este libro, en la esperanza de que contribuya en alguna medida a disiparlas.

A mi esposa sin cuyo apoyo y dedicación ello no hubiera sido posible, mi testimonio agradecido.

A mis hijos nacidos fuera de Cuba que la llevan en su corazón.

INDICE

Capítulo I
Volver a Ser Nación.
Volver a ser nación.
Componentes de nación.
Territorio, idioma, historia y tradiciones compartidas.
Conclusión.

Capítulo II
Restauración de la República Constitucional Cubana.
Las Bases Morales.
I- La actitud y el compromiso de las personas que integran la sociedad con la justicia y la honestidad.
II- El Padre Varela y los comienzos.
III- División de poderes y derechos de la persona.
IV- Las bases morales de una república.
V- Moral ciudadana informada y aplicada.
VI- Religión, patriotismo y moral.
VII- Moral legislativa.
VIII- Moral judicial.
IX- Moral militar.
X- Conclusión.

Capítulo III
El Estado de Derecho.
I- Introducción.
II- ¿Qué es el Derecho?
III- Los derechos humanos y la ley natural.
IV- ¿Qué es la ley en el Estado de Derecho?
V- Las instituciones en el Estado de Derecho.
VI- Las instituciones como factor de equilibrio.
VII- Los principios democráticos esenciales y el ciudadano.
VIII- Definición del Estado de Derecho y su control.

CAPÍTULO IV
La Constitución Castrista.

CAPÍTULO V
¿Qué Debe Incluir una Constitución?
- I- Introducción.
- II- Objetivo de una Constitución.
- III- ¿Qué debe incluir una Constitución?
- IV- Regla de redacción.
- V- Nuestro pasado constitucional.
- VI- La historia nos da orientaciones para el futuro.
- VII- ¿Durante el período inicial, qué hacer?

CAPÍTULO VI
Contenido Constitucional. Garantías Individuales.
- I- ¿Por qué no restablecer la Constitución del 40 íntegra y con plena vigencia?
- II- Cuestión previa:
  La invocación a Dios en el Preámbulo Constitucional.
- III- Garantías individuales.
  Comentario y análisis de lo preceptuado en 1901 y 1940 y como pueden ser utilizadas esas garantías:
  La libertad religiosa.
  La igualdad ante la ley.
  Las garantías a la propiedad individual.
  Las garantías a los acusados detenidos o sancionados.
  Derecho a residir en el lugar que se escoja y a entrar y salir del territorio nacional.
  Derechos relacionados con la intimidad y privacidad.
  La libertad de expresión.
  Derechos de petición a las autoridades, reunión y asociación pacífica.
  Prohibición de dictar leyes que disminuyan los derechos individuales.
  Suspensión de garantías.

CAPÍTULO VII
Familia y Educación.
- I- Sin familia no hay nación.
- II- Problemas futuros.
- III- ¿Qué hacer?
- IV- Preceptos constitucionales sobre la familia.
- V- Educación.

Capítulo VIII
El Trabajo.
    I- Introducción. Situándonos en el Siglo XXI.
    II- Nuestros antecedentes legales y constitucionales.
    III- El castrismo y el trabajo.
    IV- El futuro.
    V- Conclusión.

Capítulo IX
Relaciones Entre Los Poderes del Estado.
    I- Introducción.
    II- El poder Ejecutivo.
        Que no es.
        Como se corrompe un ejecutivo.
        Como se controla la gestión ejecutiva.
        Como no se controla.
    III- Poder Legislativo.

Capítulo X
Futuro Poder Judicial en Cuba.
    I- Introducción.
    II- La situación en la Cuba castrista.
    III- Problemas inmediatos del nuevo poder judicial.
    IV- El sistema a adoptar.
    V- Nuestra tradición.
    VI- Recomendaciones.

Capítulo XI
El Tribunal Constitucional y Su Organización.
    I- Introducción.
    II- Breve historia del Tribunal Constitucional en Cuba.
    III- Consideraciones prácticas para el ciudadano.
    IV- Recomendaciones para el futuro.

Capítulo XII
Banca, Moneda y Deuda.
    I- Importancia del tema.
    II- Banca y Moneda
        1- Como opera la inflación.
        2- Causa principal de la inflación.
        3- Controlar el gasto público.
        4- Banco central independiente.
           Inflación interna e inflación internacional.
        5- El peso castrista.
        6- Nuevo sistema y controles de emisión.

    III- Sistema bancario.
         Funcionamiento.
         Peligros y soluciones.
    IV- El problema de la deuda externa.
    V- Principios a considerar relativos a la deuda externa.

EPILOGO
Prontuario de Economía y Libertad

APENDICE
La Nulidad de los Contratos de Inversión Extranjera por Causa Ilícita: Defraudar al Trabajador Cubano.
    I- La ley cubana de inversión extranjera.
    II- Los convenios internacionales del trabajo.
    III- La nulidad y sus consecuencias.
    IV- Conclusión

El Problema de la Vivienda Urbana en Cuba Objeto de Reclamaciones: Una Solución Dinámica.

Privatización en Cuba: ¿Factor de Unión y Desarrollo o de Conflicto Social?
    I- Introducción.
    II- El aspecto jurídico. Primera a séptima contrapartidas jurídicas.
    III- El aspecto económico.
            Privatización: Cómo y cuándo.
            Financiamiento del "shock". Soluciones.
    IV- El aspecto político.

Capítulo I

Volver a Ser Nación

Introducción.

Esta guía de ciudadanía responsable tiene un propósito didáctico. Intenta explicar en términos claros los principios que informan un estado de derecho y la vida en sociedad. Pero no es una guía teórica solamente. Su contenido es práctico. Los principios y conductas que describimos se ajustan a temas clásicos. No son originales, pero sí son probados por la experiencia cotidiana y podemos reconocerlos, pues nos topamos a menudo con ellos en el diario bregar de la existencia. A través del texto insistiremos en algunos que son vitales tales como la necesidad de dividir el poder y evitar la burocratización masiva.

Estos principios no surgen de una disertación de gabinete ni de una afiebrada disquisición filosófica como el marxismo. Se basan en el derecho natural, que es vida y experiencia. Marcan el camino que muchos hombres de bien y de inteligencia han trillado a lo largo de los siglos. Es un camino que procura el equilibrio en el ejercicio del poder. Es el único que nos lleva a la paz social y a una conducta ordenada y respetuosa de los derechos del prójimo, y por ende constructiva. Seguirlo nos lleva a buenos resultados, pero es fácil extraviarse y tomar el derrotero equivocado si nos dejamos llevar por cualquier charlatán o demagogo de fácil palabra y no nos avocamos a pensar las cosas con sentido común. Los principios clásicos son precisamente eso: simple sentido común. Usarlo sólo requiere detenerse a pensar un poco y hacerse preguntas. Es lo que pretende esta guía: estimular la reflexión y las preguntas. Daremos algunas respuestas procurando siempre la claridad y ser sucintos. De cada tema se pueden escribir varios libros pero nuestro propósito no es hacer gala de erudición sino ofrecer conceptos básicos y prácticos. El lector que añada de su propia investigación hará bien pues este libro va dedicado a los cubanos que quieran pensar e investigar. La experiencia le dirá, amigo lector, si anda errado o no en sus conclusiones. Siempre que estemos dispuestos a examinar nuestras conclusiones, mejoraremos. Lo único que atrasa a una sociedad es la uniformidad impuesta a base de lemas dogmáticos que no dicen nada sensato excepto lo que conviene al que los formuló. Una colectividad humana pensante crea una gran nación y ello nos lleva al primer objetivo a lograr en una nueva república.

Volver a Ser Nación: Ese es el Problema

¿Cómo dice? ¿Es qué no somos nación? Pues no, hoy por hoy, a principios del siglo 21 solamente lo somos a medias.

Nación se define como un conjunto humano que comparte un territorio geográfico, un idioma, una historia y unas tradiciones comunes. Analicemos. Primero, lo más fácil de resolver.

Territorio:

Estamos dispersos por todo el planeta en número equivalente al 20% de la población. Es un número muy importante. No obstante el problema puede remediarse aunque llevará mucho tiempo y el remedio será parcial. Muchos cubanos, por razones familiares o económicas, no volverán a residir permanentemente en Cuba o lo harán como visitantes. Muchos se han naturalizado en otros países, otros son hijos de cubanos y nunca han visto la patria de sus mayores ¿Tendrán doble ciudadanía y voto en Cuba como hoy se estila en muchos países? Asunto a decidir que de resolverse afirmativamente crearía nuevos lazos de nacionalidad y sería una ventaja importante para el país. En un mundo cada vez más pequeño tener amigos y representantes en muchas partes es una ventaja.

Idioma:

El idioma, aún lo tenemos aunque con sintaxis y préstamos varios producto de la dispersión. El espanglish es un hecho y aún peor es la sintaxis inglesa aplicada al español que produce algo que se parece al español pero que no lo es. Y en Cuba a veces se percibe también un deterioro del idioma que hay que corregir. Un problema manejable del que se puede sacar ventaja si se enfoca como oportunidad para unir a los cubanos. Cabe apuntar que la dispersión ha tenido su lado bueno. Contamos con gran número de cubanos que hablan varios idiomas. Es una gran ventaja para un país que aspire a exportar bienes o servicios.

Historia y tradiciones:

Es el problema más serio. Castro, siguiendo el modelo marxista del 'hombre nuevo', se dedicó a destrozar, denigrar y revisar no sólo la historia republicana de nuestro país sino también sus tradiciones familiares y personales. El resultado fue una Cuba de pesadilla fraguada en el molde de una mente enfermiza que no podía tolerar un pensamiento diferente.

Sólo así se entiende la crueldad y encono mostrados a lo largo de muchos años por gentes que no parecen cubanos, pues defectos tendremos, pero sistemáticamente crueles y enconados no lo hemos sido a lo largo de nuestra historia.

Se me dirá que enseñar la verdadera historia cubana y mundial con sus sombras y luces es labor de educación. Es cierto, pero hay dos vertientes. La fácil o sea explicarla a la nueva generación que está harta de mentiras y deseosa de aprender; y la difícil o sea aquélla que se dirija a los que creyeron todo lo del castrismo o lo creyeron a medias y que van a tener que enfrentarse a hechos tan desagradables como obvios y ciertos.

Casi 50 años de mentiras dejan un sedimento profundo. Aún en los que han llegado a conclusiones contrarias al régimen se observan a ratos rezagos de lo que les inculcaron de niños. El Padre Varela lo advirtió como veremos más adelante. Es normal, no puede ser de otra forma, somos humanos.

¿Qué hacer pues? ¿Educación de adultos, conferencias, documentales informativos, testimonios de víctimas, libros, etc.?

Todo ayuda, pero hace falta algo más que no se enseña sino se siente, y que en realidad es la llave de una Cuba futura pujante y esperanzada.

Se resume en una simple pregunta: ¿Quiere o no quiere usted pertenecer a una nación Cubana? La inmensa mayoría dirá que sí pero para ser sincero debe usted preguntarse que es ser cubano. No es solamente haber nacido en Cuba o ser hijo de cubanos, no es pertenecer a tales o cuales organizaciones con el gentilicio cubano en su razón social, o militar en un partido político que se diga cubano. Es pensar en cubano, actuar en cubano y querer lo mejor para Cuba en cubano.

Eso ha faltado por cincuenta años y no se lo puedo explicar con exactitud. Tiene que descubrirlo usted, compatriota que ha vivido exiliado o reprimido. Pero le doy una pista: es tener orgullo de su nacionalidad en cuanto a su historia republicana, entendiéndola con razón y mesura pues perfecta no es ninguna nación y todas tienen sus luces y sombras. Es tener orgullo de las relaciones que existen entre sus ciudadanos y con los demás. Orgullo de una forma de comportarse. Orgullo de ser laborioso, confiable, emprendedor, inventivo, honrado, responsable con su familia, acogedor y simpático.

Si esos valores cubanos tradicionales (hay más, pero me conformo con esos) le cuadran, los logra usted, y todos concordamos en que son esenciales, será usted un miembro de una nación digna de admiración, donde se pueda convivir a gusto. Pero si sólo vamos a trocar la desconfianza sembrada por el totalitarismo por una obsesión de ver que nos toca, 'como sea pero que sea ya, ahora que mejoró la cosa', sin reparar en los medios utilizados; entonces el camino será largo y laborioso, hasta que entendamos que ser persona decente y solidaria es un buen negocio para nosotros y para nuestros hijos.

Y eso es una nación próspera: un conjunto de personas decentes que mayormente se estiman entre sí y piensan que viven en un buen país donde se puede prosperar si se trabaja y se observa buena conducta. Para que ese país exista hay que esforzarse en ser un ciudadano valioso y útil. Ese es el propósito de esta guía de ciudadanía responsable.

Capítulo II

Restauración de la República Constitucional Cubana
Las Bases Morales

"La sociedad jamás pretendió ser esclava de su gobierno, ni renunciar a sus derechos de adelantamiento y perfección".

Padre Félix Varela

I-   La actitud y el compromiso de las personas que integran la sociedad con la justicia y la honestidad.

II- El Padre Varela y los comienzos.

III- División de poderes y derechos de la persona.

IV- Las bases morales de una república.

V-   Moral ciudadana informada y aplicada.

VI- Religión, patriotismo y moral.

VII- Moral legislativa.

VIII- Moral judicial.

IX- Moral militar.

X-   Conclusión.

I- La actitud y el compromiso de las personas que integran la sociedad con la justicia y la honestidad.

Una nación se organiza dándose leyes y una base jurídica empezando por una constitución que conforme un estado de derecho. Tocaremos estos temas en los capítulos siguientes pero es preciso enfocar primero la base moral a fin de construir un edificio sólido. Cuba tiene una historia constitucional de la que puede enorgullecerse, pero Castro ha denigrado todo lo hecho e intentado escribir la historia a su manera a fin de justificar su régimen. Nuestras instituciones han sido destruídas sistemáticamente. Para restaurarlas es preciso volver a los orígenes y dar a nuestro pueblo una idea cabal de su historia y de como superar la situación actual. Hace falta entender no sólo como funciona una república, tema que expondremos en el capítulo sobre el estado de derecho, sino aún más importante, entender como se conserva y se mantiene la república. Mantenerla requiere no sólo un sistema jurídico técnicamente bueno sino algo mucho más importante y fundamental: la actitud y el compromiso de las personas que integran la sociedad con la justicia y la honestidad. Actitud que naturalmente depende de la educación recibida. El Padre Varela, correctamente llamado 'el primero que nos enseñó a pensar', explicó lo anterior con claridad característica. Lo citaremos profusamente porque es preciso aprender a pensar en libertad pero libertad constructiva, respetuosa del derecho y del compatriota.

II- El Padre Varela y los comienzos.

Corría el año de 1820 y se había restablecido en España la Constitución de 1812. El Obispo Espada, hombre de visión e ideas liberales, aprovecha la oportunidad y crea la cátedra de Constitución en el Colegio Seminario de La Habana. Prácticamente fuerza a un renuente Padre Varela a concurrir a las oposiciones convocadas al efecto. Fue una excelente decisión. Varela, auxiliado por su discípulo José Antonio Saco, estudió exhaustivamente el tema. Con su genio innato en seis cortos meses se preparó y ganó las oposiciones. Comienzan las clases el 18 de enero de 1821 con 193 alumnos, muchos de los cuales fueron después importantes figuras en los trabajos libertarios. Varela, hombre de visión, invitó también a los militares. No era un momento fácil para predicar constitucionalismo a los militares. La Habana era centro del intento de reconquista

Diálogo de la 3ra República

española en América y sufría los efectos de una concentración militar. Pocos años después, en 1823, se restablecía el despotismo y Cuba quedaba sometida a un capitán general con facultades de gobernador de plaza sitiada, en el cual se confundían todos los poderes del estado o sea, un auténtico precursor del castrismo.

Varela describió a su cátedra así: "Yo llamaría a esta cátedra, la cátedra de la libertad, de los derechos del hombre, de las garantías nacionales, de la regeneración, la fuente de las virtudes cívicas".

Sucintamente, definió la necesidad de educar para la libertad, problema neurálgico de ayer y de hoy:

"La credulidad es el patrimonio de los ignorantes. La experiencia y la razón son las únicas fuentes o reglas de los conocimientos. Creemos muchas cosas porque así se creen y se han creído por todos; y otras muchas las rechazamos porque tradicionalmente se vienen rechazando por la generalidad".

"Nos despojamos muy difícilmente de las ideas que nos infiltraron desde la infancia y en virtud de ellas llegamos a obrar por una especie de hábito. Hemos sido en fin educados de tal modo que tenemos a gala impugnar y eliminar fulminantemente todo lo que contradice nuestras opiniones. ¡Cuántos males tienen aquí su origen!"

Su pensamiento, que hoy suena profético, penetraba los problemas creados por una educación absorbida en el marco del absolutismo. Ni es nuevo el desafío, ni tampoco imposible de enfrentar y resolver. Casi inevitablemente, Varela fue impulsado a aspirar como diputado a las flamantes Cortes Españolas. Electo, asumió su cargo y por un corto tiempo pudo gustar de la libertad de pensamiento y luchar por causas justas hasta que las Cortes fueron disueltas con la restauración del despotismo. Condenado a muerte, emprendió el camino del exilio en Nueva York. Allí desempeñó una incansable y fructífera labor, fundando varias parroquias y obras de apoyo social a los inmigrantes. En momentos de crisis fue llamado para ejercer de vicario de la diócesis. No obstante, restó tiempo al descanso para editar un periódico, El Habanero, que introducido clandestinamente en Cuba junto con las Cartas a Elpidio, sembraron las semillas del republicanismo cubano que fructificó en Yara.

III- División de Poderes y Derechos de la Persona.

La primera idea que debe figurar en la mente del ciudadano es: La esencia de toda república constitucional consiste en evitar la concentración del poder en sólo unas manos. La segunda es: Los derechos de la persona son innatos e inalienables. Una vez que ésto se entiende el sistema lo refleja porque el pueblo lo exige.

División de Poderes. El hombre, ser gregario por naturaleza, se asocia para sobrevivir y progresar. La asociación crea la necesidad de estipular reglas de conducta y de alguien que las interprete y las haga cumplir si se vulneran. Y ahí sencillamente tenemos el origen de los poderes del estado moderno: ejecutivo, legislativo y judicial. En los pueblos primitivos el poder ejecutivo y el judicial a veces se confundían pues el jefe o el rey era también juez, pero en las sociedades más avanzadas ya había división del poder, los hombres maduros legislaban y/o juzgaban. La civilización perfiló esas funciones y las delimitó siempre con el mismo objetivo, frenar el poder y dar garantías al individuo. Grecia y Roma fueron ejemplos de esa aspiración, alcanzando en ciertas épocas progresos notables, alternadas con caídas en el despotismo. Durante el período medieval, que siguió a la caída del imperio romano, hubo importantes intentos de limitación del poder real de los cuales el más conocido es la Carta Magna.

En el siglo XVIII Montesquieu, en su obra El Espíritu de las Leyes, entró más a fondo en el problema de las relaciones entre los poderes del estado y sus límites recíprocos. Su obra sirvió de referencia a los creadores modernos de repúblicas, en particular la república americana y la francesa. Pero éstas tienen diferencias enormes en su génesis. La república americana nace de una tradición inglesa de limitar el poder real. La revolución que la produce surge del convencimiento de los colonos que sus derechos personales como ingleses, y la división del poder habían sido violados por el rey. La revolución francesa es más drástica y muy enfocada en resentimiento clasista. Como la americana, muda radicalmente el estado de cosas vigente pero acaba concentrando poderes mientras, paradójicamente, alaba el republicanismo y la libertad individual. Ambos procesos necesitan de un líder militar durante el período de lucha, Napoleón y Washington.

Pero los diferentes enfoques de sus líderes produjeron diferentes resultados. Un militar, Napoleón, concentra poderes, se hace coronar emperador y acaba depuesto y encarcelado. Washington, aunque también de extracción militar, supo resistir la tentación del poder absoluto. Creía en los límites al poder. Los aceptó y pasó así a la historia como el padre de su patria y el creador de un sistema estable. Estados Unidos ha tenido casi 220 años de régimen constitucional estable con sucesión presidencial y elecciones aún durante la guerra civil. En ese mismo período Francia ha tenido 10 regímenes diferentes y cinco repúblicas con nuevas constituciones. Como todo en la vida, la génesis de los procesos tiene consecuencias. Si se echan a andar por gente ambiciosa y con pocos escrúpulos se cosecha lo que se siembra. Es nuestra historia de casi cincuenta años. Para progresar es preciso reflexionar sobre realidades y abandonar la emoción y la repetición de los lemas prefabricados por la propaganda, que ni dicen nada, ni construyen nada.

Derechos de la Persona. La creencia de que existen derechos inalienables de la persona humana, innatos y no concedidos, es la base del pensamiento de la limitación del poder. Un análisis de todas las tradiciones de gobierno nos da similares resultados en algún momento o situación. Así, en nuestra tradición libertaria (asfixiada más tarde por el absolutismo de los Hasburgos) observamos como los reyes de Castilla juraban los fueros locales, en ocasiones con bellas fórmulas, como la observada por el Señorío de Vizcaya donde el rey juraba para después escuchar estas palabras: "Y sabed señor que cada uno de nos vale tanto como vos y que todos juntos valemos más que vos".

Varela sabía de sobra lo anterior y nos dijo: "Por la naturaleza todos los hombres tienen iguales derechos y libertad. Un gobierno que dirija a la sociedad es necesario". Pero enfatiza que el poder está limitado por las exigencias de la naturaleza humana organizada en sociedad.

"La sociedad jamás pretendió ser esclava de su gobierno, ni renunciar a sus derechos de adelantamiento y perfección".
"Todo pacto social, no es más que la renuncia de una parte de la libertad individual para sacar mayores ventajas de la protección del cuerpo social y el gobierno es un medio para conseguirlas. Ningún gobierno tiene derechos. Los tiene sí el pueblo para variarlo cuando él se convierta en un medio de ruina en vez de serlo de prosperidad".

Para Varela la sociedad es un cuerpo en desarrollo. Debe crecer y progresar. El gobierno jamás está facultado para impedir este desarrollo. Cuando lo hace crea cuerpos sociales débiles y tambaleantes que piensan necesitar el sostén del gobierno para todo. Es parte esencial del diseño para la tiranía.

Si Félix Varela viera la Cuba de Castro, nos diría hoy igual que hace 180 años: Sin libertad no existe la nación. *"¿Qué nación podrá merecer este nombre si no es libre? Cuando todas las cosas se hayan trastornado y los hombres hayan llegado a perder sus derechos imprescriptibles, sin poder reclamarlos sino a costa de su propia existencia; cuando un corto número, olvidando el origen de su poder, se haya hecho árbitro de la suerte de los demás, ¿Diremos que éste es un pueblo feliz o un conjunto de esclavos en que la desgracia ha fijado su mansión?"*

La proclama de Yara recogió su enseñanza:

"Queremos disfrutar de la libertad para cuyo uso creó Dios al hombre. Profesamos sinceramente el dogma de la fraternidad, de la tolerancia y de la justicia, y considerando iguales a todos los hombres, a ninguno excluimos de sus beneficios; ni aun a los españoles, si están dispuestos a vivir en paz con nosotros. Queremos que el pueblo intervenga en la formación de las leyes, y en el reparto e inversión de las contribuciones. Queremos abolir la esclavitud indemnizando a los que resulten perjudicados. Queremos libertad de reunión, libertad de imprenta y libertad de conciencia; y pedimos religioso respeto a los derechos inalienables del hombre, base de la independencia y de la grandeza de los pueblos. Queremos sacudir para siempre el yugo de España y constituirnos en nación libre e independiente".

La Constitución de Guáimaro establece la división clásica de los poderes del estado a pesar de una situación de guerra. Recoge el concepto de los derechos naturales del hombre y establece: (Art. 24) "Todos los habitantes de la República son enteramente libres". (Art. 26) "La República no reconoce dignidades, honores especiales, ni privilegio alguno. La Cámara no podrá atacar las libertades de culto, imprenta, reunión pacífica, enseñanza y petición, ni derecho alguno".

Fue el comienzo de la república. Tan preocupados estaban los constituyentes de las garantías al ciudadano que se prohíbe a la Cámara el "atacarlos". Lo cual fue novedoso y preciso. Cualquier legislación que cercene los derechos de la persona es un verdadero

Diálogo de la 3ra República

ataque a la ciudadanía. Expondremos más adelante, como todas nuestras constituciones subsiguientes, tanto las de la república en armas como las del estado cubano ya constituido, (1901, 1940) han sido profusas en reconocer derechos ciudadanos, en limitar los poderes del estado y en ofrecer medios para hacerlo. El recurso de habeas corpus, y en particular el recurso de inconstitucionalidad de las leyes existían en Cuba desde 1900 y 1903 respectivamente. La excepción ha sido el adefesio constitucional castrista que simula dividir los poderes, pero de hecho los concentró en un ejecutivo omnipotente, mientras desvergonzadamente enumeraba una serie de 'derechos' y concluía diciendo que no se pueden ejercer para cambiar el sistema de gobierno. Exactamente lo opuesto del pensamiento constitucional sano y racional. El pueblo otorga la constitución para obtener precisamente el resultado contrario: gobiernos mudables si no se ajustan a la voluntad de los gobernados.

IV- Las Bases Morales de una República.

Buenas y doctas constituciones hay muchas. Pero pocas perduran. La mayoría es barrida por acontecimientos políticos o conmociones como revoluciones y guerras. Quiere decir que la calidad técnica de una constitución es ciertamente importante pero no es el elemento esencial para lograr estabilidad institucional. Los países estables cuentan con otro elemento: **El convencimiento de la ciudadanía de que si no se respeta el orden constitucional y la ley no es posible vivir en paz**.

Ese convencimiento engendra respeto mutuo entre los ciudadanos y gran aprecio por la legitimidad constitucional. El respeto exige que no se tolere el discurso golpista. Libertad de expresión, toda, pero incitación al golpe y al suicidio social, jamás. Como lograrlo sin coartar los derechos ha sido siempre una cuestión a resolver. En un reciente trabajo decíamos: "Una formulación útil es la de la constitución alemana que enfrentada con el mismo problema, lo resolvió así: (mi énfasis)

> Art. 21.2 "Son inconstitucionales los partidos que por sus **fines o la conducta de sus seguidores** se propongan menoscabar o destruir el orden fundamental libre y democrático y poner en peligro la existencia de la República

Federal de Alemania. Corresponde al Tribunal Constitucional declarar dicha inconstitucionalidad".

Este precepto mejora, porque provee la solución judicial, el contenido del Art. 37 de la Constitución del 40 que enfrentada a la doble amenaza del fascismo y el comunismo también consideró el problema al expresar:

"Es ilícita la formación y existencia de organizaciones políticas contrarias al régimen del gobierno representativo democrático de la República, o que atenten contra la plenitud de la soberanía nacional".

Cuando el sentimiento libertario prima, el golpista es tan mal visto que no puede actuar. Esto implica virtud ciudadana. Alexis de Tocqueville, noble francés que a mediados del siglo XIX recorrió América del Norte para estudiar el sistema imperante, escribió una obra clásica repleta de conclusiones agudas sobre lo que observaba. Sobre todo le llamó la atención el sentimiento comunitario y la disposición de los ciudadanos de pueblos pequeños a cooperar y a ofrecerse espontáneamente para toda clase de obras útiles. Analizó el sistema en detalle pero a la hora de formar conclusiones resumió lo visto en una frase que se hizo famosa: "América es grande porque es buena".

No es una simple frase, el autor iba a fondo. Una ciudadanía buena y sana confía en los otros ciudadanos y actúa de una forma solidaria, a diferencia de las ciudadanías sumidas en el odio, el egoísmo y la desconfianza. Los tiranos se especializan en dividir y sembrar la desconfianza y para ello, con maldad y cálculo, utilizan a la propia ciudadanía. Es la garantía de su continuismo. Varela conocía la historia y sentencia: *"Los pueblos pierden su libertad o por la opresión de un tirano o por la malicia y ambición de algunos individuos que **se valen del mismo pueblo para esclavizarlo, al paso que le proclaman su soberanía"**.*

Excelente maestro. Nos puso en guardia sobre lo que habría de venir cuando nos decía: *"Hay un fanatismo político que no es menos funesto que el religioso, y los hombres muchas veces con miras al parecer las más patrióticas, destruyen su Patria encendiendo en ella la discordia civil por aspirar a injustas prerrogativas".*

Diálogo de la 3ra República

Castro destruyó el sistema constitucional cubano, después de prometer restaurarlo, apelando al patriotismo. El fanatismo siempre viene mezclado con falso patriotismo. De lo contrario, no es vendible.

De nuevo Varela: *"El patriotismo es una virtud cívica, que a semejanza de las morales no suele tenerla el que dice que la tiene, y hay una hipocresía política mucho más baja que la religiosa. La juventud es muy fácil de alucinarse con estos cambia colores y de ser conducida a muchos desaciertos".* Los falsos patriotas nos dice, *"hacen del patriotismo un instrumento aparente para obtener empleos y otras ventajas de la sociedad. Nadie opera sin interés, todo patriota quiere merecer de su patria, pero cuando el interés no se aviene al bien de la patria se convierte en depravación e infamia. El falso patriotismo consiste en que muchas personas, las más ineptas y a veces las más inmorales, se escudan en él disimulando el espíritu de especulación y el vano deseo de figurar. No puede haber un mal más grave en el cuerpo político **y en nada debe ponerse mayor empeño que en conocer y despreciar estos especuladores".***

La libertad no se mantiene sin cuidado diario. Es preciso formarse cívicamente y estar alertas para conocer y despreciar a los especuladores. Los países estables y prósperos gozan de un patriotismo maduro, cívico y razonador, que repudia a los demagogos exaltados que prometen todo lo que no pueden dar.

La moral ciudadana es indispensable para renovar a través del voto las piezas movibles de la república es decir, los poderes ejecutivo y legislativo. La tocaremos a continuación y después examinaremos dos piezas esenciales y no renovables por el método electoral, es decir, las fuerzas armadas y el poder judicial que deben ajustarse a una moral de cuerpo.

V- Moral Ciudadana Informada y Aplicada.

La libertad, don precioso, está continuamente bajo ataque. Siempre por malicia y ambición, pero con mayor frecuencia por ignorancia y frivolidad. La ignorancia es peligrosa porque puede ser tan irreflexiva como audaz. La frivolidad lo es tal vez más, porque a menudo pasa desapercibida. La frivolidad más común y evidente es la de votar por cualquiera sin meditar en lo que dice el candidato. O peor aún, vender el voto por promesas de sinecuras las más de las veces incumplidas y falsas.

Para mantener la república y disfrutar de la libertad en sociedad hay que entender en que consiste el sistema, estar atentos y no dejarse llevar por palabras. Es ignorancia culpable el no informarse sobre como debe funcionar el país. Es nocivo conformarse con el último discurso altisonante que apela tan sólo a la emoción y no propone nada sensato. Es frívolo, egoísta y poco inteligente recoger de estas piezas oratorias tan sólo 'lo que a mí me conviene" porque un buen demagogo pondrá diversas carnadas en su anzuelo, todas a gusto del consumidor. Basta analizarlas, y se verá que son contradictorias o de imposible cumplimiento. Se ha dicho que el 'papel lo aguanta todo' y es cierto, pero las ondas sonoras aguantan más, particularmente cuando el orador puede decirle que 'no dijo eso' o que 'se le entendió mal'.

Pero a una ciudadanía informada y atenta no se le vende gato por liebre tan fácilmente. La educación cívica debe ser asignatura escolar, pero la escuela no sustituye al hogar ni al esfuerzo propio. El adulto que no la recibió (o peor la recibió adulterada) debe ser un autodidacta para formarse él y ayudar a sus hijos a ser buenos ciudadanos. La buena ciudadanía es inversión segura en la paz social y en el futuro de sus hijos. La paz social no la da nadie. Sale de la sociedad y de sus integrantes y requiere buena conducta y buenos ejemplos.

Un deber ciudadano importante es educar e informar al que no entiende por ignorancia o confusión. No todo puede hacerse por los medios de difusión públicos. Un buen amigo o vecino que informe respetuosa y amistosamente puede hacer mucho. En la Cuba post Castro será esencial el hacerlo para remediar tantos años de propaganda y tergiversación de la verdad y de la historia patria.

La buena ciudadanía aplicada tiene mucho material docente de donde escoger. Algunas máximas de Thomas Jefferson serían particularmente útiles:

"El derecho de actuar según nuestro criterio cae dentro de los límites que nos plantean los derechos ajenos. La base verdadera del gobierno republicano es el igual derecho de cada ciudadano para ejercer sus derechos tanto personales como de propiedad. Ningún hombre tiene un derecho natural a agredir los derechos ajenos. Es todo lo que las leyes deberían restringir".

"La prosperidad llega a su apogeo cuando se basa en la iniciativa personal".

Diálogo de la 3ra República

"Tomar de unos para dar a otros, porque se estima que por su industria y trabajo han adquirido mucho; para entregarlo a los que no han hecho lo mismo, es violar arbitrariamente el primer principio de asociación, la garantía a cada cual del fruto de su industria y su trabajo".

La base de la libertad es la propiedad privada, derecho natural por excelencia, que vemos brotar espontáneamente en el niño que dice: Esto es mío. Confiscar para concentrar la propiedad en el estado con la excusa usual de beneficiar a la comunidad y 'repartirla' más justamente, es en realidad un ataque a la sociedad y al individuo. Recordemos a Jefferson cuando nos habla de la violación arbitraria del primer principio de asociación y a Varela: *"Todo pacto social, no es más que la renuncia de una parte de la libertad individual para sacar mayores ventajas de la protección del cuerpo social y el gobierno es un medio para conseguirlas"*.

Una vez que se viola ese primer principio de asociación no hay límites. Excepto, la conveniencia del 'repartidor.' La propiedad privada es lo único que protege al ciudadano y le permite tener los medios con que resistir un gobierno arbitrario que pretenda controlarlo todo y que magnánimamente 'dé' a los ciudadanos lo que le parezca. Por ello las tiranías la aborrecen y la marxista en particular la pinta como instrumento de explotación sin decir lo obvio: Concentrarla en un solo dueño, el estado, es crear el instrumento más idóneo para la explotación y el control total sobre la ciudadanía.

El gobierno, ente impersonal, no produce nada; sólo 'da' lo que producen los ciudadanos. Lo que 'da' el socialismo marxista lo sustrae de la sociedad y sus miembros para entregarlo con preferencia arbitraria e injusta a quienes le son políticamente confiables por un período de tiempo, el necesario para consolidar su poder o mantenerlo. Mientras tanto para esconder sus manejos, truena contra las 'injusticias', estimula el odio y la envidia, y establece un sistema que garantiza la falta de equidad; simplemente porque no limita el poder y crea nuevas clases inamovibles que no dan cuenta a nadie de su gestión.

Para un pueblo que sale de la opresión y de los 'actos masivos' éstos son principios básicos que deben ser absorbidos. Políticamente se gana convenciendo, creando mayorías electorales y no imponiendo. Atacar y repudiar violentamente a alguien porque piense en forma diferente es un acto antisocial y no una virtud. Las minorías, mientras no intenten subvertir el orden constitucional establecido, deben tener plenas garantías. Siempre que ese orden constitucional haya surgido de un voto libre, mayoritario, honestamente escrutado, con plena libertad de expresión y de formar partidos.

Dejarse usar para maniobras totalitarias es entregar absurdamente los derechos personales y la razón a otro, para que haga con ellos lo que le parezca.

En una república, la equidad consiste en la igualdad ante la ley de todo ciudadano sin que se tomen en consideración sus opiniones personales. Significa crear igualdad de oportunidad para desenvolverse y no igualdad de resultados. Sabemos por experiencia que ésto último es un mito porque los hombres difieren en capacidad y esfuerzo.

La libertad es la mejor forma de lograr justicia y paz social y ello incluye ocuparse de los desamparados y necesitados en su seno. Una sociedad libre, moral y justa lo reclama. Una sociedad tiránica e hipócrita como la castrista lo simula.

VI- Religión, patriotismo y moral.

La moral ciudadana en acción como la base de la república fue enfatizada por George Washington y Félix Varela. Washington el general, y Varela el presbítero, insisten en la religión y el sano patriotismo. Predicaron ambas cosas porque ambas se apoyan mutuamente, razón adicional para que el marxismo ataque sistemáticamente a la religión. No significa que ser religioso garantice el civismo y que no serlo lo elimine. Hay ciudadanos religiosos muy plegables y sumisos a los abusos, y agnósticos muy cívicos. Pero creer que existe un legislador superior al hombre, autor de la ley natural, es la base de la doctrina de los derechos de la persona. No los concede el gobernante, sino que están grabados en el corazón del hombre por el Creador. Y por ello son imprescriptibles e inalienables. Si fueran creación humana pudieran cambiarse por los hombres. Terrible peligro, pues facilitaría 'derechos humanos' mudables a conveniencia. ¿Y quien duda que así ocurriría?

Washington, en su discurso de despedida decía (traducción libre): "La religión y la moralidad son apoyos indispensables de todos los hábitos que conducen a la prosperidad política. El simple político, junto con

Díalogo de la 3ra República

el hombre piadoso, debe respetarlos y amarlos. Simplemente preguntemos: ¿Donde residiría la seguridad para la propiedad, la reputación, y la vida si el sentido de la obligación religiosa desapareciera de los juramentos que se usan como instrumentos [de decir verdad] en las Cortes de Justicia? Andemos con cuidado con la suposición de que la moralidad puede prevalecer si se excluye la religión. Podrá decirse que la educación esmerada puede influenciar positivamente ciertas mentes, pero la experiencia y la razón nos indican que no es posible esperar que una moral nacional pueda prevalecer en la ausencia de un principio religioso".

Varela nos define en que consiste el verdadero patriotismo:

*"Lo que más debe desearse en la Isla de Cuba, es que los hombres de provecho... los verdaderos patriotas se persuadan de que ahora más que nunca están en la estrecha obligación de ser útiles a su patria... que tomen parte en todos los negocios públicos con el desinterés de un hombre honrado, pero con la energía y firmeza de un patriota. **No abandonen el campo para que se señoreen de él cuatro especuladores y alguna chusma de hombres degradados, que sin duda se animarán a tomar la dirección del pueblo si encuentran una garantía de su audacia en la inoportuna moderación de los hombres de bien".***

Son palabras duras pero proféticas. Cuando la ciudadanía es pasiva y sólo contempla la lucha por el poder entre los ambiciosos, cuando el discurso político sólo consiste en acusaciones mutuas, se abre el campo a la confusión y al desaliento que inevitablemente serán explotados por un demagogo de palabra fácil que carece de ideas viables pero promete de todo y exalta los sentimientos patrios para aprovecharse de ellos. Acaba por adueñarse del poder y establecer un sólo discurso, el suyo. Es historia reciente y prolongada en demasía. No podemos darnos el lujo de repetirla.

Extraer a nuestro pueblo del pozo moral y dialéctico creado por el marxismo, y convertirlo en un pueblo de ciudadanos pensantes y exigentes, que vivan la libertad y luchen por conservarla, en vez de meros habitantes de una comarca, será el mayor desafío de los creadores de la nueva república.

Para que se reconstruya la república es indispensable un esfuerzo sistemático de educación civilista. Crear esperanza en la juventud,

29

confianza mutua, acabar con la doble moral y los malos hábitos, con los vicios promovidos y tolerados para entretener a los esclavos. Reconstruir la familia y volver a una tasa de crecimiento demográfico normal. Procurar que Cuba deje de ser un país azotado por el aborto masivo facilitado y promovido por el régimen y pueda aspirar a ser una sociedad joven y pujante y no un país envejecido por la baja tasa de natalidad. Es la terrible consecuencia de las políticas del régimen. Las palabras de la Madre Teresa son claras: "Un país que mata a sus hijos no puede sobrevivir".

VII-Moral Legislativa.

Formar parte de una legislatura es una gran responsabilidad porque un gobierno sano es un gobierno de leyes y no de hombres. Los hombres tienden a imponer sus caprichos. Las leyes justas, como explicaremos más adelante, se dictan en beneficio de la comunidad. Si el legislador tan sólo aspira a serlo por vanidad o provecho propio, causa un gran perjuicio a la sociedad. Particularmente si como consecuencia tiende a ser haragán en el estudio, demagogo en la palabra, y aprovechado de su posición. No es fácil legislar bien. Las leyes, como generales que son, a veces producen consecuencias imprevistas. Es preciso informarse a fondo mediante el estudio, las audiencias públicas, consultas con expertos, etc. Y después esforzarse en redactar bien. Muchas leyes bien intencionadas acaban siendo retorcidas y desvirtuadas por defectos de redacción que las hacen oscuras o susceptibles de interpretaciones perjudiciales.

El legislador debe tener un gran respeto por su profesión y por el pueblo a quien afecta con lo que legisle. Es su deber saber lo que hace y por que vota como vota. Debe resistir presiones y ofertas de cohecho. El cohecho no sólo es de dinero es a veces más sutil, como por ejemplo facilitar un camino de ascenso en la política si se vota por una ley.

No es fácil escoger bien, pero en una nueva Cuba debemos exigir que los aspirantes a legisladores tengan una preparación consecuente con su cargo. Deben ser personas que tengan ejecutoria y conocimientos de algún aspecto de la sociedad. No hace falta ser genio. Un obrero calificado puede ser un buen legislador si tiene sentido común porque aporta sus experiencias al cuerpo legislativo. Lo que no sabe de redacción legal lo sabe de la vida de su profesión. Puede ayudar al redactor y éste ayudarlo a él a confeccionar una buena ley. El ciudadano debe entender que elegir a un ignorante o demagogo de palabra fácil que prometa mucho, aunque explique bien poco sobre como hará lo que promete, tendrá garantizado que su candidato acabará aliado con un aprovechado de pluma fácil, y de ahí saldrán engendros legislativos que sufrirá en su carne.

No hace falta ser un erudito para legislar. Sí hace falta buena fe y dedicación y tener una cultura y preparación al menos media. El mundo moderno es tan complicado que elegir a cualquiera porque pagó una campaña publicitaria aunque carezca de ejecutoria y mensaje razonado (que no es lo mismo que consignas y promesas) es una aberración. Más que una aberración es una solemne estupidez de parte del ciudadano. Se entrega un poder importante a alguien que lo compra impúdicamente y se le da un cheque en blanco para que actúe a nuestro nombre. ¿Cabe mayor tontería?

Y peor aún es votar por una promesa de un puesto o beneficio. No es tan solo inmoral el vender el voto a un político. Es también poco inteligente atar el futuro personal a un político venal y convertirse en su satélite. Sabemos de sobra que ésto existe pero es también cierto y comprobado que esas conductas conducen siempre a la mediocridad y a la insatisfacción perenne.

VIII- Moral Judicial.

Nuestro sistema judicial que era independiente, técnicamente bueno, y honesto ha sido destrozado por Castro. El actual Poder Judicial en Cuba y en particular la justicia criminal ha sido diseñado de ex-profeso como un apéndice del poder ejecutivo establecido tan sólo para intimidar e imponer condenas.

Si el gobierno cambiase pero continuasen los mismos funcionarios el resultado sería previsible: Se plegarían a quien mande o peor aun a quien pague y reinaría la impunidad y el favoritismo. Para restaurar una república éste es el peor problema estructural que enfrentan los países que emergen de dictaduras totalitarias. Toma tiempo mudar y reemplazar una casta de jueces incompetentes o peor aún, politizados.

Es asunto vital, una república que vive en paz está sujeta a sus jueces. Es la única vía que garantiza resolver las disputas pacíficamente. No existe opción: El Poder Judicial no puede quedar en manos de elementos politizados y de dudosa competencia profesional. De lo contrario, la seguridad jurídica desaparecería porque las mejores leyes sin buenos jueces son inoperantes. El resultado sería el desastre porque el ciudadano llegaría la conclusión de que existe impunidad y favoritismo tolerados y que la ley puede burlarse con 'conexiones.' El que no las tiene las busca, y encuentra la forma de evadir la ley, generalmente con éxito, pues el ser humano es naturalmente ingenioso para evadir lo que le molesta. El inversionista, tanto extranjero como nacional, ante esas condiciones se abstiene de invertir. O peor aún, se produce una selección nociva en la que sólo invierten los que se amoldan al sistema, los que no necesitan seguridad jurídica porque buscan lucros rápidos e injustos, los que no tienen escrúpulos en sobornar y asociarse con lo peor del sistema.

Sin un buen sistema judicial no saldremos adelante. Ni habrá inversionistas honestos ni ciudadanos cumplidores. Es tema muy importante y le dedicaremos un capítulo más adelante.

Existe un elemento esencial que es preciso recalcar: **La obligación solemne de la judicatura a defender la constitución con valentía, debe ser inculcada en el pueblo, y exigida de los jueces.**

No podemos volver a tener episodios como la vergonzosa sentencia número 127 de 17 de agosto de 1953 que reconoció como legítima la titulada Ley Constitucional de Batista. Era tan sólo la Constitución del 40 despojada de lo que no convenía a los golpistas. Se votó en el Tribunal de Garantías Constitucionales por 10 magistrados a favor y 5 en contra. Debemos consignar en justicia que los que votaron en contra dijeron que:

"La ley constitucional del 4 de abril de 1952 es inconstitucional y no podrá aplicarse en ningún caso ni en ninguna forma, debiendo de ser derogada por quebrantar los principios de soberanía popular innatos en el pueblo cubano, violar el contenido total de la Constitución del 40, que no ha sido derogada, su articulado, su esencia, sus principios y razón de ser, y en suma, por no provenir de ningún órgano legitimado para hacerlo".

Citamos lo anterior con un solo propósito. Demostrar que aún en un buen sistema la debilidad humana siempre está presente. Diez fallaron, cinco cumplieron. El poder intimida. Los que deben hacerle frente necesitan sentirse respaldados por una abrumadora mayoría popular que exprese su pensamiento con gran energía y resolución.

Diálogo de la 3ra República

IX- Moral Militar.

Cuando Varela comenzó a ejercer su labor de catedrático, La Habana estaba repleta de soldados preparando expediciones bélicas a Sur América. Sus alumnos, conscientes del daño que podía hacer el militarismo, invitaron a los soldados y oficiales a participar en las clases y muchos soldados lo hicieron. No escatimaban palabras y en su manifiesto al efecto decían en 1821: *"La ignorancia es el agente de la tiranía... y el soldado estúpido el opresor de la Patria y una máquina que sólo se mueve por la voz de su artífice".*

Los militares civilistas entienden que se les ha confiado una misión esencial: El derecho y la justicia no funcionan sin orden y sin la potestad de imponer una conducta cuando el vencido en juicio rehusa aceptar el resultado. Los romanos llamaban a esta potestad 'imperium' o sea el contenido de fuerza que está detrás de la ley. Se ha dicho que si los hombres fueran ángeles no necesitarían gobierno. Como no lo son, la fuerza pública debe estar presente para hacer cumplir la ley cuando sea necesario.

La fuerza pública, obediente al poder civil, y los jueces son las piezas fundamentales del funcionamiento diario de una república. Representan la aplicación práctica de la máxima: los gobiernos de hombres fracasan tarde o temprano y los gobiernos de leyes perduran.

La fuerza no es fuente de derecho, la fuerza a lo más genera hechos que en ocasiones y con el transcurso del tiempo, pueden llegar a tener consecuencias jurídicas. Pero decir que es fuente de derecho es legitimar a Nietzche, Hitler o Stalin para citar tan sólo ejemplos recientes de pensadores y practicantes de la teoría de la fuerza. Es un darwinismo político terriblemente peligroso. Bajo la fuerza se cobijan todas las injusticias, arbitrariedades y teorías monstruosas como la eliminación de seres humanos por defectos genéticos, el genocidio planeado, la represión sistemática de ideas contrarias al régimen imperante (por citar sólo algunas) y todo ello acompañado de un endurecimiento espiritual pavoroso. Endurecimiento que permite actuar así sin escrúpulos de conciencia. El poder es el vicio mayor del ser humano. Varela de nuevo:

"Los buenos gobernantes son unos hombres justos que resisten y vencen una tentación muy poderosa y... son muy raros para desgracia del linaje humano. La generalidad de los mandarines si no son tiranos desean serlo... he aquí

33

porque he dicho que la tiranía es el ídolo de casi todos los gobernantes".

Los buenos gobernantes entienden que la fuerza es un recurso perecedero y por definición inestable. Perdura tan sólo en tanto que otro más fuerte no ansíe el poder. Genera injusticia y privilegio porque requiere contar con incondicionales a sueldo que apliquen la fuerza cuando así lo disponga el dictador. El sistema tiende a generar tiranías vitalicias. Todos los allegados a los tiranos temen lo que vendrá después si se produce un cambio. Las tiranías siempre acaban resquebrajándose por dentro. Es un verdadero ídolo con pies de barro.

Los militares civilistas captan lo anterior, aprecian su misión y valoran su contenido moral. Comprenden que es fácil gritar 'firmes' en el campo de ejercicio. Los soldados se cuadrarán. Es también fácil conseguir amanuenses que redacten y dicten decretos. Lo que no es fácil es sacar a un país de la ruina y hacerlo progresar. Y por ello la historia recuerda con admiración a los fundadores de pueblos que, teniendo la fuerza a su disposición, pudiendo ser dictadores fueron civilistas, y encaminaron a sus pueblos por senderos de paz y progreso.

Cuba precisa militares jóvenes e inteligentes que quieran ser más. Militares que no hayan sido asesores externos de regímenes despóticos o que si han cumplido órdenes de hacerlo hayan aprendido con la experiencia. Militares que por haber visto los efectos nefastos de la dictadura aprecien y respeten el estado de derecho, que no es lo mismo que tolerarlo, y que se sometan a otra disciplina, la de la ley, tal vez más difícil pero que ofrece mayor recompensa.

Tanta, que es asunto demostrado que la disciplina a la ley justa, dictada por una autoridad legítimamente electa, adelanta la carrera de los militares y los alza en el respeto y consideración de la sociedad, que en muchos casos les pide se postulen para cargos electivos. Frecuentemente, son también 'reclutados' por empresas privadas para altos cargos administrativos.

Si la ley no es justa o viola la constitución para ello están el Tribunal Constitucional, las enmiendas a la ley en el congreso, y en definitiva las elecciones, el medio más idóneo de cambiar una legislatura desbordada. Los militares civilistas entienden una verdad muy simple: Los pueblos para progresar necesitan libertad de pensamiento y de acción. La sociedad civil, sus instituciones y las empresas eficientes grandes o pequeñas, familiares o institucionales, que producen, dan trabajo, y pagan impuestos no nacen de un plan quinquenal diseñado por una burocracia. Las crean personas con iniciativa, ideas y aspiraciones. Personas libres y pensantes. La economía no se cuadra y dice: Ordene mi general.

Los que así piensan son militares morales e inteligentes que aprecian el delicado funcionamiento del mecanismo social: Ley, justicia, libertad para trabajar, y la fuerza sólo como recurso para hacer cumplir la ley. Nunca como instrumento de ascenso al poder porque ello sólo causa sufrimiento a su pueblo y en definitiva a ellos mismos.

Esos son los militares que debemos formar y con los que hay que trabajar para sacar a Cuba del pantano castrista.

X- Conclusión.

Si se quiere una república representativa y un estado de derecho hay que desearlo con pasión y comportarse como corresponde a una persona moral y honrada, con preocupaciones cívicas, que desea un futuro pacífico y próspero para sus hijos. Cada ciudadano es una pieza vital del cuerpo social. El que no cumple perjudica a todos y se perjudica a sí mismo porque siembra la semilla del caos. Es inútil quejarse de lo que suceda si no se respetan y defienden las instituciones. Si el ciudadano no sabe exactamente como debe funcionar en una república su deber es informarse. Informar es también deber del que sí sabe. Tan importante es hacer ambas cosas como disfrutar de un trabajo que permita vivir dignamente. La buena ciudadanía constituye la base esencial para que existan esos trabajos. Los países inestables y en crisis perpetua no producen más que pobreza. El ciudadano pasivo e inerte que espera que la paz social y la prosperidad se las dé alguien va preparando el camino de la tiranía caudillista. La república pacífica y próspera es creación de una ciudadanía trabajadora, honrada, informada, y participativa de la vida política. Esa ciudadanía generará gobernantes que reflejen sus valores. Sabrá rechazar a los demagogos, exigir cumplimiento a los vagos, apreciar sin envidias el éxito del que trabaja y contribuye al progreso social, y castigar con justicia a los delincuentes.

Capítulo III

El Estado de Derecho

En su concepto clásico la ley es una ordenación racional dada por una autoridad legítima en beneficio de la comunidad.

I-   Introducción.

II- ¿Qué es el Derecho?

III- Los derechos humanos y la ley natural.

IV- ¿Qué es la ley en el Estado de Derecho?

V-   Las instituciones en el Estado de Derecho.

VI- Las instituciones como factor de equilibrio.

VII- Los principios democráticos esenciales y el ciudadano.

VIII- Definición del Estado de Derecho y su control.

❖

I- **Introducción.**

Estado de Derecho. En esas tres palabras se encierran muchos siglos de pensamiento jurídico y filosófico del mundo occidental al cual Cuba pertenece por tradición, idioma y temperamento. Después de cincuenta años de tiranía no cabe duda que muchos cubanos van a salir del atraso que es una dictadura totalitaria con una serie de ideas confusas. No puede ser de otra forma. Es el producto del adoctrinamiento y la falta de información.

Al principio del cambio es inevitable que la confusión produzca un cúmulo de ideas y posiciones diversas, acompañada de una fragmentación política plasmada en diferentes partidos. Por eso es preciso buscar un factor unificador, una idea en la que todos convengan. **La idea se llama libertad.** Si todos los cubanos se deciden a mantener y defender la libertad con sinceridad, dedicación y valentía, andaremos en buen camino porque los gobiernos van a tener que respetar esa decisión.

Tomas Payne, el autor del ensayo que lanzó la revolución de las trece colonias contra Inglaterra entonces el país más poderoso del mundo, dijo en su famoso ensayo 'Sentido Común': "Lo único que nos puede mantener unidos es la independencia". Igualmente debemos decir los cubanos. Sobre todas las banderías y opiniones nos debe unir un pensamiento y un objetivo: Cuba con Libertad.

¿Y qué es Cuba con Libertad? Es una Patria **regenerada del azote institucional y social del castrismo** y encauzada de nuevo por senderos de libertad personal y desarrollo cívico y humano. Es crear un verdadero y genuino estado de derecho con todas las garantías al ciudadano para que pueda aspirar a vivir una vida normal y productiva. Una vida con oportunidades abiertas a su ingenio y esfuerzo.

Lo anterior implica un **compromiso ciudadano muy serio y una nueva forma de actuar y de pensar.** El problema básico a enfrentar es el siguiente: Para que funcione el Estado de Derecho no basta que se legisle una estructura. Sin duda que es esencial. Pero sin ciudadanos que entiendan lo que tienen y lo defiendan, no se progresa ni se logra un verdadero estado de derecho. No se trata de un invento de juristas y abogados. Ciertamente los profesionales del derecho darán cuerpo a las instituciones pero **es el ciudadano quien las hace respirar, vibrar y en suma vivir.** De lo contrario lo que tendremos es retórica y quejas sobre por qué alguien no nos hace justicia. Entendamos bien este axioma:

Desde el momento que pensemos que hay algún ser humano tan especial que él sólo resolverá nuestros problemas sin nuestro concurso y esfuerzo, estaremos de nuevo en el camino de la tiranía. Todos los tiranos se han presentado primero como salvadores.

El estado de derecho existe para proteger al individuo. Si el ciudadano se comporta como niño indefenso y espera que le den su biberón a las horas marcadas no hay nada que hacer. Tendremos **formas democráticas y un rebaño dócil,** pero no un país fuerte y vibrante. Es vital reflexionar y valorar lo que dicen los aspirantes a los puestos públicos y las consecuencias de sus propuestas. Ya Cuba se dejó llevar por la pasión en más de una ocasión y el último arrebato pasional generó la tiranía más larga y sangrienta de América. Es demasiado. Hemos sufrido bastantes años de tiranía.

Por ello es que **es vital entender, para entonces apreciar y defender**.

Intentemos pues comenzar este ejercicio examinando algunas de las respuestas que oímos cuando preguntamos que es el estado de derecho. Para algunos la nota principal es que impere la ley. Para otros que se respeten los derechos del ciudadano y que los jueces hagan valer esos derechos. Hay quien lo refiere a la libertad y la división del poder incluyendo elecciones y derechos humanos. Lo cierto es que todas esas cosas y muchas más forman parte del concepto, un tejido imbricado que refleja en su trama una serie de limitaciones al poder y refinamientos en el manejo de la cosa pública, que el hombre ha ido incorporando a la vida en sociedad durante el transcurso de los siglos.

De propósito omitimos una definición al comienzo. La daremos más tarde cuando desarrollemos los elementos de este concepto. Y de antemano exhortamos a los lectores: Piensen en los conceptos, subrayen, hagan notas marginales, discutan lo dicho, impúgnenlo si les parece pues de la discusión lógica sale la claridad mental y amplíen lo escrito con lecturas y con discusiones prácticas sobre los problemas del momento y como resolverlos. En definitiva ese es el objetivo de un estado de derecho; dar un ámbito para resolver los problemas sociales civilizada e inteligentemente y no con amenazas, marchas, movilizaciones, discursos interminables, mesas redondas, etc. Esos son los recursos de los habladores que no quieren molestarse en estudiar las cosas, entender lo que dicen, asesorarse de quien sepa trabajar, y seguir y respetar reglas pre-establecidas por una autoridad legítimamente constituida. **En definitiva el tirano ni piensa bien ni deja pensar.** Su irrespeto por la sociedad de que forma parte es absoluto.

Pensar con cabeza propia, como dijo el Padre Varela, es trabajo. De modo que es preciso trabajar. Sobre todo la juventud que, en inspiradas palabras de Varela, es la dulce esperanza de la Patria. Hay que rebatir las consignas que se han oído por tanto tiempo. Sabemos de sobra que muchos de ustedes no las creyeron y sólo las sufrieron, pero hay algo muy cierto. Si carecen de argumentos mejores, sólidamente pensados, a la hora de ganar adeptos entre la gente pensante estarán ustedes en desventaja frente al sedimento dejado por la máquina propagandística del marxismo que, como saben de sobra, se ha especializado por décadas en fabricar mentiras y manipular psicológicamente. El marxismo es un régimen tiránico basado en la fuerza auxiliada por la psicología. Dedican mucho tiempo a estudiar lo que van a decir o hacer para capturar las emociones del pueblo y hacerlos partícipes activos de sus producciones teatrales cuando convocan multitudes a su conveniencia. Las consignas existen para provocar la pasividad o el apoyo del pueblo mediante la coacción psicológica. El comunismo atiborra al pueblo con propaganda para que no pueda pensar con cabeza propia. Si eso falla, entonces se aplica la represión. La idea principal es **convencer y confundir** porque no se puede detener y encarcelar a todo un pueblo. Ese invento no funcionaría pues no quedaría nadie para hacer marchar el feudo. De modo que para salir de esta desgracia, estimados compatriotas, hay que estar claros. La claridad empieza en la mente y luego se traslada a los actos.

II- ¿Qué es el Derecho?

La primera pregunta que vale hacerse es si el derecho es algo que **se concede o que se tiene**. Asunto que se presta a confusiones fáciles porque las dos cosas son verdad. Hay derechos que se tienen y no se conceden porque son inherentes a la persona humana. Estos son los llamados hoy en día derechos humanos. Nacemos con ellos porque somos personas. **El Estado no nos hace el favor de concedernos esos derechos. Solamente los reconoce.**

Y hay derechos que surgen de nuestra vida en sociedad y de nuestras relaciones humanas que crean derechos que contratamos o que nos son concedidos. **Y éstos son los llamados derechos subjetivos que se llaman también derechos adquiridos.** Así por ejemplo unas vacaciones de 30 días cada año es un derecho adquirido. Porque nacemos con derecho a que se respete nuestra vida y dignidad, pero no nacemos con derecho a que se nos conceda un mes de vacaciones por cada 11 de trabajo. Si la sociedad por ley lo dispone para todos sus miembros, entonces somos titulares de un derecho adquirido bajo el principio de igualdad ante la ley.

Dentro de este contexto vamos dibujando el concepto que nos ocupa. El derecho, sea natural o adquirido por una ley o un contrato, es en definitiva un espacio de acción reservado o abierto al ciudadano dentro de la colectividad social, bien porque se le respeta lo que es como persona, se respeta lo que posee o porque se le conceden los medios de defender lo que es o lo que adquirió con su esfuerzo.

Como se dijo en una formulación clásica: **El derecho es un interés jurídicamente protegido.** Y ese interés no tiene que ser precisamente económico pues comprende todos los aspectos de la actividad humana necesarios para su desarrollo integral. Pero hay un problema. Para proteger el interés jurídico hace falta el estado y su fuerza protectora.

Y ahí radica, queridos compatriotas, la dificultad. ¿Cómo se logra que el estado nos proteja y no se aproveche de su poder coactivo? Porque sin duda, hay que concederle alguno para la protección de los miembros de la sociedad. Ese contrapunto es la base del estado de derecho y para entenderlo empecemos por hablar sobre lo que es el derecho en sus diferentes manifestaciones.

III- Los derechos humanos y la ley natural.

Al hablar del estado de derecho es inevitable tocar el tema de los derechos humanos. En el mundo en que vivimos se utiliza este discurso mayormente como cortapisa a los abusos del estado contra el individuo. En efecto, los derechos humanos tienen una particularidad: **se ejercen contra el estado** mayormente, mientras los **derechos subjetivos se ejercen entre particulares**.

Los derechos humanos, como innatos a la persona, tienen varias características importantes. **Son imprescriptibles, inalienables,**

inembargables y universales. O lo que es lo mismo **no desaparecen por el desuso o por el transcurso del tiempo, no se pueden ceder o traspasar a otro, no se pueden coartar o cercenar y pertenecen a todos por igual.**

Su formulación moderna se encuentra en la declaración de la ONU de los derechos humanos fechada el 10 de diciembre de 1948:

> **"La libertad, la justicia y la paz en el mundo tienen por base el reconocimiento de la dignidad intrínseca y de los derechos iguales e inalienables de todos los miembros de la familia humana".**

(Cuba fue el país que instó al Consejo Económico y Social (ECOSOC) de la ONU a elaborar una Declaración Universal de los Derechos Humanos, y fue el país que presentó el primer proyecto que sirvió de base.)

Cuando se lean estas palabras, cabe preguntarse. ¿Cómo es que nacemos con derechos humanos? ¿Por qué la humanidad coincide en su formulación? ¿Por qué son inalienables? ¿Es que hay una ley superior a la voluntad humana que les da ese carácter? Sí la hay, y se llama Ley Natural. Procede ahora explorar este concepto de ley natural y averiguar de que se trata.

Santo Tomás de Aquino, cuyo tratamiento del tema pocos igualan, decía que esa ley natural y sus preceptos se infieren del estudio de la naturaleza humana y de sus **tendencias básicas** que él definía así: **El ser humano tiende a conservar su ser, a conservar la especie, a conocer la verdad y vivir en sociedad.** ¿De dónde sale esta definición? Sencillo, la extraemos de nuestra experiencia vital y cotidiana.

¿Conocer la verdad? Esta parte de la definición merece análisis. Hagamos una pequeña digresión adentrándonos en el terreno de la lógica. Es necesario para explicar la ley natural y entender que no es una creación ficticia producto de reflexión de gabinete al estilo marxista. Sabemos por experiencia que la razón humana deriva conclusiones apoyándose en principios. De los principios extrae conclusiones inmediatas que le sirven a su vez para extraer nuevas conclusiones.

En un proceso intelectual, consciente o inconscientemente, utilizamos ciertos métodos que nos ayudan a descubrir la verdad. **Comúnmente**

sometemos las conclusiones al principio de contradicción. Este principio dice: una cosa no puede ser y no ser al mismo tiempo y en el mismo aspecto. Así nos mantenemos racionales y veraces. Ejemplo: Esta pared es o no es blanca, ahora, porque pudo haber sido roja antes o cambiar de color mañana.

Pero aunque la veracidad se mantiene con este principio, la evidencia, es decir, la claridad con que una conclusión se manifiesta va disminuyendo en los sucesivos momentos del proceso a medida que las verdades obtenidas se alejan del principio básico.

Esto significa que hay **preceptos muy evidentes o primarios** y los hay **menos evidentes** o **secundarios**. Los principios primarios lo son por su **veracidad y evidencia en el espacio geográfico de la humanidad y en el tiempo**. Tienen la característica de la **universalidad e inmutabilidad**. Afectan a todos los hombres en cualquier lugar y en cualquier momento y no cambian por sustracción, es decir, no se les puede restar validez porque se violaría la naturaleza humana. **Estos principios primarios y evidentes son la ley natural.** Violarla es tiranía.

Un ejemplo clásico y sencillo lo planteó Platón en la República: es de ley natural que se devuelvan las cosas depositadas al dueño que efectuó un depósito aceptado por el depositario. Sustraer este principio de la conducta humana es violar la naturaleza humana porque implantaríamos la desconfianza y el robo como normas.

Añadamos otro ejemplo: es de ley natural que los padres sean responsables del sustento y educación de sus hijos. Forzar a los hijos a asistir a un internado del gobierno es tiranía, Forzar un solo programa educativo es tiranía. Se atenta al principio primario de que los padres sean responsables del sustento y educación de sus hijos. Pero no sería tiranía exigir a los padres que den a sus hijos un mínimo de educación como por ejemplo la primaria en la escuela de su elección. Es un principio secundario derivado del derecho de elegir educación que conlleva un deber: procurar que se reciba.

Saber cosas como las que usamos de ejemplo no requiere estudios ni conocimientos especiales. Las saben desde el científico hasta el analfabeto tribal sin que se las enseñe nadie porque vienen dadas por Dios, forman parte de nuestra humanidad. El pensamiento filosófico occidental siempre manejó esta idea: Dios nos hizo a su imagen y nos hizo racionales y libres. El hombre al participar de la voluntad eterna no tiene una posición pasiva. Porque conoce la ley eterna participa en su plan aplicando la ley natural.

Este pensamiento no es una declaración religiosa de nuestra cosecha particular. Está integrado en el primer artículo de la Declaración de los Derechos Humanos y procederemos a probarlo por referencia a la definición de Santo Tomás.

Artículo 1

> **Todos los seres humanos nacen libres e iguales en dignidad y derechos y, dotados como están de razón y conciencia, deben comportarse fraternalmente los unos con los otros.**

Observen lo que incluye la redacción: *Dignidad, libertad, y derechos innatos.* **Razón, conciencia.** Conciencia: Quiere decir conocimiento del bien y del mal, de conciencia referida a leyes que proceden de una fuente **extrínseca**, que nos impone reglas de conducta. De esas reglas surgen los derechos humanos. La declaración está claramente en el campo de la ley natural.

Reflexión: Las leyes que **informan la conciencia**, ese juez interno que nos permite conocer lo bueno y lo malo y valorar los derechos innatos, tienen que proceder **forzosamente** de una fuente **extrínseca** a la humanidad. Si la ley que forma el marco de los derechos fuera cosa humana, acomodada al sujeto y a su particular interpretación, no podríamos nacer con derechos naturales, ni serían inalienables ni inmutables, ni coincidiríamos en ellos en el tiempo y el espacio. Si los derechos naturales y su ley los hubiéramos inventado los hombres, los derechos serían legión y mudarían según la moda o la fuerza que impere en ese momento. Hitler y Stalin podrían haber alegado que procedían de acuerdo con su conciencia al practicar el genocidio porque las víctimas no eran dignas de otra cosa. Para ellos, lo merecían.

A pesar de lo cual, muchos intentan hacernos creer que los derechos humanos no son más que costumbres sociales de libre mudanza pues la ley natural no existe y que la puede cambiar la sociedad a su antojo. **Ojo con esta filosofía: Se trata de un camino más hacia la tiranía.**

Artículo 3

Todo individuo tiene derecho a la vida, a la libertad y a la seguridad de su persona. Quiere decir: El ser humano tiende a la conservación de su persona o como dice Santo Tomás, a conservar su ser.

Artículo 16

Los hombres y las mujeres, a partir de la edad núbil, tienen derecho, sin restricción alguna por motivos de raza, nacionalidad o religión, a casarse y fundar una familia; y disfrutarán de iguales derechos en cuanto al matrimonio, durante el matrimonio y en caso de disolución del matrimonio. Sólo mediante libre y pleno consentimiento de los futuros esposos podrá contraerse el matrimonio. La familia es el elemento natural y fundamental de la sociedad y tiene derecho a la protección de la sociedad y del Estado.

Quiere decir: el ser humano tiende a la conservación de la especie y a que se proteja la célula social donde se procrea y se atiende a los hijos.

Artículo 17

Toda persona tiene derecho a la propiedad, individual y colectivamente. Nadie será privado arbitrariamente de su propiedad.

Artículo 18

Toda persona tiene derecho a la libertad de pensamiento, de conciencia y de religión; este derecho incluye la libertad de cambiar de religión o de creencia, así como la libertad de manifestar su religión o su creencia, individual y colectivamente, tanto en público como en privado, por la enseñanza, la práctica, el culto y la observancia.

Artículo 20

Toda persona tiene derecho a la libertad de reunión y de asociación pacíficas. Nadie podrá ser obligado a pertenecer a una asociación.

Todo lo anterior quiere decir: **el ser humano tiende a vivir en sociedad y se esfuerza en conocer la verdad.** Eso implica el derecho a pensar libremente y a investigar por su cuenta. Y obviamente para vivir en sociedad y en paz es necesario que se le respete su derecho a ser propietario del fruto de su trabajo y la posesión pacífica de lo que adquiera. Sin ser éste su propósito, la declaración vuelve sobre los cuatro principios que fundamentan la ley natural que había enunciado Santo Tomás.

Los derechos humanos y la ley natural son la negación absoluta del sistema marxista. Es la expresión moderna de lo que siempre ha existido: el derecho del individuo llano contra el gobernante que aspira a controlar todo el poder. Las referencias históricas son legión y existen en todas las culturas razas e idiomas. La cita que hicimos en el capítulo anterior sobre la fórmula usada en el Señorío de Vizcaya para tomar juramento al rey, "Sabed señor, que cada uno de nos vale tanto como vos y todos juntos valemos más que vos", expresaba magistralmente el principio de la dignidad personal, los derechos individuales y el control del poder. Es el mejor rechazo al caudillismo que nos ha aquejado por tantos años.

El marxismo reclama que la educación la efectúe exclusivamente el Estado. Afirma que es un sistema científico y que es necesario estudiar para entenderlo lo cual no es sino un método para adoctrinar y avasallar la naturaleza humana. Logra el éxito sólo en cuanto a crear una tiranía perfecta, pero fracasa estruendosamente en cuanto reduce a la naturaleza humana a una condición tal de indiferencia que le resulta imposible producir nada perdurable y bello. **Y es que el marxismo va contra la esencia del hombre y está condenado al fracaso.**

Esto es algo que debe entenderse en la Cuba futura: No debemos rechazar el comunismo y pedir la implantación de un estado de derecho, meramente como un sistema que sustituya a otro, o como una victoria clasista como mendazmente diría el marxismo. **No, es una victoria del hombre, es una victoria de la humanidad contra la inhumanidad, una inhumanidad cuyos frutos son evidentes a los que la han sufrido.**

IV- ¿Qué es la ley en el Estado de Derecho?

Sabemos que la ley la promulga el estado y que éste tiene poder coactivo. Los derechos subjetivos adquiridos por contratación o concesión (aquéllos que no son derechos humanos emanados de la ley natural) existen dentro de la ley vigente que por así decir los contiene.

Puede ser una ley superior o fundamental como la constitución o una ley ordinaria. Las constituciones contienen derechos humanos y derechos subjetivos. Las leyes ordinarias usualmente contienen o regulan derechos subjetivos.

Los derechos subjetivos son los que nos encontramos a diario en nuestra vida en sociedad. Y por eso precisamos una definición de la ley que los establece. **En su concepto clásico la ley es una ordenación racional dada por una autoridad legítima en beneficio de la comunidad.**

Ahora bien esta definición tiene sus consecuencias. Veamos. Si convenimos en que hay leyes inmutables que hay que respetar, (la ley natural) que el derecho es un interés jurídicamente protegido y que la ley positiva debe ser racional y en beneficio de la comunidad y no en su perjuicio, entonces hay consecuencias importantes que han sido fuente constante de debate y lucha política y legislativa a través del curso de la historia.

Esa lucha y debate es el contrapunto constante entre justicia y ley. Porque existe una escuela sobre la teoría de la ley que dice: **Ley es todo lo que está escrito y respaldado por el poder del estado.** Y existe la escuela de la ley natural que dice: **La ley es verdadera ley en cuanto es justa.**

El derecho de resistencia de la sociedad contra un tirano se basa en ese pensamiento precisamente. Para San Agustín (otro gran pensador sobre estos temas) el asunto era evidente hace más de 1,500 años. Sostenía que decir ley justa era una **redundancia**. No podría ser ley si no fuese justa.

Aquí hay mucho para meditar. La ley justa debe establecer los principios primarios y desenvolver principios secundarios que se ajusten a esa lógica. Pero recordemos que eso no sucede tan fácilmente y que a medida que nos apartamos del principio fundamental menos claras y evidentes se hacen la verdad y la justicia.

Por ejemplo el principio de la conservación de la persona requiere que exista la propiedad privada pero sus límites ya no son tan claros y aquí es donde surgen las dificultades. Expliquemos: una concentración de propiedad privada que haga imposible el acceso de los vecinos a la única fuente de agua en una región casi desértica requeriría modificaciones al uso de esa propiedad privada. Se impondría una servidumbre de paso y de hecho las legislaciones de los países recogen limitaciones de este tenor con regularidad.

Lo cual significa que la ley justa se conoce a veces por eliminación. Aquello que no es patentemente injusto es ley y obliga porque de lo contrario estaría en juego **la seguridad jurídica**. No se puede vivir en sociedad sin seguridad jurídica y sin saber a que atenerse. Habrán oído el principio derivado del derecho romano: **La ignorancia de la ley no excusa de su cumplimiento**. Es la formulación clásica de la seguridad jurídica, un principio ajustado a la naturaleza humana pero del que se aprovechan todos los tiranos.

En efecto la escuela positivista de la ley dice que es bueno lo que está mandado por ley y es malo lo que está prohibido por ley, y hacen de la seguridad jurídica y de su cumplimiento un ídolo ante el cual hay que adorar. **Es un ídolo tiránico que utilizan todos los déspotas:** Se hace lo que yo digo aunque sea una aberración moral o un abuso manifiesto, sólo que usualmente se habla de "cumplir" la ley.

Quiere decir que hablar del imperio de la ley como única base del estado de derecho tiene un defecto grande de formulación porque es una formulación **parcial e incompleta**. Lo que sucede es que el ser humano llevado por su racionalidad piensa en el fondo de su corazón como pensaba San Agustín: no es ley si no es justa y por eso habla del imperio de la ley.

Como verán, estado de derecho son tres palabras fáciles de enunciar y difíciles de entender en profundidad. Hacen falta leyes justas que tengan permanencia y sean respetadas pero, ¿cómo se llega a ello? La humanidad ha luchado con este problema desde sus albores. La solución siempre ha sido parecida pues está en la naturaleza del hombre: Hacer que las leyes se debatan por un cuerpo compuesto por personas entendidas y honestas, que se promulguen por una autoridad que las haga valer y que se interpreten por un cuerpo autorizado para ello cuyas decisiones sean vinculantes para los que anden trabados en una disputa.

Y lo básico, que se dicten en beneficio de la comunidad.

En el capítulo precedente explicamos como Montesquieu nos dió la formulación moderna de la separación de poderes en legislativo, ejecutivo y judicial y apuntamos que no hizo sino expresar con lucidez lo que siempre ha existido con mayor o menor desenvolvimiento en las sociedades bien organizadas, que por ello prosperan.

No obstante, en una sociedad moderna ésto no basta porque los seres humanos tenemos también la tendencia a querernos beneficiar e interpretar las cosas a nuestra particular manera y, además, los jueces, legisladores y funcionarios pudieran responder a otros intereses que a los de la comunidad. Recordemos que la ley se promulga en beneficio de la comunidad y que hay que proveer un medio de controlar los abusos aunque provengan de los organismos autorizados para crear o interpretar las leyes. Aquí sin más nos hemos metido de lleno en lo que anunciamos, en el meollo del estado de derecho: **El contrapunto entre los poderes y como se limitan mutuamente.** Y también, a hurtadillas, hemos entrado en los umbrales del derecho constitucional que existe mayormente para evitar abusos de los derechos fundamentales de la persona.

El problema se complica aun más en el estado moderno. Para defender a la persona es preciso respetar las conciencias. Nos encontramos ante el problema de la moral y el derecho. **Todo lo que es moral no es necesariamente legal y todo lo que es legal no es necesariamente moral**. Hay cosas en que la moral y la ley divergen y hay cosas en que convergen. ¿Cuáles se excluyen y cuáles se incluyen?

¿Hasta dónde llega el ámbito recíproco de la ley y de la moral?

Por eso es que el estudio de la ley natural es tan fructífero. Sin ella caemos muy fácilmente en lo que dice el positivismo legal: Todo lo que está permitido por la ley es bueno y lo que está prohibido es malo. **Es una formulación de una peligrosidad ilimitada. Y se nos presenta con muchas variantes. Algunas suenan plausibles y por eso son más peligrosas.**

En vez de ley natural que es el dique natural, se nos aduce para justificar el positivismo que la ley simplemente refleja la moral social de un momento dado, y que la moral y la ley cambian con la sociedad. *Se confunden así las costumbres con la ley natural que es inmutable.*

Veamos un ejemplo. No levantar falso testimonio en juicio es un precepto universal. Lo que cambia es la severidad del castigo según el grado de civilización o según la peligrosidad del acto. Así por ejemplo, en una sociedad donde se estile contratar de palabra y los testigos sean muy importantes, mentir en juicio llevaría un castigo muy severo. En una sociedad donde se contrata por escrito y hay otros medios de prueba, el castigo es menos severo. Pero el principio se mantiene aunque su implementación sea diferente. La costumbre cambió pero no el principio.

Entendamos, si no existe nada permanente entonces los principios se pueden manejar a capricho y todo puede ser eventualmente lícito o ilícito. Por eso dije y repito que la formulación positivista de la ley es de una peligrosidad ilimitada.

La respuesta a este problema es como sigue: La moral y el derecho son círculos secantes. Hay un espacio donde coinciden y espacios donde cada cual obliga por su cuenta sin entrar en el espacio del otro. Los preceptos religiosos usualmente no se pueden legislar y las disposiciones meramente administrativas del estado no son materia de la religión. Pero hay coincidencias.

¿Dónde exactamente, se establecen los límites? Es un asunto para escribir un libro pero se puede dar al menos una idea. *Cuando la conducta afecta a la conservación del ser humano, la conservación de la especie humana o las condiciones mínimas esenciales para la vida en sociedad ahí la moral y el derecho usualmente coinciden.* No es tan difícil en la práctica. Los efectos hablan claro. No matar, no robar, no levantar falso testimonio, no abusar sexualmente de menores, son preceptos morales aceptados por todas las legislaciones y elevados a delitos. Hay otros que no son delitos pero que tienen consecuencias civiles. Así por ejemplo, el adulterio es causal de divorcio y la bigamia anula el matrimonio subsiguiente además de ser un delito.

Lo que sucede es que el interés o las pasiones humanas tienden a menospreciar o deformar las consecuencias de hacer caso omiso de la ley natural, cuando así conviene a algún grupo de presión que siempre disfraza sus ideas, basándose en el progreso, el modernismo, etc. Ejemplo: los que propugnan el 'amor' sexual entre hombres y niños asunto claramente repugnante e indignante. No obstante se defiende con una serie de teorías falaces que afirman que ésto 'expande' los horizontes de los menores. Hay muchos ejemplos parecidos. El estudio de la historia refleja este proceso como un ciclo que se repite. Violación de la ley natural por una sociedad basándose en alguna teoría religiosa, política o científica. Decadencia y desmoronamiento de la sociedad violadora. Destrucción o absorción de esa sociedad por otra más fuerte y moral. Vuelta a empezar.

En verdad no hay nada nuevo bajo el sol. Cuanto más y más se aparte la ley escrita de la ley justa y natural más tiránicos e inestables son la sociedad y el estado. El estado de derecho, como dijimos al principio, se basa en la virtud del ciudadano. Si no la hay, preciso es crearla o esperar a que los reveses hagan recapacitar a la sociedad antes de que genere su propia destrucción.

V- Las instituciones en el Estado de Derecho.

Hemos discutido lo que son el derecho y la ley y que se basan en la justicia y el beneficio de la comunidad y hemos dado razones para justificar nuestro punto de vista. Pero para hacerlas valer en un estado moderno hacen falta instituciones. ¿Y qué es una institución?

Según el diccionario **se trata de cada una de las organizaciones fundamentales de un estado, nación o sociedad.** Es buena la definición porque es corta y precisa. El estado y la nación, como máquinas sociales que son, necesitan de ciertas piezas o componentes para funcionar. Sin ellas no hay civilización. Y es preciso diseñarlas y acoplarlas para que funcionen adecuadamente y una vez establecidas cuidarlas y mejorarlas al igual que se cuida una máquina. El estado de derecho es una máquina complicada y delicada. Requiere atención constante y **virtud** en hacerlo funcionar. No sólo virtud como la del virtuoso que sabe tocar bien un instrumento, sino virtud en su acepción moral, o sea, una **ciudadanía virtuosa.**

Teniendo en cuenta que la virtud es necesaria y que con frecuencia flaquea procede la siguiente pregunta. ¿Se concentra o se diluye el poder? La respuesta es obvia: Cuanto más diluido y controlado mejor porque así se aumenta la libertad. Y en definitiva las instituciones apuntan a un objetivo: **Conociendo la naturaleza humana es preciso controlar y distribuir el poder.** Una constante de la historia: **Cuanto más corrupta sea la situación moral más peligroso es acceder a concentrar el poder.**

Mencionamos anteriormente a Alexis de Tocqueville, el sociólogo francés que examinó la democracia americana a mediados del siglo XIX y su comentario de que el sistema marchaba bien porque la ciudadanía era virtuosa y acataba la ley espontáneamente. Acatarla era fácil puesto que la ley era moral como emanada de un pueblo virtuoso. Es una gran verdad, si no hay voluntad de cumplir la ley una sociedad sólo puede gobernarse por la fuerza y el castigo y caemos entonces en una sociedad totalitaria. Aquí nos encontramos con un problema muy serio en la Cuba futura. El comunismo ataca la moral personal y la sustituye por un cúmulo de consignas a las que el pueblo debe responder. Salir de este hábito y acostumbrase a acatar leyes justas va a implicar un **esfuerzo enorme** de estudio, dedicación y voluntad de abrir la mente a otros puntos de vista. Sobre todo de razonar, valorar lo que se propone y elegir legisladores competentes y honrados.

Para encauzar a Cuba hay que trabajar incansablemente en restañar las heridas en el espíritu del cubano. Heridas profundas que afectan la capacidad de analizar, decidir y trabajar por cuenta propia. Esas heridas inciden en la capacidad de organizarse eficientemente para dividir el poder. Observen que digo eficientemente, porque **organizarse en teoría** lo haremos fácilmente. Hay un peligro aun en el restañar las heridas. El peligro es pretender restañarlas con una dosis de ideas menos falsas que el marxismo pero también falsas, expresadas por los herederos intelectuales y morales del régimen que explotó a Cuba y otras igual de perniciosas que circulan por el mundo libre.

Podríamos entonces crear una Cuba con progreso material pero con el mismo desastre moral del marxismo. El tono cambiaría pero la sustancia sería siendo la misma.

VI- Las instituciones como factor de equilibrio.

La trama de las instituciones del estado de derecho es ésta: aumentar la libertad protegiendo al individuo en tres aspectos.

Procurar que las leyes se estudien y deliberen, que los ejecutivos del gobierno las implementen ajustándose a su letra y espíritu y que los jueces puedan amparar al ciudadano frente al estado y estimar y fallar sobre las disputas entre particulares. Dentro de este plan es preciso refinar cada institución para garantizar que así se hará, previendo las ocasiones de abuso y poniéndoles coto.

¿Cómo se hace eso? Pues con un sistema de **equilibrios mutuos** donde las funciones estén bien divididas y un poder no pueda inmiscuirse en los asuntos de otro. Esa es la base de la división de poderes que el estado marxista ridiculiza porque merma su poder concentrador donde todos los poderes que existen son simplemente brazos de uno sólo, el poder ejecutivo. Los países se dan constituciones precisamente para eso, para organizar la vida en sociedad y el espacio de actividad política de cada poder a través de una ley superior que no pueda ser variada arbitrariamente por una persona o cuerpo. ¿Recuerdan lo que decíamos sobre la seguridad jurídica?

Veamos ejemplos prácticos.

El Poder Ejecutivo dirige los asuntos del país pero lo hace con facultades delegadas de la constitución y las leyes. No tiene poder para legislar sino sólo para reglamentar la ley o su implementación. Cuando actúa fuera de la ley porque la desconoce, la interpreta o la regula en una forma que va contra su espíritu o letra cabe un recurso contra sus decisiones ante los tribunales. Observen que el ejecutivo puede violar la ley abiertamente (más fácil de detectar) o lo que es más común y difícil de detectar, indirectamente a través de su poder de interpretar y reglamentar.

El Poder Legislativo dicta las leyes pero no lo hace arbitrariamente. Tiene límites a su acción y esos límites son los que le marca la ley superior que es la constitución que establece unos derechos o garantías básicas que debe respetar y no cercenar.

El poder judicial es el encargado de decidir si la ley dictada se ajusta o no a la constitución y de resolver las contiendas entre particulares. Está sujeto a reglas de jurisdicción y buena conducta. Prevaricar es dar una sentencia comprada o parcial. Es un delito.

Hay que regular también el hecho de la deliberación y aprobación de las leyes. Se hace de la siguiente manera. Primero es usual que haya dos cámaras legislativas de modo que diferentes puntos de vista puedan hacerse sentir. ¿Por qué? Porque las cámaras deben representar intereses diferentes en cuanto a que sus electores son diferentes. Usualmente hay una cámara más popular que se elige por demarcación territorial donde los representantes deben estar más cerca del pueblo pues representan a distritos más pequeños, y otra cámara que representa a regiones más amplias y con un requisito de mayor edad para ejercer el cargo.

¿Qué se pretende? De nuevo volvemos a la naturaleza humana. Las tribus tenían sus consejos de ancianos que moderaban a veces los impulsos de los más jóvenes o de los clanes que integraban la tribu. En cierta forma eso es lo que se pretende con las dos cámaras: dar un tiempo a la deliberación, y resolver las diferencias sobre una ley mediante un proceso de conferencias hasta acordar un texto común a ambas. Qué demoran más las leyes quién lo duda, pero la lentitud en legislar y pensar bien las cosas siempre ha sido un beneficio. ¿Pero en Cuba qué hizo Castro? Creó una sola cámara gomígrafo reunida dos veces al año para ratificar lo que legisló su consejo de ancianos, el llamado consejo de estado, que no han sido ni sabios ni virtuosos.

¿Y del poder judicial cuál es el aspecto a cuidar? Son dos. La independencia de los magistrados y su capacidad. Para que este poder, que actúa por así decirlo como control de calidad de la democracia, funcione adecuadamente se requiere que no pueda ser manipulado por los otros dos poderes.

La solución que se dió en el pasado a este asunto en Cuba fue la consignada en la Ley Orgánica del Poder Judicial que data de 1908, uno de cuyos ponentes fue Juan Gualberto Gómez, abogado y patriota del círculo íntimo de Martí. Fue la base del Poder Judicial cubano en la república. El Poder Judicial funcionó bien en lo técnico y tuvo fama de ser honesto. Cuba contaba con excelentes juristas que se distinguieron internacionalmente. Se organizó el ingreso a la judicatura mediante examen y se creaba un escalafón según los resultados del examen. Obviamente los candidatos tenían que carecer de antecedentes penales y gozar de buena reputación. Se accedía a las plazas a medida que vacaban, siguiendo el escalafón. Pero una vez dentro, el sistema de ascenso era por méritos y antigüedad. Lo segundo y quizá lo más importante era la inamovilidad en el cargo a no ser que la persona hubiese cometido un delito u otra falta grave. La facultad de juzgar al juez se le concedía a una sala especial del tribunal supremo, llamada sala de gobierno, que decidía en proceso contradictorio si el juez debía o no ser separado de su cargo. Ampliaremos en capítulo aparte.

Debemos decir, sin embargo, que también hay aspectos a cuidar en el poder judicial que no son los apuntados. Pueden existir jueces que no sean corruptos ni incapaces pero que quieran utilizar su cargo para hacer avanzar sus ideas políticas. Es lo que se llama activismo judicial y sería un caso claro de intromisión en las actividades de otro poder. Pero en la práctica el asunto no es tan claro. La mayor parte de las veces el análisis de casos y su resolución se presta a distinciones que pueden ser sutiles. Si se les acuerda a los jueces el poder de legislar indirectamente a base de dar una importancia demasiado grande al precedente entonces se puede llegar a legislar basándose en jurisprudencia lo cual tiene sus virtudes y defectos.

En un país como Cuba, que surge de la ilegalidad, es difícil dar esas atribuciones a los jueces pues no tienen precedentes a los que referirse, ni práctica en aplicar la ley sin presiones partidistas. Lo prudente sería seguir con el sistema que teníamos con anterioridad. El precedente sólo obligaba cuando se resolvían en igual forma al nivel del tribunal supremo, dos casos iguales. Por cierto, ésto atañe a la interpretación y nunca a crear un precepto nuevo. Con ese tamiz es difícil que se produzcan extralimitaciones y el juez queda circunscrito a su campo adecuado: interpretar la ley y aplicarla pero nunca crearla.

VII- Los principios democráticos esenciales y el ciudadano.

En el mundo acelerado y confuso en que vivimos en los principios del siglo XXI el ciudadano común y corriente vive asediado por múltiples presiones y por una verdadera montaña de información. Desdichadamente la información está disponible pero no todos tienen el tiempo de acceder a ella y menos de meditarla.

Se depende de los medios de comunicación social y de extractos muy condensados de información que la mayoría de las veces no explican las cosas bien por ser muy difícil de hacer en brevísimos espacios de tiempo, o por partir de supuestos tendenciosos donde se intenta **vender** un punto de vista y no desarrollar la capacidad de pensar y valorar. Sentado esto, intentemos explicar en forma práctica cuáles son los principios básicos del estado de derecho que compete entender al ciudadano porque se va a topar con ellos en su vida cotidiana.

La igualdad ante la ley.

Es la base de la democracia y viene de la creencia de que todos los seres humanos nacemos con los mismos derechos naturales. ¿Comprenden por qué es tan importante la ley natural? Sin ella no hay igualdad en la humanidad y sin seres humanos iguales no tiene sentido el principio democrático de igualdad ante la ley. Igualdad ante la ley por cierto no es la igualdad marxista que pretende igualar a todos reduciéndolos a la condición de siervos siempre esperando algo del amo que es el estado.

No, la igualdad ante la ley **es igualdad de oportunidad**. De ahí se deriva el rechazo de la discriminación por sexo, raza o religión, y la igualdad de los nacionales y también de extranjeros en cuanto a los derechos básicos, tema reconocido por los romanos hace 20 siglos en lo que llamaban 'derecho de gentes'.

La igualdad ante la ley sabe que hay hombres inteligentes y torpes, perezosos y diligentes, dotados para unas cosas y no para otras y **acepta la humanidad tal como es**. Sólo dice: tú en lo que sepas hacer tienes iguales oportunidades que cualquier otro y si no te las dan tienes derecho a reclamar. Pero tienes que servir para algo y no pedir solamente que te den porque existes (la incapacidad física es otro tema). Es lo que se llama el requisito de idoneidad cuando se juzgan casos de discriminación.

Este punto fue cubierto con inspiradas palabras por las Constituciones de 1901 y de 1940 en sus artículos 11 y 20 respectivamente. Ambas expresaron: **"Todos los cubanos son iguales ante la ley. La república no reconoce fueros ni privilegios"**.

El marxismo por el contrario condiciona el progreso a la actitud política y mientras cacarea la igualdad impone la desigualdad concediendo fueros y privilegios a sus secuaces. Y no es solamente porque los dirigentes disfruten de prebendas que el pueblo no disfruta sino porque **el sistema produce la desigualdad** pues no mira al hombre como persona capacitada y pensante sino como pieza sumisa de un engranaje. Con ese enfoque es natural que los que dirigen el engranaje desprecien las piezas inútiles para sus fines, y usen todo y a todos para mantener la máquina funcionando en su beneficio.

El principio de igualdad ante la ley pone coto a esos desmanes pues es una de las causas de acción clásicas para cuestionar leyes injustas por ser parciales, ante un tribunal de garantías constitucionales. ¿Qué es una ley parcial? La parcialidad es preferir a unos ciudadanos en perjuicio de otros bien porque se hacen diferencias odiosas en la ley o porque se hacen leyes especiales que benefician claramente sólo a unas pocas personas. ¿Qué son diferencias odiosas? Discriminar por razón de religión, actitud política, raza o sexo.

La ley tiene que ser general. Puede beneficiar a un sector de la nación pues hay diferentes segmentos y necesidades pero no puede tratar en forma diferente a los comprendidos en ese sector. En la práctica es un tema que tiene muchos matices y por eso debe ser apreciado por un tribunal. Pero lo que compete al ciudadano es saber esto: **No se puede preferir a nadie en perjuicio de otro dentro de un mismo grupo y circunstancia social.**

El principio de legalidad.

La sociedad en el estado de derecho funciona ajustándose a la ley. Los ciudadanos tienen libertad y están obligados a observar las leyes pero no los caprichos de la autoridad. Tampoco puede el ciudadano tomarse la justicia por su mano.

En la vida cotidiana ello significa que un municipio, por ejemplo, no puede subir el impuesto territorial basándose en que algún burócrata hizo un estudio que indique que se necesitan mayores ingresos para atender las necesidades. No, en un estado de derecho ese informe sería la base de una discusión por el órgano legitimado para dictar leyes municipales de impuestos y previa audiencia pública y recepción de otras opiniones, deliberar y decidir. Si la ley marca ese procedimiento y no se sigue, el ciudadano tiene derecho a impugnar la validez del acuerdo por haberse violado el principio de legalidad.

Es una garantía básica. No se hace lo que cada cual quiera si no lo que está legislado. Si los funcionarios se extralimitan en sus funciones y van más allá de lo que la ley marca, también hay recurso. Si se deja de actuar cuando la ley requiera que se actúe igualmente hay recurso.

Ese es el principio de legalidad cuyo reverso implica que el ciudadano también debe comportarse en igual forma. Si el vecino empieza a construir en terreno que se estima propio, no procede destruir la construcción a mandarriazos sino recabar el auxilio de la autoridad judicial y obtener un interdicto de obra nueva.

Alberto Luzárraga

El principio de derecho de petición, manifestación y asamblea pacífica.

Las autoridades están para servir. Ministro quiere decir servidor. Esa es su etimología.

Con frecuencia las autoridades o funcionarios no están al tanto de lo conveniente o no quieren actuar por diversos motivos. Una de las formas clásicas de moverlos a actuar es con el derecho de petición que acerca el ciudadano al funcionario y lo conmina a dialogar. La petición hace que el burócrata salga de su oficina si es afecto a circunscribirse a ella. La petición, aun si es ridícula, da contrapunto a la sociedad y afina el enfoque del ciudadano.

Los regímenes dictatoriales la aborrecen. La consideran antesala de la rebelión. Los gobiernos democráticos la consideran normal hasta el aburrimiento. Constantemente se ven en los Estados Unidos campañas para recoger firmas que abarcan una gama vastísima de iniciativas que prosperan o no, pero que se discuten y consideran. Pedir es el meollo del derecho a congregarse y manifestar pública y pacíficamente. Se manifiesta para pedir y para manifestar hay que juntarse.

El único requisito que imponen las naciones libres es requerir un permiso si se planea manifestar en alguna forma o en un lugar que pueda entorpecer el orden público, el tráfico, etc. En los países libres existe amplia jurisprudencia sobre el asunto y se puede apelar una decisión injusta. Los totalitarios siempre niegan estos derechos y la excusa de violar el orden público, es la clásica.

El principio de revisión o tutela judicial.

En el mundo moderno tan complicado el individuo tiene que ser defendido del estado. Para eso existen los derechos humanos.

Pero la ironía es que el individuo necesita al Estado para defenderse del Estado. Y para eso está la tutela o revisión judicial.

Todos los actos de gobierno, legislativos administrativos o judiciales, están sujetos al principio de la revisión judicial. Si son actos del ejecutivo, en los países modernos se abre una vía especial para reclamar cuestiones corrientes entre el estado y el ciudadano común. Es lo que se conoce como la vía contencioso administrativa mediante la cual se recurre ante un tribunal especializado en esas cuestiones. La vía contenciosa existe sólo para hacer más expedito el trámite. El estado tiene que ser emplazado si abusa de su poder, o yerra por ignorancia o negligencia, tan pronto como sea posible.

La vía ordinaria igualmente queda siempre abierta al ciudadano para todo lo que compete a sus relaciones con otros ciudadanos y aun el estado. Pero queda otra vía de control: la vía constitucional. Si se trata de actos ejecutivos, legislativos o judiciales que **cercenan derechos fundamentales** el ciudadano tiene abierta esa vía. Puede exigir la declaración de toda la ley como inconstitucional o la anulación de los preceptos que violen la constitución y lo afecten, o exigir la anulación de una aplicación inconstitucional de la ley por un juez o autoridad sin pedir su anulación.

Obsérvese que avances se han logrado en el derecho moderno al desarrollar esta vía de la constitución como cortapisa al poder. ¡Qué adelanto, el que un simple ciudadano pueda pedir y obtener la anulación de una ley porque el congreso u otra autoridad haya violado uno de los derechos fundamentales garantizados por la ley fundamental! Igualmente, que avance notable constituye el poder acudir a un tribunal y pedir que anule una sentencia de otro tribunal porque no se aplicó la ley en forma adecuada o porque no se le dieron al ciudadano las garantías procesales.

Esto nos trae a otro principio que el ciudadano va a encontrar en su diario bregar.

El principio de las garantías procesales.

Para ejercitar los derechos o ser privados de ellos hay que hacerlo por un procedimiento judicial. El proceso tiene que ajustarse a unos trámites que aseguren que el ciudadano se pueda defender. En el derecho anglosajón le llaman a esta garantía "proceso debido". Es un término que se usa frecuentemente aunque prefiero hablar de **garantías procesales**, término más claro pues expresa el contenido: **requisitos obligatorios a observar establecidos por las leyes fundamentales y la tradición judicial del mundo occidental.**

Un buen ejemplo de cuan antigua es esta idea está en la Biblia. San Pablo apeló al César para no ser juzgado en un foro donde una turba presionaba por su condena inmediata y le fue concedida la apelación. Es una referencia clara a las garantías procesales. Como ciudadano romano tenía ciertos derechos en cuanto al foro adecuado para su juicio.

Las garantías procesales son un principio general del derecho que se expresa así: **Nadie puede ser condenado sin antes ser oído y vencido en juicio contradictorio.** Y esa es la clave **ser oído**, quiere decir que no valen los juicios con una parte ausente a no ser que se encuentre en rebeldía.

Ser vencido en juicio contradictorio. Quiere decir ser vencido con pruebas y argumentos mejores y se dice **contradictorio** porque eso es el proceso justo: Yo digo y tu respondes y se nos da tiempo para preparar y presentar pruebas, testigos, etc. Constantemente se anulan sentencias en los países civilizados porque el juez no observó los requisitos del proceso o erró al no dar oportunidad a presentar pruebas etc. Eso se llama colocar a una parte en estado de **indefensión** y es causa jurídica para anular una sentencia. De eso se trata en el estado de derecho: Se trata de proteger al ciudadano, tanto así que en derecho penal se prefiere que escapen algunos culpables con tal de proteger sus derechos porque se estima que es mejor para la sociedad que se respeten las formas a que se condene a todos los culpables.

El principio de la presunción de inocencia.

Se basa en la creencia de que **es mejor no condenar a un inocente que dejar escapar a un culpable.** Dejar escapar a una persona que probablemente es culpable por falta de pruebas es chocante en principio, pero es la base de la presunción de inocencia que beneficia a toda la ciudadanía. Condenar por convicción, aunque no esté probado el hecho como hacía Castro es lo que se obtiene si se abandona este principio. En una sociedad siempre hay más inocentes que culpables. Abandonar este principio abre la puerta a la arbitrariedad masiva.

Las Constituciones del 1901 y de 1940 se preocuparon de este asunto. La del 40 elevó la presunción legal de inocencia a favor del acusado a precepto constitucional. Asimismo, ambas constituciones establecieron la necesidad de probar el delito independientemente del testimonio del acusado. Comparen ésto con la práctica marxista de la confesión del acusado en causas criminales y de la autocrítica en cuestiones diarias que no es sino una confesión en público, tal vez no de delitos pero si un acondicionamiento claro de la mente a la voluntad de otro.

El principio de Habeas Corpus.

Otra garantía procesal esencial es el derecho de habeas corpus. La idea es muy sencilla. No se puede detener a nadie por un período de tiempo largo sin presentarlo a un juez para que determine si merece o no continuar detenido. El derecho más importante es la vida y la libertad y si algo hay que proteger rigurosamente es ese derecho que no puede ser retirado sin ajustarse al trámite establecido.

Tolerar una detención por largo tiempo privaría al detenido de sus garantías procesales que consisten en no ser retenido por un acto caprichoso de la autoridad, o detenido por un período de tiempo tan extenso que permita influirlo o arrancarle una confesión. La Constitución del 40, ratificando lo establecido en la de 1901, exigía la presentación del acusado ante el juez a las 24 horas de su detención. Esa detención debía dejarse sin efecto o ratificarse por resolución fundada a las 72 horas de haberse puesto el detenido a la disposición del juez competente. Si no se hacía procedía el recuso de "habeas corpus" según el Art. 29.

Se permitía interponerlo a cualquier persona sin **dirección letrada**. La autoridad tenía que obedecer la orden del juez sin poder alegar **obediencia debida**. El incumplimiento de una orden judicial ocasionaba la orden de detención del infractor, también por mandato constitucional. Si el juez no despachaba el mandamiento de habeas corpus la constitución ordenaba un castigo: separación inmediata de su cargo por la sala de gobierno del tribunal supremo.

Me he extendido detallando esta regulación del "habeas corpus" porque tiene buena prosapia en Cuba. Data de la época de la primera intervención y se observó a todo lo largo de la vida republicana pues el poder judicial conservó su independencia gracias al sistema de ingreso. Castro y muchos de sus secuaces están vivos gracias al recurso de habeas corpus, que no hace sino una cosa: Proteger a las personas. Comparemos con Villa Marista y sus incomunicados y torturados.

Proteger al ciudadano. Esto mismo cabe decir respecto a todos los demás derechos fundamentales consagrados en nuestras constituciones, o sea, inviolabilidad de la correspondencia, del domicilio, prohibición de forzar a nadie a mudar de domicilio, libertad de expresión de palabra bien sea por escrito o por los medios de difusión, libertad religiosa, prohibición de confiscar la propiedad privada, etc.

El principio de proteger la propiedad privada.

Las constituciones y el Estado de Derecho la protegen a ultranza y hay una excelente razón. Sin propiedad privada el individuo es juguete del estado que deviene en papá que lo da todo y lo quita todo. Con esas atribuciones frecuentemente deviene en padrastro que lo exige todo y da lo que le parece cuando le parece.

Hay que protegerla pues es la base de la conservación de la persona y la que le da al individuo un margen de maniobra frente al estado. El que nada tiene con nada se puede defender. Sus recursos para resistir la acometida del estado poderoso serían nulos. Su capacidad de proveer a sus hijos, si así lo desea, un tipo de educación diferente a la que provee el estado sería ilusoria. El hombre sin propiedad vive en una situación de desventaja extrema frente al estado. Puede decirse sin temor a equivocarse, que uno de los pilares esenciales de la libertad individual es la propiedad privada.

Por ello las constituciones y la ley la protegen y la justicia la ampara y se exigen requisitos tales como la indemnización previa y la causa de interés social para que el estado pueda expropiar. Así lo disponían nuestras constituciones. Exigían que la indemnización fuera en efectivo y permitían cuestionar ante los tribunales si la cantidad era adecuada o si la causa alegada era aceptable.

Por eso también el marxismo ataca la propiedad privada y la quiere suprimir. Con la propiedad en manos del estado nadie es dueño de nada excepto el que manda. Y entonces reparte como quiere consolidando así su poder.

El comunismo no es un diseño para crear justicia. Es un diseño para acaparar poder.

El principio de la seguridad jurídica.

Habrán ustedes tal vez oído hablar de la **retroactividad** de las leyes. Y quizás lo hayan oído en son de queja. Queja muy fundada porque las leyes no pueden ser retroactivas sino en condiciones muy especiales. Porque de lo contrario no se sabría a que atenerse. Los derechos adquiridos bajo las leyes vigentes podrían ser desconocidos por una nueva ley. ¿Quién pudiera vivir así? La Constitución de 1901 y la del 40 también se preocuparon de ese asunto. No podía haber retroactividad sino por causa de utilidad social, orden público o necesidad nacional, señaladas expresamente en la ley y ley aprobada por dos terceras partes de ambas cámaras.

Se estipulaba la indemnización de daños y se permitía la impugnación del fundamento de la retroactividad ante el tribunal de garantías.

Aun más estricto se debe ser en materia penal. Según un principio universal de derecho penal, **no hay delito ni sanción sin previa ley penal**. Los delitos no se inventan por capricho de momento. Lo que no está definido como delito es lícito y punto. Nuestras constituciones sólo admitían un caso de retroactividad penal: Cuando la ley beneficiase al reo y ello impulsado por un sentimiento de justicia al establecer que una sanción no puede ser mas leve por el mismo delito que otra sanción impuesta antes de que la ley mitigara la pena.

El principio de la cosa juzgada.

Otro principio esencial de la estabilidad jurídica es la **cosa juzgada**. No se puede procesar a nadie dos veces por el mismo delito si es asunto penal o reiterar una demanda por idéntica causa de acción si es asunto civil. Los tribunales fallan y cuando se extinguen las apelaciones nos encontramos ante la cosa juzgada que no puede tocarse a no ser que se descubran nuevos hechos que no se conocían antes y eso no ocurre con frecuencia ni es fácil de probar.

En Cuba, que yo sepa nunca se había desconocido este principio general del derecho antes de la revolución. Ni en tiempos de la colonia. Pero Castro ha desconocido la cosa juzgada, ha sentenciado a los presos varias veces por el mismo supuesto "delito" y les ha aplicado leyes nuevas haciendo más graves sus delitos y condenas. Es "justicia socialista" de la que se hace **cuando el poder se concentra y cuando la justicia no es tal sino una forma más de coacción**.

VIII- Definición del Estado de Derecho y su control.

Hemos visto como el estado no crea todo el derecho pero si lo impone pues en definitiva es él quien tiene el poder coactivo. Es la paradoja que siempre enfrentamos: El estado que encarna la sociedad puede ser el guardián o el tirano según que su poder esté en buenas o malas manos. Pero como este resultado es aleatorio y nadie puede predecir la conducta humana se impone regular y equilibrar el poder.

Llegó el momento de definir. Prometí dar una definición del Estado de Derecho y voy a dar dos. Una larga y una corta.

La larga es:

El Estado de Derecho es un sistema donde coexisten varias notas: sujeción a la ley, control de la ley por la tutela judicial, separación de poderes, reconocimiento de la personalidad jurídica del estado, reconocimiento y garantía de los derechos y libertades fundamentales del ciudadano, control de la actuación del estado por la vía contenciosa y lo más importante, control de los poderes del estado por la vía constitucional.

Y la corta aunque menos prolija se queda en la memoria fácilmente.

El Estado de Derecho es: **Equilibrio.**

Es importante entender este asunto del equilibrio. Un estado con el **poder ejecutivo desequilibrado es una tiranía**, un estado con el poder legislativo desequilibrado puede ser una sucesión de gobiernos débiles si es un régimen parlamentario o una confusión que deviene en tiranía. Y un gobierno con poder judicial desequilibrado es reflejo de una tiranía que ya existe o que anda en vías de constituirse.

El equilibrio se logra con una constitución que delimita funciones. Pero una constitución por sí sola es un documento retórico si carece de alguien que la interprete y la haga valer. ¿Quién puede hacerlo? Ya lo apuntamos antes y lo repetimos: Un Tribunal Constitucional.

Es la pieza fundamental del control del poder. Cuando los poderes se extralimitan ahí está el control de todos los poderes ejecutivo, legislativo y judicial. Sin embargo el control referido no se puso en práctica inicialmente con la claridad de hoy en día.

Muchos países dictaron constituciones pero se encontraron con el problema de contenido constitucional no aplicado. ¿Por qué? Porque los jueces estaban acostumbrados a aplicar la ley positiva y su juramento de cargo era aplicar la ley. Para muchos desconocerla era impensable. Sobre todo si esa ley fue aprobada por un órgano legislativo legitimado para dictarla.

Es un gran logro de la democracia americana que fué la primera en implantar el sistema de revisión judicial basado en que **una ley que vulnere la constitución es nula.** Y sucedió en los albores de la república americana, en 1801. Es conveniente que el pueblo de Cuba conozca como empezó el sistema.

Se cuestionaba si el Tribunal Supremo tenía o no jurisdicción para declarar una ley inconstitucional pues la constitución americana no establecía claramente esa facultad ni el desarrollo jurídico había aun creado tribunales especializados solamente en cuestiones constitucionales. El presidente del Supremo, el magistrado Marshall, razonó así: Los jueces juran aplicar y defender la constitución. Si se permite que una ley sea contraria a la constitución, ¿de qué sirve ésta? Es cierto que un poder como el legislativo electo por el pueblo tiene potestad para dictar leyes pero deriva su poder de la constitución dada por ese mismo pueblo que limita el poder. Lo mismo puede decirse de los otros poderes.

Luego si se dejan pasar leyes inconstitucionales y no se protegen los derechos de los ciudadanos se viola el principio fundamental de nuestra forma de gobierno, garantizar la libertad individual. Y el remedio es único: **Declarar la potestad del Tribunal para ejercer la tutela jurídica y anular las leyes o actos que sean inconstitucionales**.

Desde ese momento se desarrolló la teoría de la revisión de la constitucionalidad de las leyes. Con dos sistemas, el de la jurisdicción difusa propio de Estados Unidos, donde cualquier juez puede declarar inconstitucionalidad, y el que teníamos en Cuba, sistema de jurisdicción concentrada donde esa función compete solamente a un tribunal especializado.

Bajo el sistema americano, el Tribunal Supremo decide finalmente aunque los jueces puedan conocer cuestiones de inconstitucionalidad. Bajo el sistema de jurisdicción concentrada sólo el tribunal constitucional conoce y decide las cuestiones. Lo que sí se admite bajo el sistema que teníamos en la República antes de la dictadura de Castro era la consulta de jueces y tribunales al Tribunal de Garantías. Es decir, si un juez tuviese dudas sobre la constitucionalidad de una ley que debe aplicar, podría y debería consultar, involucrando así a todo el sistema judicial en asegurar el respeto a la constitución.

El objetivo de ambos sistemas es el mismo. Procurar que la defensa de la constitución **sea deber de toda la judicatura,** bien como juez primario o como juez que consulta a un superior.

Pensamos que una Cuba futura debe seguir con el sistema que teníamos pues es difícil dar facultades tan amplias como la jurisdicción difusa a una judicatura que tendría que surgir de nuevo y que requeriría un período de tiempo para desarrollar carácter y experiencia judicial.

Sin embargo hay que cuidar un aspecto y es la atribución de facultades al Tribunal. El Tribunal está para decidir cuales actos o leyes son contrarios a la constitución y no para crear añadiduras a la constitución por métodos indirectos. Esto significa que los jueces deben juzgar y no legislar pues lo contrario sería también una vulneración de poderes. Es un tema a considerar con cuidado cuando se dicte una Ley Orgánica.

Se han escrito bibliotecas sobre los diversos temas que hemos tocado. Nuestro propósito ha sido concentrar y exponer sucintamente una selección de ideas esenciales que puedan servir de base para profundizar y adquirir más conocimientos. Ampliaremos un tanto en los capítulos subsiguientes.

CAPÍTULO IV

La Constitución Castrista

La constitución castrista siguió el modelo de la estalinista de 1936. Fue el producto de una comisión designada por el partido comunista. Su mandato era concentrar y mantener el poder en las mismas manos.

Este capítulo no debía ser necesario. Pero hay intereses extranjeros de matiz socialista que alegan que este instrumento puede reformarse y también hay intereses en Cuba que quisieran hacerlo. Luego, nos vemos obligados a escribirlo con la esperanza de que sea capítulo superfluo en una Cuba libre.

En cierta forma el análisis ofrece alguna utilidad. Una vez explicado el estado de derecho y sentado que una de sus características principales es el equilibrio, procede mostrar el caso extremo de desequilibrio: El estado tiránico sujeto al capricho de una sola clase. La llamada constitución castrista es un excelente ejemplo de como se organiza dicho estado. Lamentablemente es casi todo lo que conoce la mayoría del pueblo cubano al cual no se le ha enseñado cívica en 50 años. Demostraremos que el documento castrista no merece el nombre de constitución porque su objetivo no fue garantizar la libertad y crear un estado respetuoso de ella, de las minorías y de los derechos ciudadanos sino cimentar el poder absoluto de un hombre y una nueva clase.

La constitución castrista.

Dictada en 1976, enmendada en 1992 y en el 2002, es un documento diseñado para imponer un sistema unipersonal de gobierno apoyado por un solo partido que reclama el acceso exclusivo al discurso político. No fue el producto de una constituyente compuesta de delegados libremente electos, con libertad para ofrecer una variedad de puntos de vista. Fue, por el contrario, el producto de una comisión designada por el partido comunista. Su mandato era concentrar y mantener el poder en las mismas manos.

Explicamos que la razón primordial para dictar una constitución es defender al ciudadano del poder absoluto del estado. Este objetivo no sólo brilló por su ausencia, era en efecto un objetivo prohibido. La constitución castrista siguió el modelo de la estalinista de 1936. El proyecto elaborado por el partido se pasó a las "organizaciones de masas" para su "comentario". No es sorprendente que nada sustancial fuese cambiado. La constitución fue entonces aprobada por el Congreso del partido comunista y se convocó a un referéndum donde se pedía un voto afirmativo o negativo. Se 'aprobó' por nada menos que el 97.3% de los votantes según datos diseminados por el gobierno de Castro pues decir 100% hubiera excedido hasta los requisitos de la propaganda. No existían alternativas y tampoco se verificó un estudio y debate del proyecto en sesiones abiertas al público como se hizo en Cuba en el caso de la Constitución de 1901 y la de 1940. El proyecto carecía de la más elemental transparencia. No sabemos lo que el pueblo de Cuba hubiera deseado. Sabemos solamente lo que quería el partido comunista, organización que controlaba todos los medios de difusión, y que informó tan sólo lo que le pareció conveniente a sus objetivos.

No fue así en el pasado. Una lectura de la prensa de la época, tanto en 1901 como en 1940, revela cuan de cerca seguía el pueblo las sesiones, como se comentaban las intervenciones de los constituyentes y cuantos artículos y peticiones sobre temas constitucionales se publicaron en la prensa y recogieron el sentir del pueblo.

Pocos cubanos de la época actual quizás sepan que tanto Blas Roca como Juan Marinello y otros conocidos comunistas, fueron constituyentes, electos como parte de una coalición con la que pactó el partido comunista, que entonces al igual que ahora, siempre ha sido oportunista. Se sabía perfectamente quienes eran y lo que propugnaban pero no se les impidió presentar sus ideas porque al fin de cuentas el pueblo de Cuba quería libertad y no totalitarismo y en la buena lid de las ideas se sabía también que serían derrotados.

Así ocurrió en esa época y es por eso que el tamaño inusitado del porcentaje de aprobación del proyecto castrista en 1976 no sólo es sospechoso sino ridículo. Simplemente refleja un sistema para obtener una "unanimidad" a toda costa.

Sin embargo, no contentos con un 97% se mejoró el récord en la enmienda constitucional de 1992 que fue aprobada por "unanimidad", esta vez por la Asamblea Popular en el curso de una de sus usuales sesiones relámpago de tres días. El totalitarismo se nutre de "unanimidades".

Fiel a su origen, la constitución castrista-estalinista se dedica a contradecirse a lo largo de su articulado. Lo que da con una mano lo quita con la otra. El artículo 62 es revelador.

> "Artículo 62.- Ninguna de las libertades reconocidas a los ciudadanos puede ser ejercida contra lo establecido en la Constitución y las leyes, ni contra la existencia y fines del Estado socialista, ni contra la decisión del pueblo cubano de construir el socialismo y el comunismo. La infracción de este principio es punible".

Existe un tono de fanatismo casi religioso en sus postulados. Así el artículo 3 declara:

> "Todos los ciudadanos tienen el derecho de combatir por todos los medios, incluyendo la lucha armada, cuando no fuera posible otro recurso, contra cualquiera que intente derribar el orden político, social y económico establecido por esta Constitución".

Quiere decir que aspirar a no vivir bajo un régimen comunista es un delito y se exhorta al pueblo a la *violencia contra el que disienta*. ¡Y ésto a nivel constitucional!

La Cuba de Castro ha sido extracto puro del pensamiento totalitario. Todas las constituciones de los países libres del mundo regulan su reforma y la posibilidad de que el pueblo quiera cambiar el sistema. La cubana cumple con el requisito formal y en el artículo 137 habla de la reforma constitucional pero se trata sólo de cumplir con un aspecto estético y propagandístico. El artículo 62 y el artículo 3 lo hacen letra muerta porque el resultado que exigen debe de ser el mismo: que se mantenga el sistema a como dé lugar. Para colmo, se remachó expresamente en el 2002 que ninguna modificación puede afectar el sistema político, económico y social.

La criminalización de las conductas de oposición al régimen por la simple expresión de ideas diferentes es típica de las constituciones totalitarias. Primero se establecen los principios totalitarios y seguidamente se dictan las leyes represivas. El Código penal castrista, la ley mordaza y demás disposiciones no surgen por mero accidente. Son parte de un engranaje diseñado para mantener el poder concentrado en pocas manos y reprimir. El comunismo intenta primero la coacción psicológica y el entramado legal es parte relevante de esa coacción.

Es así como se crean delitos típicos del sistema, delitos que no existen en otros países o que en ocasiones son distorsiones de doctrinas del derecho penal. El antiguo Código de Defensa Social contemplaba el estado de peligrosidad y establecía la posibilidad de medidas cautelares siempre con audiencia ante un juez y un procedimiento contradictorio. Las causales eran claras, como por ejemplo dipsomanía habitual, y había que probarlas. Pero alentado por la constitución totalitaria el legislador castrista retuerce esos principios que se convierten en el artículo 72 del Código Penal;

> "Articulo 72. Se considera estado peligroso la especial proclividad en que se halla una persona para cometer delitos, demostrada por la conducta que observa en contradicción manifiesta con las normas de la moral socialista".

¿Y qué es la moral socialista? Obviamente lo que quiera el gobierno que sea. En particular todo aquéllo que amenace directa o indirectamente al sistema sin importar que sea pensado, hablado o actuado.

Lo contrario a esa "moral" pasa a ser un acto de "propaganda enemiga". Otro delito peculiar del sistema que lo define en el artículo 103 del Código Penal sancionando al que "incite contra el orden social, la solidaridad internacional o el Estado socialista, mediante la propaganda oral o escrita o en cualquier otra forma".

Si pensamos lógicamente vemos que estos delitos no son sino consecuencias directa de los artículos 62 y 3 de la constitución.

A lo largo de su articulado la constitución castrista refleja su contradicción inherente: habla de libertad pero no puede darse el lujo de permitirla.

Los artículos 41 a 66 incluyen una larga lista de derechos que pasan a ser desechados en la práctica diaria. El texto constitucional que establece algunos de los "derechos" es particularmente irritante cuando se compara con la realidad cotidiana como por ejemplo el artículo 43 que refiriéndose a la igualdad expresa:

"[los ciudadanos]

> reciben asistencia en todas las instituciones de salud.

> se domicilian en cualquier sector, zona o barrio de las ciudades y se alojan en cualquier hotel.

> son atendidos en todos los restaurantes y demás establecimientos de servicio público.

disfrutan de los mismos balnearios, playas, parques, círculos sociales y demás centros de cultura, deportes, recreación y descanso".

Dado el apartheid turístico que ha prohibido a los cubanos frecuentar los centros de la "dolce vita", el turismo de salud con clínicas especiales no asequibles a los cubanos, los desalojos por vivir en ciudad prohibida y una interminable lista de abusos han convertido este artículo en una burla diaria a la dignidad del pueblo cubano que en todo caso carece de los ingresos para acceder a servicios de alta calidad.

Bajo la constitución castrista la defensa del ciudadano ante el poder público es problema de imposible solución dado el monopolio que la constitución confiere al estado para solventar una serie de necesidades sociales tales como la educación, el acceso a los medios de comunicación y la cuestión laboral y sindical.

Un buen ejemplo es el artículo 53 que "reconoce a los ciudadanos libertad de palabra y prensa conforme a los fines de la sociedad socialista". O dicho en correcto castellano: tienes derecho a estar de acuerdo conmigo.

Existía sin embargo cierto rescoldo de mala conciencia y por ello a continuación se intenta una explicación:

> "Las condiciones materiales para su ejercicio están dadas por el hecho de que la prensa, la radio, la televisión, el cine y otros medios de difusión masiva son de propiedad estatal o social y no pueden ser objeto, en ningún caso, de propiedad privada, lo que asegura su uso al servicio exclusivo del pueblo trabajador y del interés de la sociedad. La ley regula el ejercicio de estas libertades".

La excusa es que como los medios de comunicación son del estado y el estado es el pueblo pues obviamente son tuyos, ciudadano, y no pueden pertenecer a nadie más. Puedes acceder a ellos cuando quieras, excepto que la "ley" te dirá el como se ejerce ese derecho. El que las leyes las dicten mi consejo de estado y mi parlamento... en un sistema unipartidista... eso.... es un detalle sin importancia. Los sofismas del marxismo totalitario ni siquiera merecen ese nombre porque un sofisma tiene algo de lógica y en este caso brilla por su ausencia.

Continuemos con los monopolios. La educación es uno de los más ofensivos puesto que el estado se apropia de ella para sus propios fines y procede a dictar no sólo el programa educativo sino a prohibir cualquier otra educación contraria a su objetivo. El artículo 39 a) y c) establece que los estudiantes deben de ser formados de acuerdo con el ideario marxista al establecer que es deber del estado "promover….la formación comunista de las nuevas generaciones y la preparación de los niños, jóvenes y adultos para la vida social".

De nuevo causa y efecto. El Código de la Niñez y la Juventud en su artículo 1 explica su propósito: formar una personalidad comunista y alega que es preciso regular los diferentes aspectos de la vida de la nueva generación, sus deberes y sus derechos. No es de extrañar que más adelante (Art. 23) hable de la actitud política como criterio de acceso a la enseñanza superior y que el Art. 26 requiera una actitud "integralmente correcta". Y para colofón el expediente acumulativo acompaña al estudiante durante toda su carrera escolar registrando sus "actitudes".

El monopolio educativo es uno de los abusos más flagrantes pues la educación de los hijos es un derecho natural de los padres reconocido por todas las legislaciones y constituciones civilizadas. Negarlo es retroceder y convertir al niño en objeto, en un bien de uso. Tan sólo por eso merecería el gobierno de Castro la condenación de todos los hombres de bien.

La Declaración de los Derechos Humanos lo dice bien claro en su artículo 26: "Los padres tendrán derecho preferente a escoger el tipo de educación que habrá de darse a sus hijos".

Tanta es la preocupación del estado con mantener su monopolio que inventa un delito peculiar, el de "abuso de la libertad de cultos" que define en el Art. 206 del Código Penal así: "El que, abusando de la libertad de cultos garantizada por la Constitución, oponga la creencia religiosa a los objetivos de la educación".

Para no ser omisos y mantener su sistema de contradicción sistemática (cuan marxista y hegeliano) violan el artículo 8 de su propia constitución que dice: "El Estado reconoce, respeta y garantiza la libertad religiosa".

El pueblo cubano ha perdido así hasta los más sagrados derechos, hasta aquéllos que pertenecen a la intimidad familiar, al hogar, al derecho de pasar opiniones y tradiciones a los hijos. La enormidad del desafuero jurídico es abrumadora.

Y siguen los delitos que contradicen artículos constitucionales. El Art. 208 del Código Penal castiga la asociación ilícita que consiste en reunirse sin previa autorización, el 216 la salida del país sin autorización previa, el 204 pena el menosprecio de las organizaciones políticas o de masas (entérese: le tiene que gustar el comunismo) y el 202 y 207 castigan la instigación para delinquir y la asociación para el mismo efecto, delito común a todos los códigos pero que en Cuba se usa para perseguir a adversarios políticos pues opinar diferente es un delito.

Siguiendo con su costumbre de enunciar derechos inexistentes, la constitución en su Art. 54. nos dice que los "derechos de reunión, manifestación y asociación son ejercidos por los trabajadores, manuales e intelectuales, los campesinos, las mujeres, los estudiantes y demás sectores del pueblo trabajador, para lo cual disponen de los medios necesarios a tales fines". Pero como de costumbre los hace inoperantes al presumir que se ejercen en vez de protegerlos y al añadir una coletilla innecesaria cuando expresa que los trabajadores "disponen de los medios para tales fines" o sea: Te diré a través de quien te puedes expresar.

Uno de los delitos mas repugnantes es el de salida ilícita lo cual convierte la patria en cárcel y a los gobernantes en cancerberos. Choca frontalmente con el Art. 13 de la mencionada Declaración de los Derechos Humanos que expresa: "Toda persona tiene derecho a salir de cualquier país, incluso el propio, y a regresar a su país". La constitución de Castro se muestra silente al respecto pues la emigración se utiliza sólo para librarse de los adversarios políticos después de reprimirlos. Compárese con el luminoso precepto de la Constitución de 1901.

Artículo 29.- Toda persona podrá entrar en el territorio de la República, salir de él, viajar dentro de sus límites, y mudar de residencia, sin necesidad de carta de seguridad, pasaporte u otro requisito semejante, salvo lo que se disponga en las leyes sobre inmigración, y las facultades atribuidas a la autoridad en caso de responsabilidad criminal. Artículo 30.- Ningún cubano podrá ser expatriado ni a ninguno podrá prohibírsele la entrada en el territorio de la República.

La del 40 los refundió en un solo artículo y añadió: "A nadie se obligará a mudar de domicilio o residencia sino por mandato de autoridad judicial y en los casos y con los requisitos que la Ley señale".

Una de las notas características de las constituciones que defienden al ciudadano es la que se refiere a las garantías procesales. Se consagran constitucionalmente para que el legislador no pueda dictar leyes que las vulneren. En la Cuba de Castro el Código de Procedimiento Criminal deja al acusado prácticamente indefenso hasta que comience el juicio y para colmo los cuerpos de la policía política y los comités de defensa son, según el Art. 101 de dicho Código, "auxiliares del Poder Judicial".

Bajo el sistema anterior el acusado tenía derecho a gozar de auxilio legal durante la instrucción del proceso llevada cabo por un juez instructor *independiente* de los poderes políticos. El acusado podía impugnar las pruebas aducidas o presentar las suyas durante este proceso. A menudo ésto resultaba en un sobreseimiento. El auto final de procesamiento abriendo el proceso a juicio también era apelable.

¿Y qué puede esperarse de una constitución que abolió el derecho de "habeas corpus"? Recordemos lo expuesto: Era concedido tanto por la Constitución de 1901 como la de 1940 en términos perentorios, pues se exigía la presentación del detenido ante un juez competente dentro de las 24 horas de su detención sin que pudiera alegarse obediencia debida. Se daba asimismo una acción para exigir la presentación del detenido. Acción que podía ser interpuesta por cualquier ciudadano instruyéndose expresamente a la Sala de Gobierno del Tribunal Supremo sobre su obligación de destituir al juez que no concediese el mandamiento de "habeas corpus" (Art. 29 Constitución del 40). Gracias a ese precepto que se respetaba salvaron la vida muchos revolucionarios incluyendo algunos de los actuales gobernantes.

¿Y qué decir de las protecciones laborales concedidas por la Constitución cubana de 1940? No existen artículos en la constitución castrista (que crea un supuesto "estado de los trabajadores") que garanticen un salario mínimo, (Art. 61 Const. del 40) ni protección contra despidos injustos (Art. 77 Const. del 40) ni ciertos principios del derecho laboral que son comunes como por ejemplo:

Los contratos laborales se interpretan en la forma más favorable al trabajador. (Art. 72 Const. del 40)

Los derechos laborales son irrenunciables. (Art. 72 Const. del 40)

Deben existir límites obligatorios a los trabajos que sean potencialmente peligrosos o dañinos a la salud y las medidas de seguridad son obligatorias. (Art. 79 Const. del 40)

Es notable que el derecho a la libre sindicalización y el de huelga no existan. Estos derechos estaban tan protegidos que un sindicato no podía disolverse sin previa sentencia judicial. (Arts. 69 y 71 de la Constitución del 40) Efrén Córdova, antiguo profesor de derecho laboral cubano, nos dice que ello se debe precisamente al sofisma que comentábamos o sea que el estado se confunde con el trabajador y por ello el ciudadano no precisa protección contra sí mismo. Pero como nos explica Córdova, en la relación laboral siempre existe quien ordena y quien obedece y si el que ordena es el gobierno y detenta todo el poder es evidente que el potencial para abusos es ilimitado. Y en todo caso se pregunta Córdova: ¿Cómo puede coexistir la sindicalización libre con el "trabajo voluntario" no remunerado?

Pudiéramos continuar pero para muestra basta, La regulación del trabajo es uno de los abusos más notorios del sistema.

A este punto se hace necesario explicar otro aspecto importante de la cuestión que nos ocupa. La forma en que se organiza un estado es vital cuando se trata de proporcionar remedios efectivos al ciudadano que se sienta agredido o perjudicado por los poderes de ese mismo estado que o dictan leyes inconstitucionales si se trata del poder legislativo o actúan inconstitucionalmente si se trata del poder ejecutivo.

Para eso está el poder judicial independiente. Pero en Cuba no hay revisión judicial de los actos de los otros poderes del estado y en particular de la constitucionalidad de las leyes. El Art.75c) confiere esa función al Asamblea del Poder Popular pero es una competencia absurda pues quien dicta las leyes no puede juzgarlas. Es un viejo principio del derecho de todos los tiempos y naciones el que establece que no se puede ser juez y parte al mismo tiempo. Sin embargo, el totalitarismo pretende poseer la verdad absoluta y se arroga el derecho de decir que sólo él puede enmendar errores. Otra contradicción que da pie al peculiar sistema judicial que ha estado vigente en Cuba. El Art. 122 de la constitución dice que los jueces son independientes pero resulta que de acuerdo con esa misma constitución (Arts. 75 y 121) los jueces y hasta los magistrados del Tribunal Supremo deben su puesto a la Asamblea del Poder Popular que los elige y a quien están subordinados:

> "Artículo 121.- Los tribunales constituyen un sistema de órganos estatales, estructurado con independencia funcional de cualquier otro y subordinado jerárquicamente a la Asamblea Nacional del Poder Popular y al Consejo de Estado".

Como si no fuera poco el Consejo de Estado, según el Art. 90 inciso h, tiene el increíble poder de dar "instrucciones" a los tribunales a través del Tribunal Supremo (otra mezcla inaceptable de funciones) seguramente a fin de asegurar que algún juez lerdo, o uno que sufra un ataque agudo de deseos de justicia, no se desvíe del camino "correcto".

Estas instrucciones tienen un carácter muy serio pues dicho tribunal, según el Art. 121 citado, "dicta normas de obligado cumplimiento por todos los tribunales y, sobre la base de la experiencia de estos, imparte instrucciones de carácter obligatorio para establecer una práctica judicial uniforme en la interpretación y aplicación de la ley". Esto es mucho más que práctica administrativa. Son órdenes sobre como decidir las cuestiones.

No para aquí el entuerto. La Ley de Organización del Poder Judicial consagra otra monstruosidad jurídica pues permite a un juez serlo y al mismo tiempo ejercer como parlamentario. No contentos con violar las más elementales normas de incompatibilidades de cargos se procede a incorporar a los tribunales miembros legos (gentes del partido) para que se aseguren de que nadie se salga de la ruta marcada.

Queda pues demostrado que el Poder Judicial en Cuba está diseñado de ex-profeso como un apéndice del poder ejecutivo y del legislativo que a su vez depende del primero según veremos a continuación.

Aunque el Art. 69 dice que la Asamblea del Poder Popular es el supremo poder del estado y que representa la soberanía del pueblo la realidad es otra. La Asamblea elige de entre sus miembros un Presidente, un Primer Vice Presidente, 5 Vice Presidentes y 23 miembros más que integran el Consejo de Estado. Castro y su hermano no han fallado en ser elegidos como Presidente y Primer Vice Presidente del Consejo por décadas. Resulta evidente que es allí donde "legalmente" reside el poder.

La Asamblea, a diferencia de todos los cuerpos legisladores del mundo, se reúne una vez al año por cortísimos períodos (de tres a siete días) dado que no se le exige más y mientras tanto el Consejo de Estado "legisla" por decreto. Además el Consejo de Estado puede cambiar las leyes "votadas" por la Asamblea. La redacción original de la constitución del 76, en un intento cosmético de mantener el pudor, concedía a la Asamblea la facultad de revocar en todo o en parte los decretos del Consejo. Pero esta facultad teórica desapareció en el 92 y la realidad queda a la vista: el Consejo de Estado es quien ordena y manda y los demás poderes le están sujetos.

No existe la menor revisión judicial de ningún acto de gobierno. No se ha dado en la Cuba de Castro ningún caso de sentencia que anule un acto de gobierno. La estructura del documento promueve la concentración del poder en vez de lo contrario y es bien sabido que las concentraciones del poder y las tiranías son sinónimas. Todos los intentos retóricos del proemio a la constitución son sólo esto: retórica vacía aunque ocupen más de dos páginas vulnerando la sobriedad obligatoria de un texto constitucional. Pero quizás se presentía que había que llenar con palabras la vaciedad de texto constitucional que ni protege al ciudadano ni crea una república funcional.

Por ello, no es necesario ser un experto en derecho constitucional para llegar a la conclusión de que esta constitución no tiene arreglo posible. El mejor arquitecto sería incapaz de convertir un calabozo subterráneo en una casa orientada a la luz y la brisa.

La constitución castrista fue dictada para organizar una prisión. Los reclusos tienen los derechos que decida el alcaide o ninguno. La legislación construida alrededor de este aborto jurídico completa el diseño.

Cuando la estructura está viciada de origen el resultado no puede ser bueno. La constitución estalinista/castrista es la piedra angular que ha sustentado el edificio legal de la tiranía. Intentar reformarla es aceptar que el dogal tenía alguna validez y que la legislación derivada de ella que ha oprimido al pueblo de Cuba durante casi 50 años tenía algún sentido. No hay que ser experto en política ni en leyes para llegar a una conclusión de simple sentido común: El instrumento legal de la tiranía totalitaria pertenece al basurero de la historia.

Capítulo V

¿Qué Debe Incluir una Constitución?

*El estado se hizo para el hombre
y no el hombre para el estado.*

I- Introducción.

II- Objetivo de una Constitución.

III- ¿Qué debe incluir una Constitución?

IV- Regla de redacción.

V- Nuestro pasado constitucional.

VI- La historia nos da orientaciones para el futuro.

VII- ¿Durante el período inicial, qué hacer?

→←

I- Introducción.

Expuesto el extremo máximo del desequilibrio constitucional conviene entrar a meditar en como se llega a crear un sistema respetuoso de los derechos ciudadanos, un sistema que no sea asfixiante, que proteja pero que dé libertad de acción al individuo. El siglo XX ha sido profuso en proponer sistemas de gobierno que garantizarían paraísos terrenales. Iban acompañados de propaganda masiva y de promesas para un futuro maravilloso que siempre resultaba pospuesto. Los cubanos entienden lo que digo, pues no hay mejor antídoto contra la propaganda que sufrirla a diario en grandes dosis y por décadas. Resulta claro entonces que para salir adelante es indispensable echar a un lado las promesas y la retórica inútil y pensar en nuestro futuro con prudencia, realismo y serenidad. Sólo así lograremos que Cuba sea lo que debe ser: un país próspero donde se pueda vivir en paz y libertad.

Ello requiere organizar un estado que promueva esos valores. Me dirá usted: Se empieza por una constitución. De acuerdo, pero entonces hay que enfocar muy bien porque la historia de la humanidad nos demuestra que la libertad y la prosperidad van juntas en contadas ocasiones y desgraciadamente somos ejemplo de ello, pues juntas sólo hemos sufrido tiranía y miseria. Este capítulo va encaminado a sembrar una idea esencial sobre la delegación del poder y los peligros de concentrar poder excesivo en el estado aunque se diga democrático.

II- ¿Cuál es el objetivo principal de una constitución?
Limitar el Poder.

Lo hemos comentado al examinar principios en el estado de derecho y lo repetimos porque existe una tendencia en la teoría constitucional que produce el resultado contrario. Expusimos que la división en los poderes Legislativo, Ejecutivo y Judicial no es un invento moderno pues en una u otra forma siempre han existido en las sociedades. Las más prósperas y libres han sabido definir esos poderes y limitarlos de modo que ningún poder avasalle a los demás.

Cuando los individuos que componen una sociedad piensan un tanto, y no reaccionan a simples promesas demagógicas, se percatan de inmediato que los gobernantes son hombres como ellos sujetos a las mismas debilidades. De nuevo repetimos: James Madison lo expresó bien al decir que si los hombres fueran ángeles no precisarían gobierno y que como no lo son, el poder del gobierno tiene que ser limitado.

Si un pueblo entiende lo anterior se dará una buena constitución porque elegirá constituyentes que comulguen con esas ideas. Si no lo entiende elegirá habladores o demagogos que prometerán mucho y atiborrarán la constitución de todo cuanto se les ocurra pueda convertirse en cintillo de primera plana para hacer prosperar sus ambiciones políticas.

Es así como se dictan constituciones retóricas tan repletas de toda clase de 'derechos' como lo son inoperantes. Ni el demagogo ambicioso ni el vanidoso tonto están interesados en que las cosas funcionen, sino en que parezcan buenas, y por eso precisan hablar de 'derechos' sin ton ni son. Los derechos aducidos no son tales, sino promesas de paraíso terrenal y ya sabemos a donde conducen: A crear dependencia, a sembrar la idea; 'Sin la munificencia estatal no me puedo valer'. Munificencia no es lo mismo que atención al ciudadano. Un estado bien organizado está atento a las necesidades sociales pero no pretende ser proveedor único de servicios supuestamente 'gratuitos' a la ciudadanía cuando le parezca adecuado, o pretender actuar como niñera. Incluir la munificencia en una constitución puede ser muy peligroso.

III- ¿Qué debe incluir una Constitución?

La constitución de un país no es otra cosa que el conjunto de reglas que se da una sociedad para organizar y garantizar la convivencia en su seno. Hay dos objetivos principales que enmarcan el articulado de las constituciones, a saber:

a) Garantizar al ciudadano un ámbito de libertad y defenderlo contra los posibles abusos del gobierno en sus múltiples instancias. Esto incluye determinar límites de intervención del estado en la vida social. Y en su caso la prohibición de intervenir.

b) Organizar el sistema político del estado para que los objetivos anteriores se cumplan y los ciudadanos puedan vivir en libertad personal. Supone organizar los poderes de modo que existan frenos y contrapesos y que ningún poder avasalle a los otros.

Todo lo cual se resume en la bella frase de uno de los proyectos para la constitución federal alemana: "El Estado existe por mor (causa) del hombre, no el hombre para el Estado. La dignidad de la persona humana es inviolable. El poder público en todas sus manifestaciones está obligado a respetar y proteger la dignidad humana".

En cuanto a fijar las garantías ciudadanas hay amplio acuerdo. Todos quieren que se respeten derechos tan evidentes y tradicionales como los de la familia y de los padres, la inviolabilidad del domicilio, la presunción de inocencia, el "habeas corpus", la correspondencia inviolable, el respeto a la propiedad y demás derechos fundamentales que comentaremos en su debido momento. Estas garantías fundamentales que las constituciones de los siglos XIX y XX aceptaron y plasmaron, corresponden en buena parte a los llamados derechos humanos contenidos en la Declaración de las Naciones Unidas de 1948.

Los problemas surgen en cuanto a como se implementan dichas garantías. La experiencia muestra que declarar los derechos y no crear una forma de hacerlos valer acaba por frustrar al ciudadano y lo hace despreciar lo que es bueno, no por que no lo sea, sino porque es letra muerta.

En un estado de derecho las garantías se protegen con un buen sistema judicial que incluya un tribunal constitucional. Más adelante explicaremos en más detalle como debe funcionar pero por el momento vale resaltar lo más importante. El Tribunal existe para interpretar la constitución aplicándola a los casos específicos que surjan. Por ello una constitución debe ser clara, concisa y fácil de interpretar. No es una pieza de legislación. Para eso está el congreso.

Cuando se incluyen declaraciones y promesas de todo tipo yendo a lo específico y detallista, resulta muy difícil interpretar una constitución pues se hace del tribunal constitucional un tribunal de instancia y se entorpece su función. Más adelante daremos ejemplos reales de ello basado en la experiencia constitucional cubana.

Una constitución de ese cariz cae en el 'derechismo' constitucional. No es el derechismo que usted piensa amigo lector sino otro, tan diferente como nocivo pues inventa derechos al por mayor.

Ejemplos: Tiene usted 'derecho' a un buen trabajo, a unas buenas vacaciones, a una buena casa, a un buen retiro, etc. La mejor forma de tender hacia la tiranía y desprestigiar una constitución es dictar una que prometa de todo y lo exprese como un 'derecho'. La realidad es que una sociedad libre y próspera debe facilitarle la oportunidad de que usted alcance todas esas cosas con el fruto de su trabajo pero no se las puede garantizar. Desde el momento que entremos a hacer listas constitucionales de lo que son en realidad aspiraciones y las convirtamos en 'derechos' constitucionales caeremos en un gran peligro: Esperar que el gobierno sea quien provea dichas cosas.

Si existe un derecho 'a que me den', ¿Cómo es que no me dan? Pase usted leyes Sr. Gobierno y vea como hace lo que dice la constitución o no tiene mi voto. Poco dura esa ilusión pues el gobierno es un costo necesario y no produce nada. Lo que produce en esa situación es una burocracia muy cara. Lo que le dan, Sr. votante iluso que mordió el anzuelo del demagogo, es lo que le quitan a usted a través de los impuestos o a alguien que le dicen que es 'rico.' Y ello tiene un límite, pues cuando se acaban los ricos la emprenden con los pobres. Ejemplo clásico: En Cuba la famosa 'libreta de racionamiento' se creó supuestamente para hacer 'justicia' (en realidad era otro método de control) y acabó siendo fuente de corrupción, pues lo proveído a precios muy baratos no sólo era insuficiente por fallas del sistema, sino también porque se organizó el negocio de sustraer artículos para venderlos más caros privadamente. Otro ejemplo: La atención médica gratuita de calidad está limitada a la cúpula gobernante y a los extranjeros que pagan en divisas.

Entienda usted una verdad que repetimos: La única igualdad real y democrática es la igualdad ante la ley. Los regímenes tiránicos crean castas privilegiadas que viven por encima de la ley. Para hacer que se sujeten a la ley hay que dividir el poder y no darle demasiado a NADIE.

Es muy simple: Cuanto más dependa usted del gobierno menos libertad tendrá, pagará mayores impuestos y fomentará la creación de enormes burocracias que votarán por quien les dió el puesto (el político que promete de todo). Así se vician los sistemas políticos, se aumenta la ineficiencia y se aumenta la carga fiscal sobre el pueblo porque las burocracias tienden a crecer y a ser más caras y permanentes. Pues claro, también son personas y quieren seguridad laboral, aumentos de sueldo, ayudantes y amplias vacaciones.

¿Entonces, de qué se trata? ¿El gobierno 'no pinta nada'? ¿Volvemos a aquéllo de 'dejar hacer, dejar pasar'? No es así, sería tan exagerado como hacer al estado el proveedor principal de todos los servicios. El gobierno tiene la función primordial de cumplir y hacer cumplir las leyes. Es el árbitro que no debe permitir abusos a través de sus poderes ejecutivo, judicial y legislativo, para que los componentes de la sociedad funcionen armoniosamente sin tolerar ventajas de una parte sobre otra. En una sociedad moderna ésto es bien complicado y requiere leyes bien dictadas, un poder ejecutivo competente, y un poder judicial que las aplique correctamente en caso de disputa. El gobierno también tiene una función de ayuda y prestación de servicios cuando ello se justifique. Pero no tiene 'derecho' a monopolios porque sea 'gobierno.'

Recordemos: El Estado se hizo para el hombre y no el hombre para el estado. El gobierno no es otra cosa que un conjunto de personas con sus debilidades. La etiqueta 'gobierno' no asegura ni eficiencia, ni honestidad. Ni tampoco la de empresa privada. En este caso el mayor beneficio es que divide el poder económico si existen muchas empresas de tamaño pequeño y mediano.

Para progresar con armonía y justicia hay que crear instituciones y sistemas que promuevan eficiencia y honestidad a todos los niveles del gobierno y de la empresa privada.

Para lograrlo es preciso tener en cuenta que una cosa son las leyes y otra es la constitución. Las leyes se cambian por un congreso si son inoperantes, erradas, o muy costosas de implementar. Los congresos, si no sirven, también se cambian por elecciones. En cambio, los preceptos constitucionales deben tener permanencia. Una constitución que se cambie fácilmente no ofrece garantías de limitar el poder. Por ello las constituciones hacen que los cambios a su texto sean difíciles de implementar.

Los países que más progresan no son los que tienen grandes recursos naturales sino los que tienen mejores instituciones. Los que proveen un clima donde el ser humano pueda trabajar y crear en paz sabiéndose protegido en el disfrute pacífico del producto de su trabajo. Es exactamente lo opuesto de un clima de revolución y agitación perpetua que sólo beneficia al agitador que detenta el poder y así entretiene o confunde a sus súbditos.

Conclusión: Hay que pensar muy bien lo que se dice en una constitución. Idealmente debe intentar decir mucho y bueno en pocas palabras. Debe ser clara, sucinta y no retórica. Diferenciar lo que es materia de legislación y lo que es materia constitucional es la labor más ardua del redactor.

IV- Regla de redacción.

Una buena orientación es la que sigue:

- Todo lo que se refiera a delimitar las funciones de los poderes y su esfera de competencia es materia constitucional. Es lo que se denomina parte orgánica.

- Todo lo que se refiera a proteger al individuo o la sociedad civil y sus asociaciones voluntarias y lícitas contra la extralimitación de los poderes del estado es también materia constitucional. Es lo que se denomina garantías ciudadanas.

- Todo lo que se refiera a las aspiraciones de una sociedad respecto a sus ciudadanos, que implique compromiso, gastos permanentes, y los recursos para sufragarlos es materia de legislación.

Si queremos por ejemplo, atención médica universal y gratuita, ello es materia a debatir a fondo y organizar mediante una ley orgánica que arbitre recursos y asegure una remuneración adecuada a los que la proveen. Puede establecerse constitucionalmente que las leyes orgánicas sean más difíciles de cambiar requiriendo una mayoría superior a la simple. Inglaterra no tiene constitución sino una serie de leyes que nadie pensaría cambiar. Lo que no se puede hacer es hablar de atención médica en una constitución y no proveerla adecuadamente pagando mal a los profesionales o no dotando a los hospitales. En esos casos la constitución queda malparada y el pueblo le pierde el respeto llegando a considerarla como papel mojado. El pueblo se desilusiona, cae en el conformismo y no presiona a los encargados de hacer funcionar el gobierno. Fue uno de los problemas de la Constitución del 40 que prometía muchas cosas que no ocurrían porque faltaba la legislación complementaria. Volveremos a ello.

Por el contrario, cuando la falta es del congreso que no dicta leyes o no arbitra los recursos necesarios, o del ejecutivo que los malgasta, el ciudadano tiene el recurso del voto para cambiar a sus mandatarios. Pero la constitución en ese caso si no dice nada, no pierde nada. Proveyó el medio de actuar a través de un congreso que puede votar leyes y gastos. Proveyó la oportunidad de crear leyes orgánicas. El problema entonces, serían los hombres y no el documento que siempre debe conservar su prestigio para que sea apreciado y defendido por el pueblo.

V- Nuestro pasado constitucional.

Tenemos dos ejemplos de constituciones que fueron votadas por asambleas constitucionales debidamente electas. La de 1901 y la de 1940. En el primer caso el voto fue limitado a personas que sabían leer y escribir y contaban con algún patrimonio aunque fuese modesto. Dada la resaca de muchos años de descuido colonial a la instrucción se temía a la ignorancia, al analfabetismo y a la demagogia. Hoy en día limitar el voto no es aceptable en ninguna parte porque vulnera el principio de igualdad ante la ley. Muy cierto, pero los medios de comunicación masiva y la propaganda crean otros problemas. En Cuba el problema de ignorancia cívica, tras 50 años de tiranía, es real. No se ha enseñado cívica democrática en la escuela sino lo contrario, desprecio y vilipendio del sistema. Hay que buscarle remedio a esta triste realidad para llegar a darnos una ley fundamental sensata y práctica.

La Constitución de 1901 fue escrita por un grupo de hombres notables. Muchos eran libertadores, otros tenían una vasta cultura. Crearon un buen documento sucinto y práctico que enfocaba las garantías ciudadanas y la parte orgánica. No se lanzó a legislar sobre cuestiones sociales, económicas o de familia. Como todo documento, tenía algunos defectos. El más notable era que permitía su reforma por el voto de dos terceras partes de ambas cámaras, cuya reforma debía de ser aprobada por una asamblea constituyente que debía aprobar o rechazar los cambios. Parecía un obstáculo difícil de salvar, pero Machado inventó el 'cooperativismo' y prácticamente sobornó a todos los partidos con una prórroga de poderes. Obtuvo los dos tercios de los votos, sus acólitos 'ganaron' los escaños de la constituyente y ni siquiera cumplieron con su mandato de aprobar o rechazar sino que añadieron cambios 'convenientes' de su propia cosecha.

La Constitución de 1901 quedó condenada a un repudio que no merecía. La Enmienda Platt que la desfiguró fue impuesta, pero sabemos de sobra que era un apéndice no creado por los constituyentes. La reforma machadista también fue impuesta y cambió la parte orgánica. La Constitución de 1901 pudiera haber sido mantenida con ligeros retoques después de la abolición de la Enmienda Platt en 1934. Pero fuimos a una constituyente, en buena parte porque así se pensaba ponerle coto al militarismo batistiano y a las 'constituciones' dictadas por decreto tras la caída de Machado. Era una buena razón, y se logró elegir una asamblea constituyente en elecciones limpias con la más variada representación partidista.

En nuestra opinión, ésta fue la causa principal del aprecio en que fue tenida la Constitución del 40 por la generación que la creó. Representaba al país y sus opiniones.

A diferencia de la del 1901 que contaba con 115 artículos, la del 40 contaba con 285, amén de copiosas transitorias (28 páginas de 8x11) que fueron verdadera legislación pues tocaron temas tan diversos como la banca, marcas y patentes, contratación, etc. En 19 títulos dedicó su atención a temas tan variados como la educación, el trabajo, la cultura, la familia, la propiedad, las profesiones, la creación de nuevas carreras, la tenencia de la tierra, el trabajo como derecho garantizado por el estado, la interposición del estado como postor en casos de remate privado, la creación de impuestos por plusvalía de la tierra sin que hubiera venta, detalles sobre preceptos laborales como salarios, jornada de trabajo, retiros, vacaciones de un mes, el despido por expediente, sueldos de los maestros, y muchos más que no enumeramos por razones de brevedad.

Se dijo entonces que era una constitución avanzada. ¿Pero era o no un documento práctico para impulsar la democracia y crear responsabilidad ciudadana? Más que avanzada fue una mezcla de declarar aspiraciones en temas sociales con artículos que eran legislación por su carácter y detalle y otros que eran instrucciones a legislar.

Las aspiraciones en muchos casos eran simples reiteraciones de plataformas de partidos.

Los artículos que eran legislación, en el fondo obedecían a una desconfianza en el proceso legislativo, y por ende en la capacidad del pueblo para escoger buenos legisladores.

A menudo escuchamos que el problema de la Constitución del 40 fue que no se dictó la legislación complementaria. Es el problema de escribir demasiado. Se producen expectativas y se abren oportunidades a los demagogos cuya mercancía es esa precisamente, exagerar, prometer y afirmar que la suya es la solución y peor aún, hay que aceptarla y mantenerla porque es 'un mandato constitucional.' Ejemplo clásico:

"Art.60- El trabajo es un derecho inalienable del individuo. El Estado empleará los recursos que estén a su alcance para proporcionar ocupación a todo el que carezca de ella y asegurará a todo trabajador, manual o intelectual, las condiciones económicas necesarias a una existencia digna".

Se dice que el trabajo es un derecho inalienable, como si alguien quisiera vender el derecho a la actividad económica para quedarse en su casa cuando lo que es preciso decir es que no se deben poner trabas a cualquier actividad lícita y honesta. En cuanto al trabajo en sí, se usa el verbo asegurar que entre otras acepciones tiene la de librar de temor y establecer sólidamente. Si se intentaba decir: 'una sociedad debe aspirar a un grado de desarrollo económico y social donde todo el que quiera ganarse la vida honradamente pueda hacerlo; y lo haga en condiciones dignas, ganando lo suficiente para vivir decentemente', magnífico como aspiración. Pero ello pertenece a un preámbulo y no al articulado constitucional.

¿En efecto, cómo crea el estado el paraíso terrenal que al asegurar condiciones económicas nos libre de las inquietudes de la vida y establezca sólidamente una existencia digna para todos? ¿No hemos pasado ya por ese espejismo que se llamó 'justicia socialista'? ¿No nos dice la experiencia cotidiana que en toda vida hay luces y sombras, éxito y adversidad y que lo importante es poder disfrutar del éxito en libertad y tener medios de luchar contra la adversidad bien propios o en caso de desamparo, provenientes de ayudas sociales?

Una cosa es una sociedad libre, próspera, abierta a promover las oportunidades para progresar, y al mismo tiempo preocupada de ayudar al desamparado cuando sea necesario (siempre una minoría en circunstancias de prosperidad); y otra cosa es un estado que pretende ser padre que promete de todo y acaba en padrastro irritante y mezquino. Se sientan así las bases para crear el modelo 'asistencial' falso, 100% burocrático que no da para otra cosa que para crecer desmesuradamente y crear ejércitos de empleados que consumen impuestos en cantidades industriales que inevitablemente salen del sector productivo. Una verdad: Cuantos más impuestos recaen sobre dicho sector se produce su paulatino agotamiento hasta que agotado del todo se acaba de nuevo en el estado socialista.

Sentido común:

Todos querríamos como seres humanos lo mejor para nuestro país y conciudadanos, pero pensar que el egoísmo humano va a desaparecer cuando se concentre en el estado regido por unos cuantos individuos, (recordemos, no son ángeles) es divagar. Las aspiraciones de un pueblo tienen que ventilarse en la lucha partidista democrática, en un congreso que yerre y rectifique, en un proceso que envuelva a todos los ciudadanos. La Constitución está para proteger ese proceso y las garantías ciudadanas de libertad de expresión, habeas corpus, inviolabilidad del domicilio, derecho a crear partidos, sufragio, etc.

Como dijimos, los derechos ciudadanos se protegen a través de un Tribunal Constitucional investido de amplias facultades e independencia. La Constitución del 40 lo creó, pero no mejoró lo establecido por la de 1901 que confería esa facultad al Tribunal Supremo. Creó un nuevo tribunal y lo llamó Tribunal de Garantías Constitucionales y Sociales.

Nadie sabe a ciencia cierta lo que son 'garantías sociales'. Las garantías se refieren a personas. La sociedad no es persona natural, ni tampoco jurídica como el estado. Una digresión pertinente por aclaratoria, de lo que sucede cuando se escribe mucho y no se cuida la redacción: Se usó esta pobre definición para escribir una pobre ley orgánica que permitía llevar a ese tribunal en apelación los casos laborales de despido porque tal parecía que la Constitución avalaba ese método. Mal sistema, porque si hubiese error administrativo en los hechos o en el derecho aplicable, le correspondía a un tribunal laboral rectificar los errores. La jurisdicción laboral era necesaria, no se creó, (la jurisdicción era administrativa ante el Ministerio de Trabajo) y en todo caso, debe ser especial y separada.

Un Tribunal Constitucional debe conocer de estos casos si la ley fue completamente desatendida o si los tribunales que conocieron del caso fueron incompetentes o parciales. Porque así se defendería el principio de legalidad, no se puede actuar contra ley, y el principio de tutela judicial, los tribunales existen para proteger al ciudadano.

Si se estudia la jurisprudencia del Tribunal de Garantías se verá que en contados casos se decidieron cuestiones de garantías ciudadanas. El 90% eran cuestiones laborales. Se desvirtuó su función, y tanto el pueblo como el Tribunal perdieron el enfoque. Así, cuando Batista dictó por decreto su Ley Constitucional de 1952 el Tribunal por mayoría de 10 a 5 la declaró legítima. Prevaricó y consagró a la fuerza como fuente de derecho constitucional. (Un juez prevarica cuando a sabiendas falla injustamente.)

Una constitución que diga demasiado siembra su propia destrucción y eventualmente cae en el desprestigio pues llega a considerarse como un escrito retórico y nada más. A nuestro entender, la Constitución del 40 dijo demasiado porque fué un compromiso entre facciones. Junto con distinguidos juristas de matiz civilista fueron electos acérrimos militantes del comunismo como Blas Roca, Marinello, Ordoqui, García Agüero y otros. Otros muchos que no eran comunistas, eran ante todo partidistas, o tenían ideas muy particulares sobre lo que debía incluirse en una constitución. Hubo un forcejeo para lograr un equilibrio. Por eso junto al artículo 60 y otros de similar cariz, (67, 79, 271, 273) existen artículos excelentes como los que siguen:

> "Art.24: Se prohíbe la confiscación de bienes. Nadie podrá ser privado de su propiedad sino por autoridad judicial competente y por causa justificada de utilidad pública o interés social, y siempre previo al pago de la correspondiente indemnización en efectivo fijada judicialmente".

> "Art.257: El Congreso no podrá ... reducir o suprimir ingresos de carácter permanente sin establecer al mismo tiempo otros que los sustituyan, salvo el caso en que la reducción o suspensión corresponda a la reducción de gastos permanentes de igual cuantía; ni asignará a ninguno de los servicios que deban dotarse en el presupuesto anual cantidad mayor de la indicada en el proyecto del Gobierno. Toda ley que origine gastos fuera del presupuesto, o que represente en el porvenir erogaciones de esa clase, deberá establecer, bajo pena de nulidad, el medio de cubrirlos en cualquiera de estas formas:
> a) Creación de nuevos ingresos.
> b) Supresión de erogaciones anteriores.
> c) Comprobación cierta de superávit o sobrante por el Tribunal de Cuentas".

Fueron formas inteligentes de controlar un posible estado desbocado. Ante un artículo 60, se decía: No hagamos presupuestos deficitarios como sistema. Y además: Si quiere usted muchos servicios debe pagarlos Sr. Contribuyente.

VI- La historia nos da orientaciones para el futuro.

Cuando una constitución contiene preceptos contradictorios, producto de un equilibrio entre facciones, inevitablemente ocurren una de dos cosas. Se estanca el proceso de desarrollo democrático o una facción vence e impone su criterio. Hay una tercera y peor. Otra facción usa la confusión para hacerse con el poder, 'implementar' la constitución y 'hacer justicia' aunque luego haga lo que le plazca con el país y la constitución.

Castro lo hizo. Prometió restaurar la Constitución del 40. Empezó por 'implementarla' por decreto y dictó una ley de reforma agraria que suponía que Cuba era un país enorme con extensiones gigantescas de tierra poseídas por unos pocos. ¿No decía la constitución que estaba proscrito el latifundio? Pero es que en 1937 se dictó la Ley de Coordinación Azucarera que convirtió a todos los colonos que arrendaban predios en propietarios virtuales al congelar sus rentas y darles un derecho de permanencia ilimitado, transferible e inscribible en el registro de la propiedad. En el mercado, el derecho de permanencia valía mucho más que la propiedad sin la posesión. Consecuencia lógica porque las rentas eran parcas y el rendimiento irrisorio. Asimismo se reguló la distribución del ingreso azucarero, beneficiando al colono y al obrero haciendo del supuesto latifundio un tigre de papel. Pero al pueblo se le dijo que la Constitución del 40 prohibía el latifundio, luego para él esa ley parecía necesaria aunque afectase a muchos tenedores de la tierra (más de cien mil colonos) que la trabajaban con sus familias, amén de cientos de miles de propietarios pequeños que explotaban otros cultivos, así como de ganaderos.

En un proceso democrático y legislativo estos datos hubieran salido a relucir, se hubiera visto si procedía o no una revisión drástica de la tenencia de la tierra sin respetar lo bueno que existía, y que cosa convenía al país. En un proceso revolucionario para salvar una 'constitución no implementada' la realidad no sólo no fue discutida a fondo, sino que se aceptó lo que hizo Castro como si fuese una revelación.

Con demasiados preceptos se producen consecuencias no previstas. Como explicamos, el argumento esgrimido era que en ocasiones se legisló constitucionalmente porque la experiencia anterior probaba que de lo contrario los congresos no pasaban leyes. Incluir las aspiraciones en la Constitución les daba permanencia y legitimidad. Buena parte de lo incluido como ley era muy válido pero no debatirlo a fondo en un proceso legislativo fue un retroceso. Eso no es más que decir: El pueblo es tan tonto o venal que sólo elige políticos corruptos o ineptos, incapaces de dictar buenas leyes y nos damos por vencidos. Y también decir: Somos una súper asamblea de hombres doctos y honestos y sabemos lo que precisa hacer. Pero si el pueblo fuese así de tonto, entonces debería aplicarse el razonamiento de pobre criterio en la elección también a la de los constituyentes. Es una contradicción. La democracia, para que sea valorada, hay que crearla desde abajo aunque cueste tiempo y errores. Hay que explicarla y hacerla apreciar. Será 'una lata', pero es así.

La realidad es que los constituyentes deben reconocer límites a su mandato. No son legisladores del detalle. Son protectores de las garantías ciudadanas y organizadores del estado. Sus opiniones y preferencias sobre cuestiones sociales y económicas son materia de la plataforma de los partidos a que pertenezcan y de legislación a debatir. No caben en una constitución. Incluirlas es destruir la carta fundamental y ponerla en la palestra de la política partidista para usarla según convenga. Es viciar el proceso legislativo a priori.

¿Cómo enfocar el problema en una Cuba futura? El simple hecho de que el proceso político normal se haya interrumpido en Cuba por más de cincuenta años nos da la medida del problema. En materia del desarrollo político de una sociedad con libertades estamos en un profundo atraso. En el pasado, a pesar de sufrir convulsiones políticas y de gran diversidad de ideas, hemos logrado plasmar constituciones haciendo gala de un espíritu patriótico y de transacción. Desgraciadamente durante las casi cinco décadas del castrismo ha prevalecido un narcisismo unipersonal sin escrúpulos que, juntado al egoísmo ilimitado de un grupo, se disfrazó de patriotismo para justificar el inmovilismo político. No por ideología sino por razones prácticas pues sabían que cualquier concesión debilitaría su monopolio del poder. Esta triste realidad complica seriamente la labor a realizar pues deja un sedimento de terrible confusión.

No se puede llegar a un 'arreglo' que mezcle lo bueno con lo malo, es tan absurdo como un sistema con un poco de democracia y un poco de tiranía. Hay una sola respuesta: crear un sistema a prueba de tiranías futuras.

Si vamos de inmediato a una nueva constituyente lo más probable es que elijamos a una gama de personas con criterios muy disímiles y en ocasiones poco meditados. No puede ser de otra forma tras 50 años de tiranía. Y lo más probable es que entremos en otro forcejeo y creemos un documento profuso y retórico. Es preciso dar un tiempo para que el pueblo y los talentos que sin duda existen en Cuba tengan oportunidad de informarse a fondo, sosegarse, mirar a su alrededor, entender el mundo complicado y cosmopolita en que han de vivir y decidir que constitución han de darse para crear paz social y prosperar dentro de ella.

VII-¿Durante el período inicial, qué hacer?

Primero, acostumbrar al pueblo a la libertad y a su ejercicio. Debe dictarse una carta de garantías ciudadanas basada en el título IV de la Constitución del 40 que recogió lo mejor de la Constitución de 1901. Debe formularse el censo electoral y permitir la organización de partidos, facilitando el acceso a los medios de información.

Segundo, debe crearse un Tribunal de Garantías de carácter provisional que controle al ejecutivo y ampare al ciudadano mientras se producen los cambios. Recordemos que en Cuba ninguna autoridad tiene entrenamiento en respetar las garantías ciudadanas.

Tercero, decidir que se prefiere en materia constitucional. ¿Retocar la Constitución del 40 o la de 1901 por una comisión de juristas y hacerla aprobar por un senado debidamente electo y luego por un referéndum? ¿Ir a una Constituyente?

Cuarto, ¿Debe preceder una elección municipal a la constituyente como se hizo en 1901? Estimamos que es un paso saludable. Sería una buena forma de identificar partidos, tendencias y posibles candidatos a delegados a la constituyente si ésta se lleva a cabo.

La modificación constitucional por una comisión de juristas tiene la ventaja de que se presentaría un modelo basado en nuestras tradiciones que no sería definitivo, pues el senado podría introducir cambios con mayorías de votos a determinar. Ello requeriría gran seriedad en la elección de los juristas y de senadores que tendrían una labor importante ante sí. No se puede incluir en la comisión a cualquiera ni debería votarse como senador a cualquiera. El referéndum, sería otra garantía.

El segundo método tiene la ventaja de mayor apertura, debate y transparencia. Tiene la desventaja de que nadie sabe lo que saldría de una constituyente. Puede intentarse definir su mandato pero las constituyentes tienen el mal hábito de considerarse omnipotentes.

¿Qué dice el sentido común? Probablemente el primer método sea más prudente que el segundo pero todo depende de las circunstancias. No lo sabremos hasta que llegue el momento. Mientras tanto lo importante es reflexionar y comprender que una constitución no es una lista de preferencias personales. Es un documento para organizar el estado y defender al ciudadano. Si entendemos ésto cualquier método es bueno porque exigiremos un documento que verdaderamente dé garantías.

Capítulo VI

Contenido Constitucional
Garantías Individuales

PROCLAMA DE YARA:
"Queremos disfrutar de la libertad para cuyo uso creó Dios al hombre".

Los derechos humanos es el término moderno que ha sustituido al de las garantías individuales. Se basan en la ley natural, que postula que todos los hombres son dotados por su Creador de ciertos derechos que constituyen parte de la persona humana y son la base de su dignidad.

I- ¿Por qué no restablecer la Constitución del 40 íntegra y con plena vigencia?

II- Cuestión Previa: La Invocación a Dios en el Preámbulo Constitucional.

III- Garantías Individuales. Comentario y análisis de lo preceptuado en 1901 y 1940 y como pueden ser utilizadas esas garantías:

- **La libertad religiosa.**
- **La igualdad ante la ley.**
- **Las garantías a la propiedad individual.**
- **Las garantías a los acusados, detenidos o sancionados.**
- **Derecho a residir en el lugar que se escoja y a entrar y salir del territorio nacional.**
- **Derechos relacionados con la intimidad y privacidad.**
- **La libertad de expresión.**
- **Derechos de petición a las autoridades, reunión y asociación pacífica.**
- **Prohibición de dictar leyes que disminuyan los derechos individuales.**
- **Suspensión de garantías.**

I- ¿Por qué no restablecer la Constitución del 40 íntegra y con plena vigencia?

Hasta ahora hemos llevado al lector por el sendero de los principios y de la reflexión sobre como organizar un estado de derecho. Es hora de adentrarnos en contenido y para ello haremos una suposición lógica. Nuestro modelo constitucional ha de basarse en el que nos habíamos dado con anterioridad al castrismo, poniéndolo al día en lo necesario.

En el capítulo anterior sugerimos como alternativas para el período provisional restablecer el Título IV de la Constitución del 40.¿Por qué entonces no restablecerla íntegra? La Constitución, se diría, nunca fue abrogada y tiene plena vigencia. Hay cierta lógica. La Constitución del 40 fue acordada legítimamente, como producto de una convención constituyente donde hubo amplia representación de todos los sectores de la vida del país. Apreciamos la Constitución del 40. En cierta forma restablecerla sería lo más fácil y aparentemente menos conflictivo. Pero hablar de interrupción y de su plena vigencia es un razonamiento demasiado legalista. Y también es superficial porque no entra a considerar que ese mismo legalismo nos lleva inevitablemente a una convención constituyente.

Baste con resaltar que hay disposiciones de la Constitución del 40 que son excelentes pero presentarían problemas graves si se aplicasen a rajatabla. Por ejemplo, la excelente protección a la propiedad y el requisito de indemnización por el estado por las confiscaciones. (**Art. 24**)

Este precepto esencial habría que mantenerlo para el futuro, pero resulta de imposible cumplimiento en cuanto al pasado en la forma que sería la ordenada constitucionalmente. El país no cuenta con recursos para pagar lo que debería a los perjudicados por el castrismo y si vamos a ser legalistas, con los correspondientes intereses moratorios, más daños y perjuicios. Y encima añádase que Castro ha dejado al país adeudado en más de 40 mil millones de dólares.

Quiere decir que habría que suspender dicho artículo o dictar una disposición transitoria, o modificarlo y entonces, de acuerdo con la tesis de la interrupción y la plena vigencia, entraríamos en una enmienda "integral" de la constitución. Es así como define dicho instrumento el intentar una modificación del **Art. 24** y de otros que protegen derechos fundamentales.

Ello requiere, según la propia ley fundamental **(Art. 286)** que se convoque a una asamblea plebiscitaria que deberá *limitarse a aprobar o rechazar las modificaciones propuestas*. Pero resulta de difícil cumplimiento puesto que la propuesta debe ser hecha *por un congreso que no existe* y que habría que elegir, lo cual equivale a elegir el equivalente de una constituyente para que presente su trabajo a otra constituyente.

Empeño impráctico que surge de la diferencia de circunstancias. Es muy simple: *La Constitución del 40 se hizo para regir en tiempos de normalidad y no de anormalidad.*

Por otra parte, la Constitución del 40, como todas las leyes, tenía defectos hace casi 70 años y hoy en día surgen otros que son producto del transcurso del tiempo. Por ejemplo, la regulación del trabajo nos haría no competitivos en el mundo actual y dificultaría el acceso de capitales que tanto necesitamos. Hay defectos orgánicos como la defectuosa organización del Tribunal de Garantías y el sistema semi-parlamentario, bien intencionado como método para disminuir el poder presidencial, pero impráctico porque, como veremos más adelante, no crea un régimen parlamentario y solo consigue enturbiar el régimen presidencial. Podríamos seguir mencionando diversas cuestiones pero baste con decir que si se convocara a una asamblea plebiscitaria para enmendar la Constitución del 40 una multitud de propuestas surgirían sin duda.

Pasemos entonces a considerar lo que podría ser el contenido constitucional de una carta de garantías de la tercera república, basándonos en el supuesto de mantener lo mejor de nuestro pasado constitucional, plasmado en el 1901 y el 1940, y revisar lo que sea pertinente.

En el curso del análisis citaremos los antecedentes y haremos comparaciones con la constitución castrista. Es necesario porque el pueblo de Cuba debe entender que un siglo antes del castrismo Cuba era un país civilizado y al frente de muchos en materia constitucional. Debe también entender cuanto descendimos en el mundo de la razón y el derecho.

II- Cuestión Previa: La invocación a Dios en el preámbulo constitucional.

Los derechos humanos es el término moderno que ha sustituido en la mente de muchos, las garantías individuales. Como explicamos, se basan en la ley natural, que postula que todos los hombres son dotados por su Creador de ciertos derechos que constituyen parte de la persona humana y son la base de su dignidad. La doctrina de la ley natural enlaza a su vez con la concepción cristiana de la persona que considera a todos los hombres hijos de un mismo padre y por lo tanto iguales en derechos y dignidad. La igualdad ante la ley es consecuencia inevitable de esta idea. Se expresa claramente en la proclama de Yara:

"Queremos disfrutar de la libertad
para cuyo uso creó Dios al hombre".

Las constituciones cubanas recogieron dichas ideas. Se discutió en la constituyente de 1901 si se debía invocar a Dios y se aceptó. Sanguily defendió el principio basándose en que prefería invocar la protección de Dios que la de los hombres.

El preámbulo decía así:

"Nosotros, los delegados del pueblo de Cuba, reunidos en Convención Constituyente, a fin de redactar y adoptar la Ley Fundamental de su Organización como Estado independiente y soberano, estableciendo un gobierno capaz de cumplir sus obligaciones internacionales, mantener el orden, asegurar la libertad y la justicia y promover el bienestar general, acordamos y adoptamos, invocando el favor de Dios, la siguiente Constitución".

La misma discusión surgió en el seno de la constituyente del 40 y también triunfó la idea deísta pues copia y resume el anterior preámbulo en estos términos:

"Nosotros los delegados del pueblo de Cuba, reunidos en Convención Constituyente, a fin de dotarlo de una nueva Ley fundamental que consolide su organización como Estado independiente y soberano, apto para asegurar la libertad y la justicia, mantener el orden y promover el bienestar general, acordamos, invocando el favor de Dios, la siguiente Constitución".

Como era de esperarse, en 1940 los delegados comunistas se opusieron a la invocación y la constitución estalinista de 1976 mantuvo esa idea. A lo largo de su increíblemente largo y barroco preámbulo de 1556 palabras habla de todo menos de Dios y acaba diciéndonos:

"Que solo en el socialismo y el comunismo, cuando el hombre ha sido liberado de todas las formas de explotación: de la esclavitud, de la servidumbre y del capitalismo, se alcanza la entera dignidad del ser humano".

Esta omisión, (dictada por la doctrina marxista) violó las tradiciones creyentes del pueblo cubano y las sustituyó por una religión de estado inflexible y obligatoria en la que el líder y sus santos canonizados como el Che Guevara exigen pleitesía obligatoria. Todo ello basado en las elucubraciones de filósofos y tratadistas de la Europa del Norte tan ajenos a nuestro ser.

Somos partidarios de mantener la invocación a Dios que refleja nuestra tradición inmediata y aún más importante coloca al pueblo de Cuba en un camino que es socialmente beneficioso. En efecto, créase lo que se quiera creer en materia religiosa, lo cierto es que cuando el ser humano carece de una concepción trascendente de la vida, se produce una disminución marcada del freno moral. Se trata de conseguir lo más posible y tenerlo ya, porque la vida es corta. Y de ahí a los excesos hay un solo paso.

Los horrores que hemos visto en Cuba, tan ajenos a la naturaleza básicamente perdonadora del cubano, tienen diversas causas, pero la principal es ésta: Considerar al hombre como un artículo perecedero que existe para ser usado antes de que la edad o su actitud lo hagan inútil para un fin determinado. La negativa a cooperar produce ira entre los que detentan el poder pues no quieren 'perder tiempo'. Cuando se profesa una actitud meramente utilitaria ante la vida, dicha ira no conoce límites.

El utilitarismo no es exclusivo del marxismo ni de sus adeptos. El marxismo lo disfraza con ideales, el materialismo consumista, cuando se pronuncia agnóstico y ateo, promueve un hedonismo egoísta que nunca queda satisfecho y por ello también peca de falso. Pero al menos, si existe dentro de un régimen de libertades personales, es posible denunciarlo y combatirlo proponiendo mayor solidaridad y responsabilidad, como vemos se hace a diario en los países libres.

Los que piensen que ésta es una cuestión para mojigatos deberían leerse el preámbulo de la constitución alemana de 1946 acordada después de una terrible guerra propiciada por un régimen que también se decía ateo y liberado de frenos religiosos, un régimen en fin que llegó a los extremos mas horribles del utilitarismo al usar a las personas como materiales para fines industriales.

Aterrados por el pasado dijeron:

> *"Consciente el pueblo alemán de su responsabilidad ante Dios y los hombres, animado de la voluntad de servir a la paz del mundo como miembro en igualdad de derechos en una Europa unida, en virtud de su poder constituyente se ha dado esta ley fundamental"*.

III- Garantías Individuales
1- La libertad religiosa.

La Constitución americana, modelo de muchas, fue adicionada con una serie de enmiendas que garantizaban los derechos personales. La primera enmienda reza así en cuanto al tema de la religión:

> **"El Congreso no hará ninguna ley que establezca una religión o que prohíba su libre ejercicio"**.

Este precepto obedecía a la experiencia de los que emigraron de Inglaterra a América porque se vieron obligados a jurar fidelidad a la religión anglicana o marcharse. Pero no suponía hostilidad a la religión. Washington comenzó su período presidencial con lo que declaró ser su 'primer acto oficial' que consistió en su "ferviente súplica al Ser Supremo que gobierna el universo para que bendijera su gobierno". Para Washington, religión y moral no eran hábitos de predicadores fanáticos, ni costumbres de señoras devotas que no estaban sintonizadas a la onda del 'progreso.' Eran elementos esenciales de una república basada en la libertad personal que requiere responsabilidad, honestidad, y autocontrol. La religión y la moral refuerzan esos hábitos. El ateísmo todo lo contrario. Si después de esta vida no hay que darle cuenta a nadie de nada, para los inmorales el asunto es que no me agarren y punto. No obstante, es obvio que existen ateos muy rectos y personas que se dicen religiosas y dejan mucho que desear en su conducta. El ser humano es maravilloso en su contradictoria diversidad. Pero no se trata de casos particulares, se trata de tendencias y de sentido común. Los frenos morales ayudan y las religiones los proveen.

En su discurso de despedida, tras rechazar un nuevo período presidencial, Washington dijo lo siguiente que repetimos para ahorrarle al lector la búsqueda de la cita: "La religión y la moralidad son apoyos indispensables de todos los hábitos que conducen a la prosperidad política. El simple político, junto con el hombre piadoso, debe respetarlos y amarlos. Simplemente preguntemos: *¿Donde residiría la seguridad para la propiedad, la reputación, y la vida si el sentido de la obligación religiosa desapareciera de los juramentos que se usan como instrumentos [de decir verdad] en las Cortes de Justicia? Andemos con cuidado con la suposición de que la moralidad puede prevalecer si se excluye la religión. Podrá decirse que la educación esmerada puede influenciar positivamente ciertas mentes, pero la experiencia y la razón nos indican que no es posible esperar que una moral nacional pueda prevalecer en la ausencia de un principio religioso".* Desde la moneda hasta los juramentos en las cortes de justicia son innumerables las referencias religiosas en la polis americana.

Nuestra Constitución de 1901 recogió el principio de libertad religiosa al decir lo siguiente en su: "**Artículo 26.-** Es libre la profesión de todas las religiones, así como el ejercicio de todos los cultos, sin otra limitación que el respeto a la moral cristiana y al orden público. La Iglesia estará separada del Estado, el cual no podrá subvencionar, en caso alguno, ningún culto". Este precepto fue repetido literalmente por la Constitución del 40. (**Art. 35**)

El padre Varela resumió la buena doctrina explicando que en materia religiosa existen tres tipos de tolerancias. La dogmática, en el cual el verdadero creyente de una religión no cede en sus creencias pero entiende que otro tampoco ceda. La social, que permite a personas de creencias opuestas, tratarse y ser amigos. Y la legal, que al decir que la profesión de todas las religiones es libre, obliga a respetarlas.

Es pues una tradición cubana plasmada por convenciones constituyentes debidamente elegidas. La 'constitución' castrista, producto de una comisión del partido comunista, es la que fiel a su estructura totalitaria, proclama la libertad religiosa en un artículo de su texto y lo contradice más adelante en otro artículo. Veamos:

"Artículo 8.- El Estado reconoce, respeta y garantiza la libertad religiosa. En la República de Cuba, las instituciones religiosas están separadas del Estado. Las distintas creencias y religiones gozan de igual consideración". La contradicción está en el **Art. 54.3:** "**Es ilegal y punible oponer la fe o la creencia religiosa a la Revolución, a la**

educación o al cumplimiento de los deberes de trabajar, defender la patria con las armas, reverenciar sus símbolos y los demás deberes establecidos por la Constitución".

Lo anterior explica la razón de que exista el artículo 206 del Código Penal cubano, que configura el novedoso 'delito' de **"abuso de la libertad religiosa"**. Este delito se configura por **"oponer la convicción religiosa a los objetivos de la educación"** y conlleva una sanción de privación de libertad de tres meses a un año. Asimismo el artículo 208 castiga con pena de 3 meses a un año toda asociación ilícita. Cualquier asociación que no haya recibido un permiso previo es ilícita. Es simple: **No se permite enseñar nada que contradiga la religión del estado marxista y menos reunirse en privado para hacerlo.**

Por cierto, la referencia a la moral cristiana no tiene nada de imposición confesional. Se trataba de buscar un standard conocido y utilizable por un Tribunal Constitucional, un standard que permitiera defender a la sociedad de prácticas nocivas como por ejemplo la prostitución sagrada, los sacrificios humanos, el suicidio religioso y aberraciones semejantes que siempre han existido y que lamentablemente vemos repetirse en el siglo 21.

Andemos claros: Tan malo es imponer religiones como imponer ateísmo.

Se dirá tal vez que el pueblo de Cuba ya no es religioso pero eso habría que probarlo pues nuestra opinión es que carece de instrucción religiosa pero que sigue siéndolo. Quizás sea un tema fácil de llevar a un referendo que se realice en forma conjunta a la elección de los delegados a la constituyente. Tendría una simple pregunta: ¿Aprueba usted la invocación a Dios en el preámbulo constitucional? Diga sí o no.

2- La igualdad ante la ley.

La igualdad marxista no es igualdad de oportunidad, es igualdad en la pobreza y la sumisión.

La igualdad libertaria es la igualdad ante la ley. En las constituciones cubanas dicha igualdad se plasmó con sonoras palabras en el **Art. 11** de la Constitución de 1901:

"Todos los cubanos son iguales ante la Ley. La República no reconoce fueros, ni privilegios personales". Articulo que fue repetido en la del 40 así:

Art. 20- "Todos los cubanos son iguales ante la Ley. La República no reconoce fueros ni privilegios. Se declara ilegal y punible toda discriminación por motivo de sexo, raza, color o clase, y cualquiera otra lesiva a la dignidad humana. La Ley establecerá las sanciones en que incurran los infractores de este precepto".

La comunista del 76 esquiva el asunto y declara:

Artículo 41.- "Todos los ciudadanos gozan de iguales derechos y están sujetos a iguales deberes".

Y decimos esquiva porque el término fueros o privilegios desaparece, ya que reservar privilegios para sus adeptos es parte del sistema mientras que enfatiza los deberes diciendo que el ciudadano está *sujeto* a ellos. Ratifica así el principio primordial en toda dictadura totalitaria: **igualdad en la sumisión.**

Más adelante en el artículo 43 da una lista de supuestas igualdades que son notables por su transgresión, a saber:

"-[los ciudadanos] reciben asistencia en todas las instituciones de salud; -se domicilian en cualquier sector, zona o barrio de las ciudades y se alojan en cualquier hotel; -son atendidos en todos los restaurantes y demás establecimientos de servicio publico; -usan, sin separaciones, los transportes marítimos, ferroviarios, aéreos y automotores; -disfrutan de los mismos balnearios, playas, parques, círculos sociales y demás centros de cultura, deportes, recreación y descanso".

Es innecesario decir todas estas cosas en un estado de derecho donde haya recurso a tribunales independientes. Nunca existieron en Cuba políticas oficiales de apartheid turístico, comercial o social como con la dictadura castrista. No basta declarar la igualdad, es preciso tener derecho a reclamarla y es precisamente a través de las sentencias de un tribunal de garantías como se fijan los derechos en las mentes de los ciudadanos que los ven hechos realidad.

La formulación de las Constituciones de 1901 y 1940 es feliz en cuanto expresa el derecho esencial de la democracia: la igualdad ante la ley, que no es lo mismo que la igualdad demagógica del comunismo militante, que para ganar adeptos estimula las envidias y resentimientos como en el artículo citado. El marxismo, para captar adeptos, atribuye las desigualdades sociales sólo a la injusticia y la explotación sin aceptar que se deben también a cualidades personales como la laboriosidad, (innata en el cubano) seriedad en el trabajo, los dones y aptitudes de cada persona, etc. En efecto la igualdad ante la ley lo que garantiza es *igualdad de oportunidades* y por eso la Constitución del 40 declaró ilegal y punible todo intento de discriminación. Igualdad ante la ley significa pues, que el estado es neutral ante el ciudadano (no hay castas) y que deja a la iniciativa individual el logro de los objetivos de cada cual sin que un grupo de ciudadanos goce de ventajas frente a otros en las mismas circunstancias. Distinción lógica porque subsidiar, por ejemplo, a los damnificados de un ciclón que han quedado desamparados no es dar preferencias, es ayudar a que se restablezca la posibilidad de desenvolverse normalmente en una sociedad que provee oportunidades. Es lo que significa que no se reconocerán fueros ni privilegios.

Dicho artículo 41 está bien redactado, puede ser interpretado fácilmente por la jurisprudencia y lo dejaríamos tal como está pues tiene calidad y tradición.

3- Las garantías a la propiedad individual.

Corrían vientos borrascosos en 1940. Tanto el fascismo como el comunismo amenazaban los fundamentos de la sociedad y esos fundamentos siempre son atacados por el punto neurálgico, la propiedad privada.

En efecto, cuando la propiedad se concentra en unas pocas personas aliadas al gobierno como en el fascismo o en un solo propietario estatal como en el comunismo el que resulta afectado es el individuo. Y con el individuo la familia y con la familia la sociedad que se convierte en reflejo de la voluntad de una persona o un grupo. Sin propiedad privada el individuo está indefenso frente al estado. No tiene medios de oponerse a nada ni de hacer valer su punto de vista. Todo es del "pueblo" y nada es del pueblo.

Pero el "arte" del marxismo es convencer a la gente que no tener nada es tener algo. Dura sólo un tiempo pues la experiencia se impone, pero siempre quedan rescoldos de los medios empleados para engañar y llevar al hombre a una posición contraria a sus intereses: la lucha de clases, el resentimiento, la envidia, la acusación de que todo el capital acumulado es injusto, la idea peregrina de que comprar a un precio y vender con una ganancia es egoísta como si desde que existe el mundo no hubiera ocurrido así en todas las edades y civilizaciones.

Es absurdo, pero por un tiempo la utopía prosperó basada en el engaño y el resentimiento. También tiene otras manifestaciones que usualmente son las de pretender hacer el bien "democráticamente" a través de un estado muy poderoso pero respetuoso de una medida de propiedad, y que efectúa elecciones libres. Ese estado usualmente expropia o concentra la propiedad en aras del "bienestar social". Sobre esos peligros hemos hablado anteriormente.

No obstante, puede haber casos justificados de expropiación. Si un terreno está en la vía de una carretera, si va a ser inundado por una represa, o hipótesis similares donde un objetivo social entra en conflicto con la propiedad. Pero hay que definir porque si se habla tan sólo de "hacer el bien" la propiedad privada sufre un rudo golpe. Los constituyentes del 40 entendieron el problema y proveyeron medios para enfrentarlo. Los del 200? lo tendrán que enfrentar porque en Cuba existirá una corriente socialista, resaca de casi 50 años de propaganda y acondicionamiento, que se alimentará de los errores que cometan los que aboguen por otro sistema o de las dificultades que afrontará el país para salir de la condición paupérrima en que lo han dejado los hermanos Castro y secuaces.

Vale la pena entrar a fondo en la regulación de la propiedad que estipula la Constitución del 40 y la de 1901.

Constitución de 1901

"Artículo 32.- Nadie podrá ser privado de su propiedad sino por autoridad competente y por causa justificada de utilidad pública, previa la correspondiente indemnización. Si no procediese este requisito, los jueces y tribunales ampararán y en su caso reintegrarán al expropiado".

"Artículo 33.- No podrá imponerse, en ningún caso, la pena de confiscación de bienes".

"Artículo 34.- Nadie está obligado a pagar contribución ni impuesto que no estuvieren legalmente establecidos, y cuya cobranza no se hiciere en la forma prescrita por las leyes".

"Artículo 35.- Todo autor o inventor gozará de la propiedad exclusiva de su obra, o invención por el tiempo y la forma que determine la ley".

Constitución de 1940

En cuanto a la del 40 la protección está contenida en tres artículos que tratan de la retroactividad de las leyes y la prohibición de confiscar.

¿Y qué tiene que ver la retroactividad con la propiedad o la confiscación? Pues tiene que ver mucho, porque con leyes retroactivas se confisca en una forma más sutil. Si usted tenía un derecho adquirido por un contrato e iba a percibir una cantidad "x" por 10 años y una ley modifica ese derecho de cobro y lo rebaja a una cantidad "y" por 5 años, no hay duda de que le han confiscado un bien a percibir pues propiedad no sólo es lo tangible que se tenga en mano sino también los intangibles, como por ejemplo el derecho de cobrar una deuda. En la sociedad moderna cada vez hay más derechos intangibles como lo son todas las marcas y patentes y los derechos futuros que se derivan de contratos donde una empresa o persona se compromete a pagar un interés, una regalía, etc. a cambio de otra contraprestación. Por eso es que defender la propiedad sin defender la irretroactividad de las leyes es insuficiente.

La retroactividad ataca además la seguridad jurídica. Sin saber a que atenerse no prospera el comercio ni la sociedad. La gente se abstiene de actuar. Luego, hacer retroactiva una ley es cosa seria. La Constitución del 40 en su **Art. 22**, establecía causales de utilidad o necesidad nacional, expresadas por ley con el voto de dos terceras partes de ambas cámaras para crear una ley con efectos retroactivos. Se permitía enfrentar una crisis pero se hacía difícil declararla. Y con buen sentido se dejaba la resolución final al tribunal de garantías que decidía si el fundamento alegado era o no válido, es decir si había una verdadera urgencia social. Además correspondía al tribunal fijar la indemnización por daños. El **Art. 23** prohibía terminantemente anular o alterar las obligaciones que surgiesen de los contratos civiles. Lo más que podía hacerse era suspender las acciones que podían derivarse de éstas (por ejemplo ejecutar una hipoteca) y ello por causas similares de crisis nacional y sujetas a los mismos requisitos del **Art. 22**.

> *"Art.22- Las demás Leyes no tendrán efecto retroactivo, salvo que la propia Ley lo determine por razones de orden público, de utilidad social o de necesidad nacional, señaladas expresamente en la Ley con el voto conforme de las dos terceras partes del número total de los miembros de cada Cuerpo colegislador. Si fuera impugnado el*

fundamento de la retroactividad en vía de inconstitucionalidad, corresponderá al Tribunal de Garantías Constitucionales y Sociales decidir sobre el mismo, sin que pueda dejar de hacerlo por razón de forma y otro motivo cualquiera. En todo caso la propia ley establecerá el grado, modo y forma en que se indemnizarán los daños, si los hubiere, que la retroactividad infiriese a los derechos adquiridos legítimamente al amparo de una legislación anterior. La ley acordada al amparo de este articulo no será válida si produce efectos contrarios a lo dispuesto en el artículo 24 de esta Constitución.'

"Art.23- Las obligaciones de carácter civil que nazcan de los contratos o de otros actos u omisiones que las produzcan no podrán ser anuladas ni alteradas por el Poder Legislativo ni por el Ejecutivo y por consiguiente, las Leyes no podrán tener efecto retroactivo respecto a dichas obligaciones. El ejercicio de las acciones que de éstas se deriven podrá ser suspendido, en caso de grave crisis nacional, por el tiempo que fuere razonablemente necesario, mediante los mismos requisitos y sujeto a la impugnabilidad a que se refiere el párrafo primero del articulo anterior".

"Art.24- Se prohíbe la confiscación de bienes. Nadie podrá ser privado de su propiedad sino por autoridad judicial competente y por causa justificada de utilidad pública o interés social, y siempre previo al pago de la correspondiente indemnización en efectivo fijada judicialmente.

La falta de cumplimiento de estos requisitos determinará el derecho del expropiado a ser amparado por Tribunales de Justicia, y en su caso reintegrado en su propiedad.

La certeza de la causa de utilidad pública o interés social y la necesidad de la expropiación corresponderá decidirlas a los tribunales de Justicia en caso de impugnación".

El **Art. 24** al prohibir la confiscación, concede una protección aún mejor en cuanto a la expropiación. Se encomendaba a la autoridad judicial el determinar si existía o no causa suficiente para expropiar y ello, previo pago de la indemnización correspondiente en efectivo fijada por los tribunales de justicia. En términos prácticos ésto significaba que los dueños afectados podían aceptar una propuesta del gobierno deseoso de expropiar su propiedad si les parecía adecuada la compensación o si creían justificada la causa alegada. De lo contrario había que vencerlos en juicio y probar que la causa alegada era válida y que el precio era justo. Se protege así la seguridad jurídica y el gozo y posesión de la propiedad. La carga de la prueba corre a cargo del gobierno y no del individuo como ocurre en las dictaduras y regímenes totalitarios.

Un aparte. ¿Qué dice la constitución castrista sobre confiscación?

Artículo 60.- La confiscación de bienes se aplica sólo como sanción por las autoridades, en los casos y por los procedimientos que determina la ley. De nuevo se revive un delito del tiempo de la colonia.

Los tres artículos comentados son excelentes para propiciar la inversión y deben de ser mantenidos en el futuro. Valga repetir: Las confiscaciones castristas han creado un problema con los antiguos dueños y compañías extranjeras que hay que tratar por separado y negociar con vistas a la realidad de un estado quebrado. En otros trabajos hemos tocado este asunto tan extenso como complicado. Hay formas razonables de hacer justicia a los despojados y salir del problema sin comprometer el futuro. Cualquier constitución que se dicte tendrá que contener una transitoria sobre el pasado que incorpore el medio de resolver el problema y así evitar pleitos incesantes que distraerían del objetivo a lograr: estabilidad y prosperidad. La Constitución el 40 es un precedente pues incorporó diversas transitorias para resolver los problemas derivados de la crisis de los años treinta.

Hay otros artículos de la Constitución del 40 referentes a la propiedad que no figuran en el título referente a las garantías individuales que sería necesario revisar o suprimir bien porque no responden a las necesidades del momento, porque son manifiestamente obsoletos, o porque contradicen el espíritu y la letra de esas garantías.

Por ejemplo el Art. 90 sobre el latifundio. "Art.90- Se proscribe el latifundio y a los efectos de su desaparición, la Ley señalará el máximo de extensión de la propiedad que cada persona o entidad pueda poseer para cada tipo de explotación a que la tierra se dedique y tomando en cuenta las respectivas peculiaridades".

En el castrismo, el único latifundista ha sido el estado marxista que ha fallado estruendosamente en su intento de manejar la agricultura y decirle a cada cual lo que debe sembrar, donde, como y cuando. Hay una realidad a resolver: En un país relativamente pequeño aunque con gran proporción de tierra fértil y cultivable en un clima propicio, léase Cuba, el problema no es tanto la tenencia de la tierra como su uso adecuado. Económicamente el uso adecuado resultará en los mayores rendimientos. Si se llega a ese resultado con una cooperativa, un pequeño o medio agricultor o una gran empresa agrícola se ha resuelto el mayor problema, o sea, que exista capacidad de compensar adecuadamente al que trabaja en el campo y que tenga ocupación todo el año. Dado este supuesto, quienquiera sea el dueño de la tierra tendrá que ajustarse a la ley laboral y fiscal, podrá pagar salarios adecuados, y contribuir al fisco parte de sus utilidades. En un gobierno honesto serían invertidas en beneficio de la comunidad. El problema del latifundio ha cobrado características de novela decimonónica en América Latina con ejemplos que resaltan emociones y no soluciones. La realidad: Es malo si es improductivo y baldío, es peor si es productivo pero explotador en un sistema semi-fascista, y es aún peor si es improductivo por mal uso y abandono, además de explotador, como sucede en un sistema marxista que paga mal y no deja producir. Si hay producción hay oportunidad de dividir la riqueza. Sin ella todo se torna en retórica.

La tenencia de la tierra es un asunto económicamente muy complicado en el siglo 21. La producción para la exportación (siempre seremos exportadores) y su valor están afectados por tratados internacionales sobre libre comercio, exención recíproca de tarifas, posibilidades no conocidas hace 70 años de exportación veloz de artículos perecederos, técnicas agrícolas nuevas, y gustos variables de los consumidores. La producción para consumo interno es reflejo de lo mismo. Si por ejemplo exportar tomates es varias veces más rentable que sembrar arroz, porque se compra más barato el proveniente de Luisiana, en un mercado libre los agricultores cubanos sembrarían tomates y no arroz, y se organizarían para llegar a ese resultado.

Parecería más prudente no hablar del régimen de tenencia de la tierra en una constitución. Es mejor dejar el camino abierto a la iniciativa privada y a leyes específicas debatidas y bien pensadas. La ley debe centrarse en considerar las circunstancias del momento y del mundo en que se vive procurando facilitar la producción y proteger adecuadamente al que la trabaja como obrero, arrendatario, aparcero, etc. Un buen antecedente: La Ley de Coordinación Azucarera lo hizo en su momento y creó soluciones sin estar preordenada por una constitución.

Hay además tres artículos no contenidos en el Título IV que afectan el derecho de propiedad.

El artículo 89 sobre el derecho de tanteo a favor del estado debe desaparecer pues es un obstáculo a la libre negociación sin objetivo determinado.

Art.89- "El Estado tendrá el derecho de tanteo en toda adjudicación, o venta forzosa de propiedades inmuebles y de valores representativos de propiedades inmobiliarias".

El estado no debe intervenir en los negocios de los particulares sin una causa justa determinada por la ley. No debe tener una autorización ilimitada a entrometerse en negocios privados y comprar propiedades objeto de remate judicial. Si se constituyó una garantía para conceder un crédito es justo que se haga efectiva. Además el estado no debe gastar el dinero de los contribuyentes sin un plan previo, un presupuesto aprobado por la legislatura incluyendo los impuestos para llevar adelante el plan. En el pasado este artículo sólo sirvió a los abogados matreros que paraban un remate exigiendo se ofreciera la propiedad al estado. El Ministerio de Hacienda contestaba que no tenía fondos autorizados y el asunto seguía adelante con meses de retraso. Si el estado quiere comprar propiedades no debe funcionar como un especulador atento a la ocasión. Es totalmente ilógico y censurable.

Igualmente, es inoperante el **Art. 273** que recoge conceptos de tenor marxista estipulando ceder a favor del estado propiedades que han aumentado de valor.

"Art. 273 El incremento del valor de las tierras y de la propiedad inmueble, que se produzcan sin esfuerzo del trabajo o del capital privado y únicamente por causa de la acción del Estado, la Provincia o el Municipio, cederá en beneficio de éstos la parte proporcional que determine la Ley".

Que se grave una ganancia cuando ella se realice por venta de la propiedad es una cosa, pero que se ordene una cesión antes de realizarse la venta es confiscación. Imaginemos que se planee un conjunto de cooperativas o fincas que como requisito previo a cualquier inversión necesitan se haga una carretera para poder exportar. ¿Cómo se interpreta esta infeliz redacción? ¿Debe la cooperativa ceder parte de su patrimonio al estado o se le declara exenta porque va a invertir en un futuro aunque la inversión estatal la preceda? Es un ejemplo teórico pero útil porque demuestra los problemas que se crean cuando una constitución pretende ser ley casuística y entrometerse en todas las situaciones posibles. Este precepto sólo crearía obstáculos y forzaría interpretaciones. Si el estado necesita ingresos discútase el asunto en las cámaras legislativas y vótense los necesarios. Por eso decíamos que en materia constitucional escribir menos es mejor que escribir más.

Un ejemplo de obsolescencia es el: "Art.92- Todo autor o invento disfrutará de la propiedad exclusiva de su obra o invención, con las limitaciones que señale la Ley en cuanto a tiempo y forma. *Las concesiones de marcas industriales y comerciales y demás reconocimiento de crédito mercantil con indicaciones de procedencia cubana, serán nulos si se usaren, en cualquier forma, para amparar o cubrir artículos manufacturados fuera del territorio nacional".*

El primer párrafo copiado de la Constitución de 1901 es correcto, el segundo está conformado a la mentalidad proteccionista de los años 40. Ejemplo: Bacardí es un ron cubano. Se consume en todo el mundo. Hay fábricas en Brasil, México, etc. Si hoy en día la empresa radicase en Cuba recibiría dividendos de las subsidiarias extranjeras, regalías por uso de la marca, etc. que irían a Cuba y beneficiarían nuestra economía, aparte de prestigiar las marcas cubanas. Pero el artículo citado ataría de manos a la empresa haciendo imposible el crear subsidiarias o conceder el uso de marcas mediante pago. Es obsoleto por referirse a un pasado superado. Adicionó sin sentido, con el primer párrafo bastaba. Se redactó seguramente por gentes que estaban llenas de buenas intenciones. Pensaban que conservaban puestos de trabajo en Cuba. Pero no entendían lo que hacían. Declarar nulidades a rajatabla no es inteligente. Insistimos: Un constituyente no es un legislador. Para legislar hay que informarse a través de audiencias públicas, etc. y eso es casi imposible hacerlo de manera transparente e inteligente en una constituyente porque su objeto no es ése. Esta limitación la entendieron mejor en 1901 que en 1940.

4- Las Garantías a los acusados, detenidos o sancionados.

En nuestra opinión es de lo mejor y más completo que contiene la Constitución del 40 que recogió lo preceptuado en la de 1901 y lo precisó. En estos casos se extendió un tanto pero era necesario a fin de evitar abusos sobre los cuales se tenía experiencia en un tema tan vital como la vida del ciudadano.

> **Art. 21- "Las Leyes penales tendrán efecto retroactivo cuando sean favorables al delincuente. Se excluye de este beneficio, en los casos en que haya mediado dolo, a los funcionarios o empleados públicos que delinquen en el ejercicio de su cargo y a los responsables de delitos electorales y contra los derechos individuales que garantiza esta constitución. A los que incurriesen en estos delitos se les aplicarán las penas y calificaciones de la Ley vigente al momento de delinquir. Corresponderá decidirlas a los tribunales de Justicia en caso de impugnación".**

> **Art. 28- "Nadie será procesado ni condenado sino por juez o tribunal competente, en virtud de Leyes anteriores al delito y con las formalidades y garantías que éstas establezcan. No se dictará sentencia contra el procesado rebelde ni será nadie condenado en causa criminal sin ser oído. Tampoco se le obligará a declarar contra sí mismo, ni contra su cónyuge o parientes dentro del cuarto grado de consanguinidad o segundo de afinidad".**

Se trata del principio cardinal de la ley penal. No hay delito ni pena sin previa ley penal. Es común en todo el mundo. Castro, el 'jurista', se lo saltó a la torera imponiendo sanciones adicionales a personas juzgadas como consecuencia de leyes más severas, y también ordenando nuevos juicios cuando no le pareció adecuado el resultado. Violó así otro principio cardinal, el de la cosa juzgada, que impide juzgar a un acusado dos veces por el mismo delito imputado.

> **Art. 26- "La Ley Procesal Penal establecerá las garantías necesarias para que todo delito resulte probado**

independientemente del testimonio del acusado, del cónyuge y también de sus familiares hasta el cuarto grado de consanguinidad y segundo de afinidad. Se considerará inocente a todo acusado hasta que se dicte condena contra él".

Art. 27 párrafo 3. "No se ejercerá violencia ni coacción de ninguna clase sobre las personas para forzarlas a declarar. Toda declaración obtenida con infracción de este precepto será nula, y los responsables incurrirán en las penas que fije la Ley".

Art. 28 párrafo 3. "Tampoco se le obligará a declarar contra sí mismo, ni contra su cónyuge o parientes dentro del cuarto grado de consanguinidad o segundo de afinidad".

Preceptos muy completos que remachan la presunción de inocencia, que ya era común en el siglo 19 y que anulan las 'confesiones' de sabor estalinista como medio de prueba. Podría adicionársele la obligación de notificar al detenido que tiene derecho a permanecer callado.

Art. 25- "No podrá imponerse la pena de muerte. Se exceptúan los miembros de las Fuerzas Armadas por delitos de carácter militar y las personas culpables de traición o de espionaje en favor del enemigo en tiempo de guerra con nación extranjera.** Amplió el precepto de la de 1901 que decía: **Artículo 14.-** "No podrá imponerse, en ningún caso, la pena de muerte por delitos de *carácter político* los cuales serán definidos por la ley".

Doloroso es recordar cuantas veces se ha violado, en particular por delitos de carácter político. El rechazo a la pena de muerte tiene su origen en las guerras de independencia cuando España solía fusilar a los prisioneros. Dejó un sabor amargo y se plasmó en este precepto. Castro como último Capitán General revivió dicha pena.

Art. 26 párrafo 2 "En todos los casos las autoridades y sus agentes levantarán acta de la detención que firmará el detenido, a quien se le comunicará la autoridad que la ordenó, el motivo que la produce y el lugar adonde va a ser conducido, dejándose testimonio en el acta de todos estos particulares".

> Art. 26 párrafo 3 "Son públicos los registros de detenidos y presos".

Esencial si se va a garantizar el derecho de habeas corpus y si se van a exigir responsabilidades a los captores del reo.

> Art. 26 párrafo 4 "Todo hecho contra la integridad personal, la seguridad o la honra de un detenido será imputable a sus aprehensores o guardianes, salvo que se demuestre lo contrario. El subordinado podrá rehusar el cumplimiento de las órdenes que infrinjan esta garantía. El custodio que hiciere uso de las armas contra un detenido o preso que intentare fugarse será necesariamente inculpado y responsable, según las Leyes del delito que hubiere cometido.
>
> Ningún detenido o preso será incomunicado".

Prohibición de aplicar la 'ley de fuga' y de aislar para castigar u obtener confesiones. De nuevo algo que se ha violado sistemáticamente.

> Art. 26 párrafo 5 "Solamente la jurisdicción ordinaria conocerá de las infracciones de este precepto, cualesquiera que sean el lugar, circunstancias y personas que en la detención intervengan".

Prohibición de tribunales 'especiales' o 'revolucionarios' como los llamó Castro porque son usualmente simples instrumentos de condena preacordada.

> Art. 27- "Todo detenido será puesto en libertad o entregado a la autoridad judicial competente dentro de las veinticuatro horas siguientes al acto de su detención.
>
> Toda detención quedará sin efecto, o se elevará a prisión, por auto judicial fundado, dentro de las setenta y dos horas de haberse puesto el detenido a la disposición del juez competente. Dentro del mismo plazo se notificará al interesado el auto que se dictare.
>
> La prisión preventiva se guardará en lugares distintos y completamente separados de los destinados a la extinción de las penas, sin que puedan ser sometidos los que así guarden prisión a trabajo alguno, ni a la reglamentación del penal para los que extingan condenas".

Art. 29- "Todo el que se encuentre detenido o preso fuera de los casos o sin las formalidades y garantías que prevean la Constitución y las Leyes, será puesto en libertad, a petición suya o de cualquier otra persona, sin necesidad de poder ni de dirección letrada mediante sumarísimo procedimiento de hábeas corpus ante los tribunales ordinarios de justicia.

El Tribunal Supremo no podrá declinar su jurisdicción ni admitir cuestiones de competencia en ningún caso ni por motivo alguno, ni aplazar su resolución que será preferente a cualquier otro asunto. Es absolutamente obligatoria la presentación ante el Tribunal que haya expedido el hábeas corpus de toda persona detenida o presa, cualquiera que sea la autoridad o funcionario, persona o entidad que la retenga, sin que pueda alegarse obediencia debida.

Serán nulas, y así lo declarará de oficio la autoridad judicial cuantas disposiciones impidan o retarden la presentación de la persona privada de libertad, así como las que produzcan cualquier dilación en el procedimiento de hábeas corpus.

Cuando el detenido o preso no fuere presentado ante el Tribunal que conozca de hábeas corpus, éste decretará la detención del infractor, el que será juzgado de acuerdo con lo que disponga la Ley.

Los jueces o magistrados que se negasen a admitir la solicitud de mandamiento de hábeas corpus, o no cumplieren las demás disposiciones de este artículo, serán separados de sus respectivos cargos por la Sala de Gobierno del Tribunal Supremo".

Excelentes preceptos sobre el habeas corpus que salvaron la vida de muchos opositores al régimen de Batista incluyendo a Castro. Los mantendríamos exactamente como están.

Constitución castrista:

Artículo 59.- "Nadie puede ser encausado ni condenado sino por tribunal competente en virtud de leyes anteriores al delito y con las formalidades y garantías que estas

> establecen. Todo acusado tiene derecho a la defensa. No se ejercerá violencia ni coacción de clase alguna sobre las personas para forzarlas a declarar. Es nula toda declaración obtenida con infracción de este precepto y los responsables incurrirán en las sanciones que fija la ley".

Observar que todo es retórica y generalidades siempre referidas a la ley decretada y no acordada por cuerpos electos democráticamente. No se va al grano, ni se proveen medios específicos de protección judicial independiente como hacían nuestras constituciones anteriores. La nueva generación de cubanos debe cobrar conciencia de cuanta libertad han perdido, comparando lo anterior con la raquítica y contradictoria redacción de la constitución castrista.

Y cuando por excepción van a lo específico como el **Artículo 61. "Las leyes penales tienen efecto retroactivo cuando sean favorables al encausado o sancionado"** se han violado impunemente por la imposición retroactiva de penas y la violación de la cosa juzgada ya que no ha existido poder judicial independiente a donde acudir.

5- Derecho a residir en el lugar que se escoja y a entrar y salir del territorio nacional.

Ambos derechos están bien definidos por ambas constituciones, la del 1901 y del 40. Pueden permanecer sin cambios.

Constitución de 1901:

> **Artículo 24.-** "Nadie podrá ser compelido a mudar de domicilio o residencia sino por mandato de autoridad competente y en los casos prescritos por las leyes".

> **Artículo 29.-** "Toda persona podrá entrar en el territorio de la República, salir de él, viajar dentro de sus límites, y mudar de residencia, sin necesidad de carta de seguridad, pasaporte u otro requisito semejante, salvo lo que se disponga en las leyes sobre inmigración, y las facultades atribuidas a la autoridad en caso de responsabilidad criminal".

> **Artículo 30.-** "Ningún cubano podrá ser expatriado ni a ninguno podrá prohibírsele la entrada en el territorio de la República".

Constitución del 40:

Reproduce lo preceptuado en la de 1901 con algunos pequeñas variantes de estilo y añade lo preceptuado en el **Art. 10 a)** acogiendo además el derecho de asilo.

Art.10-"El ciudadano tiene derecho:

a) A residir en su patria sin que sea objeto de discriminación ni extorsión alguna, no importa cuáles sean su raza, clase, opiniones políticas o creencias religiosas".

Art. 30-"Toda persona podrá entrar y permanecer en el territorio nacional, salir de él, trasladarse de un lugar a otro y mudar de residencia, sin necesidad de carta de seguridad, pasaporte u otro requisito semejante, salvo lo que se disponga en las leyes sobre inmigración y las atribuciones de la autoridad en caso de responsabilidad criminal. A nadie se obligará a mudar de domicilio o residencia sino por mandato de autoridad judicial y en los casos y con los requisitos que la Ley señale. Ningún cubano podrá ser expatriado ni se le prohibirá la entrada en el territorio de la República".

Art. 31-"La República de Cuba brinda y reconoce el derecho de asilo a los perseguidos políticos, siempre que los acogidos a él respeten la soberanía y la Leyes nacionales. El Estado no autorizará la extradición de reos de delitos políticos ni intentará extraditar a los cubanos reos de esos delitos que se refugiarán en territorio extranjero. Cuando procediere, conforme a la Constitución y la Ley, la expulsión de un extranjero del territorio nacional, ésta no se verificará si se tratase de asilado político hacia el territorio del Estado que pueda reclamarlo".

La constitución castrista permanece silente en cuanto al derecho de entrar y salir libremente del territorio nacional y de mudar de domicilio. Sabemos además que ha aplicado el destierro como sanción y medio de conservar el poder deshaciéndose de los ciudadanos molestos. Igualmente exige visas a los ciudadanos cubanos para acceder al país y autorización para dejarlo. Viola así la tradición de nuestras constituciones y la Declaración de los Derechos Humanos que reza así:

> **Artículo 13- "Toda persona tiene derecho a circular libremente y a elegir su residencia en el territorio de un Estado. Toda persona tiene derecho a salir de cualquier país, incluso el propio, y a regresar a su país".**

Al convertir la patria en cárcel imita al totalitarismo marxista que la precedió en Europa y Asia. Es preciso controlar la población al máximo y los permisos internos de residencia son un excelente medio de castigar o recompensar, convirtiendo así un derecho en instrumento de opresión. Igual puede decirse de los permisos de entrada y salida siempre concedidos en base a consideraciones políticas y de poder. Por ello es que siempre se ha considerado un derecho básico la entrada y salida libre del país. Hace más de 100 años lo contenían nuestras constituciones que siempre repugnaron de las penas de destierro del régimen colonial. Castro las renovó un siglo después.

En cuanto al asilo la constitución castrista contiene el artículo arenga que reproducimos. Poco puede decirse excepto que es una invitación exclusiva a los que tengan una orientación política definida y no un asilo a las personas perseguidas por sus ideas.

> **"Artículo 13.- La República de Cuba concede asilo a los perseguidos por sus ideales o luchas por los derechos democráticos, contra el imperialismo, el fascismo, el colonialismo y el neocolonialismo; contra la discriminación y el racismo; por la liberación nacional; por los derechos y reivindicaciones de los trabajadores, campesinos y estudiantes; por sus actividades políticas, científicas, artísticas y literarias progresistas, por el socialismo y la paz".**

6- Derechos relacionados con la intimidad y privacidad.

Desde que se dijo aquéllo de que cada casa debe de ser el castillo de su morador siempre ha habido preocupación de proteger la intimidad familiar y los documentos anejos a ésta. Hoy en día se añaden los medios modernos de comunicación que habría que completar con las computadoras y sus discos de almacenamiento de datos. La redacción de la Constitución del 40 es más completa y preferible.

Constitución de 1901

Artículo 22.- "Es inviolable el secreto de la correspondencia y demás documentos privados, y ni aquélla ni éstos podrán ser ocupados ni examinados sino por disposición de autoridad competente y con las formalidades que prescriban las leyes. En todo caso se guardará secreto respecto de los extremos ajenos al asunto que motive la ocupación o examen".

Artículo 23.- "El domicilio es inviolable, y, en consecuencia, nadie podrá penetrar de noche en el ajeno sin el consentimiento de su morador, a no ser para auxiliar o socorrer a víctimas de delito o desastre; ni de día, sino en los casos y en la forma determinadas por las leyes".

Constitución de 1940

Art. 32- "Es inviolable el secreto de la correspondencia y demás documentos privados, y ni aquélla ni éstos podrán ser ocupados ni examinados sino a virtud de auto fundado de juez competente y por los funcionarios o agentes oficiales. En todo caso, se guardará secreto respecto de los extremos ajenos al asunto que motivará la ocupación o examen. En los mismos términos se declara inviolable el secreto de la comunicación telegráfica, telefónica y cablegráfica".

Art. 34- "El domicilio es inviolable y, en su consecuencia nadie podrá entrar de noche en el ajeno sin el consentimiento de su morador, a no ser para socorrer a víctimas de delito o desastre; ni de día, sino en los casos y en la forma determinados por la ley. En caso de suspensión de esta garantía será requisito indispensable para penetrar en el domicilio de una persona que lo haga la propia autoridad competente, mediante orden o resolución escrita de la que se dejará copia auténtica al morador, a su familia o al vecino más próximo, según proceda. Cuando la autoridad delegue en alguno de sus agentes se procederá del mismo modo".

La constitución castrista como de costumbre refiere todo a la 'ley' que dicta un solo partido y peor aún un solo consejo de estado presidido por el dictador. **Artículo 56.-** "El domicilio es inviolable. Nadie puede penetrar en el ajeno contra la voluntad del morador, salvo en los casos previstos por la ley". **Artículo 57.-** "La correspondencia es inviolable. Solo puede ser ocupada, abierta y examinada en los casos previstos por la ley. Se guardará secreto de los asuntos ajenos al hecho que motivare el examen. El mismo principio se observará con respecto a las comunicaciones cablegráficas, telegráficas y telefónicas". Lo correcto es referir los casos de excepción a la autoridad judicial pero a pesar de que en el sistema castrista ese poder está supeditado al ejecutivo, ni a eso se han atrevido.

7- La libertad de expresión.

Este derecho es vital en una república. No hay partidos políticos, ni programas de partido, ni libre discusión de ideas ni de diseminación de las mismas sin una defensa a ultranza de este derecho. Lo cual quiere decir que el ciudadano que se expresa debe tener a su favor la presunción de que tiene derecho a hacerlo siempre que respete reglas elementales de convivencia pacifica y de educación. Se trata de proteger la comunicación de ideas: lo que no sea comunicación de ideas no tiene protección jurídica.

Como en todo hay límites conformados por los derechos de otros. Comunicar ideas no es insultar ni calumniar. Insultar gravemente puede caer en la injuria que es un delito perseguible privadamente. Imputar a sabiendas o con desprecio temerario a la verdad hechos delictivos a las personas es una calumnia. Si la persona es inocente, la calumnia es punible. Pretender hablar en acto público sin tener concedida la palabra no es libertad de expresión es majadería que puede caer en lo delictivo si se pretende imponerse para hablar en casa ajena sin haber sido invitado.

Las reglas de sentido común imperan y mientras la persona se adhiera a ellas debe tener derecho a decir lo que le parezca usando los medios de que disponga. Aún cuando sus ideas sean peculiares y/o chocantes. Mientras no incite a la rebelión, al desorden o a cometer delitos, su derecho a la libre expresión no debe ser restringido. Es el viejo ejemplo: gritar fuego en un teatro cuando no lo hay no es libertad de expresión, es un delito. Llamar al gobierno deshonesto no lo es, porque se generaliza. Exagerar las malas cualidades de un oponente político usualmente no es injuria porque un hombre público se expone a ello como parte de su trabajo, en particular si ha sido funcionario y cometido yerros. Penar esas críticas aunque sean excesivas inhibiría a la ciudadanía y daría excesiva protección al funcionario. No obstante, decir que el funcionario tal ha desfalcado al fisco en la cantidad x es una acusación de un delito que debe ser llevado a la autoridad judicial competente. Si el acusador no lo prueba puede ser encausado por calumnia. Igualmente acusar falsamente al funcionario de conductas personales infamantes en el concepto público, aunque no constituyan delitos, es también injuria pues no tendrían relación con su conducta pública y obedecerían solamente al ánimo de injuriar.

Lo anterior refleja tan sólo principios generales. Dentro de todo este entramado hay infinidad de matices y variaciones que la jurisprudencia va refinando caso por caso y llenan muchos volúmenes. Precisamente para eso es que se crean los Tribunales Constitucionales. No es éste el lugar de entrar en discusiones casuísticas. Baste apuntar el principio esencial: La libertad en la expresión debe de ser amplia pero conlleva responsabilidad en el uso del derecho.

Este derecho fue expresado así en nuestras constituciones:

Constitución de 1901

> **Artículo 25.- "Toda persona podrá libremente, y sin sujeción a censura previa, emitir su pensamiento, de palabra, o por escrito, por medio de la imprenta o por cualquier otro procedimiento; sin perjuicio de las responsabilidades que impongan las leyes, cuando por alguno de aquellos medios se atente contra la honra de las personas, el orden social o la tranquilidad pública".**

Constitución de 1940

> **Art.33- "Toda persona podrá, sin sujeción a censura previa, emitir libremente su pensamiento de palabra, por escrito o por cualquier otro medio gráfico u oral de expresión, utilizando para ello cualesquiera o todos los procedimientos de difusión disponibles.**
>
> **Sólo podrá ser recogida la edición de libros, folletos, discos películas, periódicos o publicaciones de cualquier índole cuando atente contra la honra de las personas, el orden social o la paz pública, previa resolución fundada de autoridad judicial competente y sin perjuicio de las responsabilidades que se deduzcan del hecho delictuoso cometido.**

> En los casos a que se refiere este articulo no se podrá ocupar ni impedir el uso y disfrute de los locales, equipos o instrumentos que utilice el órgano de publicidad de que se trate, salvo por responsabilidad civil".

Es de resaltar la prohibición de la censura previa y la estipulación de que no procede incautar materiales sin resolución fundada de la autoridad judicial. (Es decir, motivada y con referencia al caso, los hechos y la ley.) Y no una simple orden.

En cambio, durante el oscurantismo castrista ha regido el siguiente precepto:

> **Artículo 53.-** "Se reconoce a los ciudadanos libertad de palabra y prensa *conforme a los fines de la sociedad socialista.* Las condiciones materiales para su ejercicio están dadas por el hecho de que la prensa, la radio, la televisión, el cine y otros medios de difusión masiva son de propiedad estatal o social y *no pueden ser objeto, en ningún caso, de propiedad privada*, lo que asegura su uso al servicio exclusivo del pueblo trabajador y del interés de la sociedad. La ley regula el ejercicio de estas libertades".

Quiere decir en palabras sencillas: **Puede usted hablar para estar de acuerdo con nosotros, a través de nuestros medios.** No es preciso decir más. El patrón de redacción siempre es el mismo. La primera oración afirma, la segunda niega. El **Art. 54** es del mismo tenor:

> "Los derechos de reunión, manifestación y asociación son ejercidos por los trabajadores, manuales e intelectuales, los campesinos, las mujeres, los estudiantes y demás sectores del pueblo trabajador, para lo cual disponen de los medios necesarios a tales fines. Las organizaciones de masas y sociales disponen de todas las facilidades para el desenvolvimiento de dichas actividades en las que sus miembros gozan de la mas amplia libertad de palabra y opinión, basadas en el derecho irrestricto a la iniciativa y a la critica".

Es decir, sólo a través de los medios que el estado controle.

8- Derechos de petición a las autoridades, reunión y asociación pacífica.

Se trata de un derecho típico de la democracia que quiere estimular una sociedad civil activa y vibrante que se interese en el gobierno y le sirva de estímulo y control. Para lo cual es preciso permitir reunirse y asociarse pacíficamente sin imponer más trabas que las necesarias por el orden público (por ejemplo no obstruir el tráfico) y hacer peticiones a las autoridades sobre los asuntos que sean de interés comunitario o particular. La Constitución del 40 al declarar: **"Es ilícita la formación y existencia de organizaciones políticas contrarias al régimen del gobierno representativo democrático de la República, o que atenten contra la plenitud de la soberanía nacional"** se adelantó a la constitución alemana de 1948 como apuntamos anteriormente. Es un precepto a mantener en el futuro. Conspirar o asociarse para imponer de nuevo una tiranía es inaceptable. Sería suicidio social. ¿Ideas? Todas, aunque sean ridículas, pero programas totalitarios, ninguno.

Constitución del 1901:

> Artículo 27- "Toda persona tiene el derecho de dirigir peticiones a las autoridades; de que sus peticiones sean resueltas, y de que se le comunique la resolución que a ellas recaiga".
>
> Artículo 28.- "Todos los habitantes de la República tienen el derecho de reunirse pacíficamente y sin armas, y el de asociarse para todos los fines lícitos de la vida".

Constitución del 40:

> Art. 36- "Toda persona tiene derecho a dirigir peticiones a las autoridades y a que le sean atendidas y resueltas en término no mayor de cuarenta y cinco días, comunicándosele lo resuelto. Transcurrido el plazo de la ley, o en su defecto, el indicado anteriormente, el interesado podrá recurrir, en la forma que la Ley autorice, como si su petición hubiese sido denegada".
>
> Art. 37- "Los habitantes de la República tienen el derecho de reunirse pacíficamente y sin armas, y el de desfilar y asociarse para todos los fines lícitos de la vida, conforme a las normas legales correspondientes, sin más limitaciones que la indispensable para asegurar el orden

> público. Es ilícita la formación y existencia de organizaciones políticas contrarias al régimen del gobierno representativo democrático de la República, o que atenten contra la plenitud de la soberanía nacional".
>
> Art. 38- "Se declara punible todo acto por el cual se prohíba o limite al ciudadano participar en la vida política de la nación".

La del 40 precisa lo expuesto en la de 1901 en cuanto a peticiones en tanto que establece una presunción de denegación transcurridos 45 días lo cual le abre la vía judicial al ciudadano.

Se trata de impedir que el funcionario engavete las quejas y las deje morir por el transcurso del tiempo.

La castrista como de costumbre habla en generalidades y refiere todo a 'su' ley.

> Artículo 63.- "Todo ciudadano tiene derecho a dirigir quejas y peticiones a las autoridades y a recibir la atención o respuestas pertinentes y en plazo adecuado, conforme a la ley".

Las respuestas han sido actos de repudio o pena de prisión.

9- Prohibición de dictar leyes que disminuyan los derechos individuales.

Todas las dictaduras personales en proceso de consolidarse intentan cercenar los derechos por diversos medios. Lo mismo ocurre con gobiernos autoritarios, elegidos constitucionalmente, que aún no son dictaduras pero aspiran a serlo. Los artículos que copiamos ponen coto a esa práctica declarando dos cosas importantes:

a) la enumeración de derechos contenida en la constitución no excluye los no enumerados. Se trata de impedir que un funcionario legalista intente evadir los mandatos constitucionales alegando que un caso específico no está expresamente mencionado aunque sea consecuencia lógica de un derecho enumerado.

b) se declara la nulidad de cualquier ley que disminuya, restrinja o altere tales derechos.

Además se autoriza la resistencia 'adecuada' para proteger los derechos garantizados.

Constitución de 1901

> Artículo 36.- "La enumeración de los derechos garantizados expresamente por esta Constitución no excluye otros que se deriven del principio de la Soberanía del pueblo y de la forma republicana de gobierno".
>
> Artículo 37.- "Las leyes que regulen el ejercicio de los derechos que esta Constitución garantiza, serán nulas si los disminuyen, restringen o adulteran".

Constitución de 1940

> Art. 40- "Las disposiciones legales, gubernativas o de cualquier otro orden que regulen el ejercicio de los derechos que esta Constitución garantiza, serán nulas si los disminuyen, restringen o adulteran. Es legítima la resistencia adecuada para la protección de los derechos individuales garantizados anteriormente. La acción para perseguir las infracciones de este Titulo es pública, sin caución ni formalidad de ninguna especie y por simple denuncia. La enumeración de los derechos garantizados en este Título no excluye los demás que esta Constitución establezca, ni otros de naturaleza análoga o que se deriven del principio de la soberanía del pueblo y de la forma republicana del gobierno".

Comparación con el castrismo:

> Artículo 62.- "Ninguna de las libertades reconocidas a los ciudadanos puede ser ejercida contra lo establecido en la Constitución y las leyes, ni contra la existencia y fines del Estado socialista, ni contra la decisión del pueblo cubano de construir el socialismo y el comunismo. La infracción de este principio es punible".

Esta 'joya' de la constitución castrista lo dice todo. Es exactamente el mismo precepto pero al revés: **es nula y punible cualquier acción o ejercicio de un derecho que promueva una idea o resulte en una acción contraria al régimen imperante.** Pensar diferente es un delito, y naturalmente intentar actuar diferente también lo es. Castro alegó el principio de la resistencia adecuada cuando se le juzgó. Sin embargo, para su régimen sólo ha existido el principio de la **'sumisión adecuada'**.

10- Suspensión de garantías.

Constitución de 1901

> **Artículo 40.**-"Las garantías establecidas en los Artículos decimoquinto, decimosexto, decimoséptimo, decimonono, vigésimo segundo, vigésimo tercero, vigésimo cuarto y vigésimo séptimo de la Sección primera de este Título, no podrán suspenderse en toda la República ni en parte de ella sino temporalmente y cuando lo exija la seguridad del Estado, en caso de invasión del territorio o de grave perturbación del orden que amenace la paz pública".
>
> **Artículo 41.**- "El territorio en que fueren suspendidas las garantías que se determinan en el Artículo anterior se regirá durante la suspensión, por la Ley de Orden Público, dictada de antemano. Pero ni en dicha ley, ni en otra alguna, podrá disponerse la suspensión de más garantías que las ya mencionadas. Tampoco podrá hacerse, durante la suspensión, declaración de nuevos delitos, ni imponerse otras penas que las establecidas en las leyes vigentes al decretarse la suspensión. Queda prohibido al Poder Ejecutivo el extrañamiento o la deportación de los ciudadanos, sin que pueda desterrarlos a más de ciento veinte kilómetros de su domicilio, ni detenerlos por más de diez días sin hacer entrega de ellos a la autoridad judicial; ni repetir la detención durante el tiempo de la suspensión de garantías. Los detenidos no podrán serlo sino en departamentos especiales de los establecimientos públicos, destinados a la detención de procesados por causa de delitos comunes".
>
> **Artículo 42.**- "La suspensión de las garantías de que se trata en el Artículo cuadragésimo, sólo podrá dictarse por medio de una ley o, cuando no estuviere reunido el Congreso, por un decreto del Presidente de la República, pero éste no podrá decretar la suspensión más de una vez durante el periodo comprendido entre dos legislaturas, ni por tiempo indefinido, ni mayor de treinta días, sin

convocar al Congreso en el mismo decreto de suspensión. En todo caso deberá darle cuenta para que resuelva lo que estime procedente".

Constitución del 40

Art. 41- "Las garantías constitucionales de los derechos reconocidos en los artículos veintiséis, veintisiete, veintiocho, veintinueve, treinta (párrafos primero y segundo), treinta y dos, treinta y tres, treinta y seis, y treinta siete (párrafo primero) de esta Constitución podrán suspenderse, en todo o en parte del territorio nacional, por un período no mayor de cuarenta y cinco días naturales, cuando lo exija la seguridad del Estado, o en caso de guerra o invasión del territorio nacional, grave alteración del orden u otros que perturben hondamente la tranquilidad pública. La suspensión de las garantías constitucionales sólo podrá dictarse mediante una Ley especial acordada por el Congreso, o mediante Decreto del Poder Ejecutivo; pero en este último caso en el mismo Decreto de suspensión se convocará al Congreso para que, dentro de un plazo de cuarenta y ocho horas y reunido en un solo Cuerpo, ratifique o no la suspensión, en votación nominal y por mayoría de votos. En el caso de que el Congreso así reunido vetase en contra de la suspensión, las garantías quedarán automáticamente restablecidas".

Art. 42- "El Territorio en que fueron suspendidas las garantías a que se refiere el artículo anterior se regirá por la Ley de Orden Público dictada con anterioridad; pero ni en dicha Ley ni en otra alguna podrá disponer la suspensión de más garantías que las mencionadas.

Tampoco podrá hacerse declaración de nuevos delitos ni imponerse otras penas que las establecidas por la Ley al disponerse la suspensión.

Los detenidos por los motivos que hayan determinado la suspensión deberán ser recluidos en lugares especiales destinados a los procesados o penados por delitos políticos o sociales.

> **Queda prohibida al Poder Ejecutivo la detención de persona alguna por más de diez días sin hacer entrega de ella a la autoridad judicial".**

Es un precepto común a las constituciones que en nuestro caso ha sido usado y abusado. Tras una dictadura hay que andar a paso de plomo en este asunto. La redacción del artículo 41 de la Constitución del 40, **"cuando lo exija la seguridad del Estado, o en caso de guerra o invasión del territorio nacional, grave alteración del orden u otros que perturben hondamente la tranquilidad pública",** es demasiado amplia e imprecisa y se presta a interpretaciones que pueden ser dañinas.

Aunque el congreso debe ratificar por ley el decreto del ejecutivo, en caso de que domine ambas cámaras, o compre su adhesión, un ejecutivo autoritario pudiera fácilmente escudarse en formulaciones tan amplias como **grave alteración del orden u 'otros'. ¿Qué son otros?**

La redacción de la Constitución del 40 no mejora la de 1901 y en algunos casos es inferior. Es un asunto a considerar con detenimiento.

Capítulo VII

Familia y Educación

Es significativo que cuanto más fuerte es la familia en el momento de dictarse las constituciones menos dicen. La de 1901 no creyó necesario hablar de la familia. Sólo debido a la gran unidad familiar que existió entonces pudo Cuba superar la reconcentración y la devastación de la guerra del 95. Para aquella sociedad declaraciones de ese tenor eran una redundancia cuando no una intromisión.

I- Sin familia no hay nación.

II- Problemas futuros.

III- ¿Qué hacer?

IV- Preceptos constitucionales sobre la familia.

V- Educación.

⇥⇤

I- Sin familia no hay nación.

Todo lo dicho sobre moral ciudadana y derechos del individuo cae en saco roto si no hay familias que críen buenos ciudadanos. Ellos son el futuro y el ciudadano responsable se preocupa de que sus hijos puedan serlo.

El estado de la familia en Cuba es un tema imposible de soslayar si esperamos que nuestra patria renazca como nación. Ha sufrido mucho al igual que su antecedente soviético. Desde su inicio la Rusia soviética atacó a fondo la familia, célula social básica, ya que una vez controlada por el estado facilitaba su designio de obtener un poder absoluto. El método utilizado fue ridiculizar el modelo familiar que llamaron 'patriarcal.' Para el marxismo, la familia tradicional era tan sólo un 'pretexto' para someter a la mujer. Lo correcto era la emancipación y el amor libre. De los hijos se encargaba el estado que prometía proveer guarderías infantiles y pagar los gastos de educación. El verdadero propósito: Un método de hacerse de materia prima es decir, niños para adoctrinar. Como usualmente no se consigue el control absoluto sobre el niño, porque el amor maternal es invencible, se fuerza la separación familiar a través del internado obligatorio en escuelas estatales y grupos juveniles.

Resultados: Destrucción de la familia y debilitamiento de la sociedad. Rusia hoy en día es un país en proceso de liquidación demográfica. El 22 de febrero de 2006 el Ministro de Salud Mikhail Zurabov, informó a la Duma que entre el 1993 y el 2005 Rusia perdió 5.8 millones de habitantes o sea el 4% de su población.[1] En el 2005 perdió 735,000 habitantes. A este ritmo la población de Rusia bajaría de 143 millones de habitantes a 120 millones en el 2050.

Causas inmediatas: Baja tasa de natalidad de 1.3 nacimientos por mujer cuando se necesitan 2.1 para mantener la población. Alta tasa de abortos reflejada en los datos oficiales: 1.7 millones en el 2002 equivalente a 120 por cada 100 nacimientos, y en el 2004, 1.6 millones de abortos contra 1.5 millones de nacimientos. En el 2003 la BBC reportó 130 abortos por cada 100 nacimientos. Esto representa una 'mejoría' pues la estadística oficial en 1988 fue de 4.6 millones o 2 por cada nacimiento. [2]

---

[1] Radio Free Europe Radio Liberty. "Russia Health Ministry Considers Solutions to Population Decline" by Victor Yasmann.

[2] According to the *American Enterprise Institute* demographer Nicholas Eberstadt's article *("Russia: The Sick Man of Europe")* from the Winter 2005 issue of *The Public Interest*.

En Rusia la tasa de mortalidad por 1000 habitantes es 16. En Europa es 5. En Estados Unidos 6.5. Según Zurabov 45,000 rusos murieron por suicidio y 36,000 por envenenamiento con alcohol.

Los efectos sobre la mujer han sido desastrosos. Algunos estimados extraoficiales dan una tasa de infertilidad por pareja del 13%, el doble que en los Estados Unidos. Según otros llega al 30%. Es posible, pues se calcula que las mujeres rusas en promedio tienen más abortos que nacimientos en su vida fértil y se sabe que el efecto traumático del aborto decrece la fertilidad. El divorcio en el 2001 fue del 75% de los matrimonios y los hijos nacidos fuera del matrimonio el 29%. El gobierno ruso ahora ofrece subsidios por cada hijo y una región ha instituido el 'día de la concepción' ofreciendo premios a las mujeres que den a luz nueve meses después.

Son tonterías propagandísticas pues tener un hijo es mucho más que un subsidio o un premio. **Es una declaración de esperanza en un futuro mejor.**

Las terribles estadísticas rusas se reproducen en Cuba. Según datos de la Oficina Nacional de Estadísticas la población de 11 millones 243 mil 836 habitantes al finalizar el año 2005, bajó a 11 millones 240 mil al finalizar 2006.[3] En el 2007 se reproduce el fenómeno y la población baja en 1,900 habitantes. La fecundación en la edad óptima, entre los 20 y los 29 años, es muy baja. En Cuba nacen más varones que hembras. El censo de 2002 registró que las personas de más de 60 años son el 14.7% del total de la población. Para el 2005 el indicador es del 15.3%. El éxodo de jóvenes en su mayoría (entre 1999 y 2004 el saldo migratorio externo fue de 188,678 personas) hace que la cifra tienda al alza[4].

En cuanto al divorcio Cuba tiene cifras similares a las rusas. Según el Anuario Estadístico de Cuba, en 1998 se efectuaron en la isla 64.900 matrimonios y 39.798 divorcios (61%). De esas separaciones, 20.470 se realizaron antes de los 10 años de convivencia.

El tema del aborto en Cuba precisa ser resaltado porque es la causa directa del problema poblacional. Para el autor el aborto es repudiable moralmente en todos los casos y en todas las etapas del desarrollo fetal, porque en algún momento todos fuimos embriones y siguiendo

---

[3] La Habana, Febrero 15, 2007 Cubanet.
[4] "Censo Demorado y Contradictorio" Oscar Espinosa Chepe. Diciembre 29, 2005 Cubanet.

instrucciones contenidas en nuestro DNA llegamos a ser personas simple y sencillamente porque nos dejaron en paz en el seno materno. 'Interrumpir' el embarazo es impedir el desarrollo de una vida terminando con ella.

Lo anterior es mi convencimiento personal. No obstante, tras casi 50 años de formación marxista y de aborto por la libre es obvio que la sensibilidad moral de nuestro pueblo ha decrecido en cuanto a este asunto. Muchos opinan de forma diferente a mi convicción. Por lo tanto, no enfocaremos el tema moralmente sino tan sólo socialmente analizando lo que conviene o perjudica a una sociedad porque en definitiva la moral cuando llega a la ley bien por estímulo o por pena es porque se estima necesario que así sea para preservar el cuerpo social. Matar está penado porque ese delito atenta contra la preservación del cuerpo social. Estimular los nacimientos con subsidios creados por ley obedece al mismo propósito, preservar.

Lo cierto es que la máxima de la Madre Teresa de que 'una sociedad que mata a sus hijos no puede sobrevivir' es una verdad como un puño.

Provendrá de una religiosa pero su contenido es social. Sin juventud no hay brazos para el trabajo, no hay consumo, no hay progreso económico, no hay alegría, no hay ilusiones, no hay esperanza, no hay hijos. El aborto es antisocial. No debe ser cuestión rutinaria que se convierta en una especie de método absurdo de anticoncepción post-facto. En Cuba ha hecho terribles estragos. Las estadísticas muestran que entre 1968 y 1992 se realizaron 2.9 millones de abortos, y de 1993 a 1997 se llevaron a cabo 424,214 abortos. En treinta años se han practicado más de tres millones de abortos. Y si a ésto añadimos un número anual similar resultaría que para fines del 2007 andaríamos rondando los cuatro millones.[5] Y ello sin contar los legrados que son abortos prematuros. Por ello no hay que asombrarse del descenso en la población. Si no cambiamos, Cuba puede convertirse en un país que tenga que importar trabajadores.

II- Problemas futuros

Lo anterior es el pasado, miremos a un futuro sin marxismo. El problema demográfico es muy serio, no va a desaparecer rápidamente

---

[5] Publicado el sábado, 23 de septiembre de 2000 en El Nuevo Herald. *"Más de 3 Millones de Abortos en 30 Años"* Claudia Marquez. Cubanet.

y hay que encararlo. Solamente ahora que por primera vez decreció la población ha merecido atención.

Desafortunadamente el marxismo no es la única ideología que atenta contra la familia. Ha generado émulos en el occidente que sufre el mismo problema de baja natalidad y descenso de población. Usando el pretexto de la justa equiparación femenina, el feminismo **radical (que no es lo mismo que el movimiento de equiparación femenina)** ha adoptado la ideología marxista de la lucha de clases y definió la relación hombre y mujer como una relación dialéctica más, de enemistad y/o rivalidad en vez de complementariedad en la que cada uno necesita del otro para llegar a ser lo que totalmente debe ser. Según la falacia importada del marxismo, la mujer, para ser igual debe constituirse en antagonista del hombre y para ser absolutamente igual debe tener libertad sexual, es decir poder ser tan irresponsable como un hombre irresponsable y recurrir al aborto como medio de evitar las consecuencias de su conducta.

Ya que se usa como pretexto vale hacer una pequeña digresión sobre el origen de la antigua y hace tiempo desaparecida, desigualdad femenina ante la ley. Es cierto que existía disparidad y que debía ser remediada. La desigualdad ante la ley tuvo su antecedente en el derecho romano clásico que hacía de la mujer una especie de hija privilegiada del hombre. El pater familias era teóricamente dueño de vidas y haciendas aunque en el recinto familiar la madre era la autoridad máxima e indiscutible. Fue un modelo creado para una sociedad donde la familia, el clan, y la tribu eran muy importantes para votar, comprar y vender, casarse, heredar e ir a la guerra; y donde era necesario tener una autoridad bien definida que mantuviese a raya familias extensas y a los miembros que pudiesen ser díscolos e hiciesen peligrar el conjunto. En este sentido debe apuntarse que aun los hijos varones tenían facultades muy disminuidas frente al pater familias que hasta podía ordenar su muerte. El enfoque no era sexista sino más bien de autoridad vertical de estilo parecido al militar. Este modelo rígido fue diluyéndose con el tiempo y a la caída del imperio la autoridad del pater familias había disminuido sustancialmente.

Caído el imperio y transcurrida la edad media el mundo occidental heredó estos conceptos aunque los mitigó por influencia del cristianismo, el matrimonio monógamo de por vida y el concepto del matrimonio como sociedad, donde el mutuo auxilio de los cónyuges era nota esencial durante la crianza de los hijos y particularmente pasada ésta. Además, el concepto cristiano de que todos los hombres son hermanos e iguales ante Dios lentamente permeó la legislación y fue el antecedente filosófico del principio de igualdad.

El desenvolvimiento del principio de **igualdad ante la ley** planteó con todo rigor el absurdo de considerar a la mujer con menos derechos que el hombre y generó el movimiento de equiparación femenina. Era tan justo que resultó apoyado por todos los juristas sensatos y hombres de buena fe. En definitiva un buen padre quiere lo mejor para sus hijas y para la madre de éstas. Se logró la igualdad en el sufragio, en el trabajo, en el salario, en los cargos públicos, etc. ya que bajo el principio democrático esencial, la igualdad ante la ley, nada diferente era ni lógico ni aceptable.

En Cuba la equiparación de la mujer antecedió a la revolución castrista en décadas tanto por precepto constitucional como por legislación. Por ello el castrismo aunque usó los lemas soviéticos sobre emancipación procuró el control de la familia a través de la educación y los vergonzosos expedientes acumulativos que debían reflejar la actitud política no sólo del estudiante sino también la de la familia.

Si reflexionamos, veremos que la ideología marxista y su émulo, el feminismo **radical,** promueve una nueva esclavitud cuando se aplica a la madre. La mujer supuestamente 'liberada' queda en desventaja pues de ser soltera tiene que afrontar el aborto repetitivo o el embarazo y lidiar con el amante irresponsable que en hartas ocasiones se lava las manos pues no le 'consta' su paternidad. Hoy en día se puede probar con certidumbre, pero la irresponsabilidad se mantiene porque en definitiva el amor libre no implica compromiso de vida común sino placer pasajero. Si es casada la situación es tan sólo marginalmente mejor. En el sistema descrito el matrimonio queda relegado a una especie de tregua entre los sexos. En Cuba el divorcio es fácil. Si es por consenso mutuo basta declararlo ante notario. No es pues de extrañar que en 1999 hubo 69.9% divorcios por cada 100 matrimonios. El hombre puede abandonar la familia, casarse con otra más joven y sólo estar obligado a una mísera pensión. No alcanza para nada y pone a la mujer y a su prole en manos del estado.

En resumen, una verdadera ratonera existencial que explota las debilidades humanas: machismo e irresponsabilidad masculina, sentimiento de engaño con desilusión femenina. Recurso al aborto repetitivo y traumático como método de procurar la igualdad en la irresponsabilidad. Mujeres traumadas y un país envejecido con una tasa de natalidad que no cubre el crecimiento vegetativo necesario para mantener la población.

Hay otra consecuencia no mostrada por la estadística. Cuando dos seres humanos, hombre y mujer, están heridos en su intimidad y preocupados, son más susceptibles de manipulación. Mantener a la gente entretenida con la sexualidad como único escape del totalitarismo es bueno para el despotismo. Los enredos que crea el divorcio fácil también lo son. La gente envuelta en el remolino de sus emociones no piensa en política. La familia queda destrozada por la promiscuidad, los celos y los divorcios, con las consecuencias obvias para los hijos. Es presa fácil para el estado totalitario pues cuando hay muchos hijos sin padre, el estado promete serlo y capta la adhesión de quien no tiene otras alternativas.

Se produce así un fenómeno circular. El estado totalitario destroza la familia para controlar. Desaparecido el estado totalitario la familia destrozada abre la puerta a una nueva versión de ese estado porque se generan relaciones de dependencia. Lo que dijimos al principio de que **no hay libertad sin virtud ciudadana** no es una 'mojigatería' amigo lector, es una verdad demostrada por la experiencia.

No para aquí el entuerto. La familia no sufre tan sólo embates del marxismo dialéctico. Hoy enfrentamos una falacia nueva, más siniestra y radical. El aspecto biológico del sexo con que nacemos se minimiza. Lo importante, nos dicen, es el 'género', que es una condición puramente 'cultural' y por tanto mudable. Quiere decir que una mujer puede ser muy 'viril' y un hombre muy 'femenino'. Todo es cuestión de educación y condicionamiento. Por ello una familia con dos miembros de diferente sexo no es necesaria, sólo es necesario que tengan 'género' diferente. Y de ahí pasamos a la justificación del 'matrimonio' homosexual y a la equiparación de todas las conductas con respecto a la familia.

En una sociedad libre cada cual puede manejar su intimidad personal en el recinto de su casa como mejor le parezca siempre que respete la ley y no entre en conductas delictivas como por ejemplo relaciones con menores. Puede asimismo, usar su tiempo libre, manejar su patrimonio según su criterio y compartirlo con quien desee sin ser discriminado en su trabajo, perseguido o atacado. Es asunto particular. No obstante el que a otros parezca inmoral o inconveniente una conducta particular es también asunto del que la juzga y tiene derecho a opinar y exponer su punto de vista contrario, como se debe hacer, respetuosa y civilizadamente.

Se impone un respeto mutuo y el respeto a las minorías que conlleva una sociedad democrática. Pero una minoría no puede imponer **gustos personales** a la sociedad transformando cada gusto y conducta particular en un 'derecho' a difundir sus gustos en las escuelas o medios de comunicación social particularmente si ello no resulta en beneficio sino en perjuicio social.

La equiparación de todas las conductas con respecto a la familia es perjudicial e ilógica. Explicamos que una nota esencial de la sociedad es que tiende a conservar la especie. El matrimonio homosexual es estéril por definición si es entre hombres. Si es entre mujeres toma una dimensión orwelliana si una se hace inseminar y priva a sus hijos de un padre al que sólo se le conocería como el donante X.

El efecto sobre los niños que adoptarían las parejas homosexuales se soslaya. Que vivan con su 'diferencia' sería una mera cuestión 'cultural.' Intentar enseñar lo contrario en las escuelas para así crear aceptación de dicha conducta es una grave violación del derecho de los padres a dirigir la educación de sus hijos particularmente la moral.

No nos extrañaría que en la Cuba futura algunos intenten justificar el matrimonio homosexual como cuestión 'progresista' y no como un ataque muy peligroso a la familia que corroe la fibra de la nación. Esta falacia no la inventó el marxismo. Surgió del mundo occidental y podemos prever que será exportada a Cuba junto al feminismo radical.

A fin de cuentas hay material para radicalizar. Muchas mujeres en Cuba están justamente resentidas de su condición de objeto sexual y el feminismo radical les propone el desquite. Los homosexuales injustamente perseguidos por su condición, también pudieran reaccionar pidiendo, en vez de respeto a las garantías individuales establecidas bajo la constitución, (como tienen perfecto derecho), nuevos 'derechos', tales como el derecho al matrimonio civil y a la adopción. La ideología de la lucha de clases que se ha vendido en Cuba por casi cinco décadas, está presente para ser explotada.

La Constitución del 40 supuso que el matrimonio era entre hombre y mujer y no lo especificó. La castrista en su Artículo 36 lo hizo y dice: "El matrimonio es la unión voluntariamente concertada de un hombre y una mujer con aptitud legal para ello, a fin de hacer vida en común". No sabemos por que creyó necesario especificar pero al menos en eso acertó. Dios escribe derecho con renglones torcidos.

III- ¿Qué hacer?

Las siguientes posibilidades son temas de legislación y no de constitución.

Hay varios remedios para empezar (empezar, porque ésto es largo) a salir del atolladero moral y social:

A) Dar valor y estimular con beneficios fiscales y subsidios al matrimonio entre hombre y mujer que genere una relación familiar estable. Esto es más sano que simplemente premiar la fecundidad, como se hace en Rusia, porque no somos animales de cría.

B) Subsidiar a la familia que tenga varios hijos y un sólo sueldo. Sería enfocado a la madre que se queda en casa y a los hijos en adición a los subsidios al matrimonio estable. Procede, porque el cuidado de los hijos a cargo de una madre que se dedique tiempo completo a ello, se optimiza en esa relación. Está probado que en estos casos existe menos delincuencia y vagancia infantil con el correspondiente ahorro de gastos al estado. El divorcio eliminaría el subsidio al matrimonio pero no a los hijos.

C) Estimular con beneficios fiscales a la industria casera que permita a la madre ayudar a la economía doméstica y estar más cerca de los hijos. Hoy en día hay muchas ocupaciones gananciosas que pueden efectuarse desde el domicilio. Beneficios fiscales consistentes en bajos impuestos o exención de ellos pueden darse a la empresa familiar.

D) Tratar en forma diferente la separación de las parejas con hijos. El divorcio no debe de ser asunto rayano en lo irresponsable por lo fácil. Se perjudica a terceros inocentes. Por ello en muchos países se intenta la reconciliación, y se da un período de tiempo antes de acceder a romper el vínculo. Este sistema va expandiéndose pues aunque no prospere la reconciliación la demora fuerza a entender que se toma un paso grave que implica una responsabilidad futura y por ello se planea mejor.

E) Crear una jurisdicción especial de tribunales familiares. Es imprescindible pues los problemas son enormes.

F) Apoyar a la mujer soltera o divorciada que se sacrifica, cría a sus hijos y los saca adelante. Ello implica pensiones alimenticias justas y no simbólicas, ajustables con la inflación y el ingreso del cónyuge divorciado si mejora, y no pensiones irrisorias. Igualmente debe procederse en caso de que se pruebe la paternidad aunque la relación haya sido pasajera.

G) El salario del cónyuge que no reside con los hijos debería sufrir una retención en la fuente para pagar la pensión que corresponda.

H) En los casos de conductas antisociales de menores hay que implicar a los padres, responsabilizarlos si su conducta es negligente, y aplicar severamente el principio de responder pecuniariamente por los daños y perjuicios causados por los menores a su cargo. La irresponsabilidad o negligencia tiene un costo social en niños sin hogar o niños que resienten su situación, a menudo crecen desajustados y con frecuencia acaban mal. La correlación entre el divorcio y/o la ilegitimidad con abandono o descuido de los hijos, y la delincuencia juvenil está probada. Esos costos pertenecen al negligente y no a la sociedad.

I) Resaltar socialmente el valor inestimable del trabajo femenino en el hogar cuando la madre escoge ese camino como el mejor para su familia. Es preciso enaltecerlo y no disminuirlo como hace hoy el feminismo radical. La decisión de la madre de que lo mejor que puede dar de sí es lograr que sus hijos sean todo lo que pueden ser, y su esfuerzo para conseguirlo es un don insustituible. Su capacidad de amor y fortaleza en la adversidad ha sido demostrada a lo largo de nuestra historia pasada y presente. La mujer que escoja dedicar su tiempo al hogar no debe de ser ridiculizada ni disminuida sino alabada en su sacrificio. Es la razón mejor para justificar el subsidio a la familia estable que procrea y educa.

Realmente es profundamente injusto y absurdo no hacerlo. El padre Varela nos recordó: "El primer maestro del hombre es la mujer". Y aquí debe entenderse hombre en su sentido etimológico: humanidad. Por eso es que los cubanos siempre quisieron educar a sus hijas a fin de que tuviesen una gama de opciones. Una madre culta es el mejor profesor de sus hijos. Para potenciar la familia hay que volver a valorar la maternidad en la forma que siempre se acostumbró en Cuba. Esto hace que los hombres busquen como compañera a la madre de sus hijos y ello genera respeto hacia la mujer.

Una mujer educada en una profesión se puede dedicar exclusivamente a ello si es lo que escoge hacer. Muchas lo hacen. Es una opción perfectamente válida. No obstante, si la mujer desea ser madre y precisa trabajar para ayudar al hogar, entonces hay que facilitarle el ser madre y trabajadora y no penalizarla en cuanto a salario ni oportunidades.

No hay que ir a extremismos. Debe respetarse una gama de opciones. Escoger donar todo el tiempo al ejercicio de una profesión, trabajar y ser madre, ser madre exclusivamente, todo es válido y corresponde a cada cual determinar lo que le conviene

Verdad ineludible: Sin una familia sana no hay ciudadanos. Sólo existe una masa informe en que el egoísmo es la moneda de cambio. Esas sociedades fracasan o son absorbidas, y/o explotadas por otras más fuertes.

IV- Preceptos constitucionales sobre la familia.

Casi todas las constituciones modernas contienen artículos encaminados a proteger la familia. Que resuelvan algo o que sean útiles estas declaraciones, casi siempre altisonantes, es debatible. Decir que la familia, la maternidad y el matrimonio tienen la protección del Estado no es gran cosa porque en realidad es tema de legislación civil detallada acompañada de *instituciones viables* para que se logre algo constructivo. Es significativo que cuanto más fuerte es la familia en el momento de dictarse las constituciones menos dicen. **La de 1901 no creyó preciso hablar de la familia.** Es que sólo debido a la gran unidad familiar que existía entonces pudo Cuba superar la reconcentración y la devastación de la guerra del 95. Para aquella sociedad declaraciones de ese tenor eran una redundancia cuando no una intromisión.

La castrista dice: **Art. 35-** "El Estado protege a la familia, la maternidad y el matrimonio. El Estado reconoce en la familia la célula fundamental de la sociedad y le atribuye responsabilidades y funciones esenciales en la educación y formación de las nuevas generaciones".

La del 40 dice: **Art. 43**- "La familia, la maternidad y el matrimonio tienen la protección del Estado. El matrimonio es el fundamento legal de la familia y descansa en la igualdad absoluta de derechos para ambos cónyuges; de acuerdo con este principio se organizará su régimen económico. La mujer casada disfruta de la plenitud de la capacidad civil, sin que necesite de licencia o autorización marital para regir sus bienes, ejercer libremente el comercio, la industria, profesión oficio o arte y disponer del producto de su trabajo".

En principio no hay nada que objetar a ambas formulaciones. La del 40 insiste en la igualdad porque la antigua legislación civil española reflejaba el aún más antiguo derecho romano. Explicamos que ésto está superado. Pero lo importante no está en declarar sino en ejecutar y en crear un sistema coherente con lo declarado.

Pensiones alimenticias.

La Constitución del 40 **(Art. 43)** establecía que **"Las pensiones por alimentos a favor de la mujer y de los hijos gozarán de preferencia respecto a cualquier obligación y no podrá oponerse a esa preferencia la condición de inembargable de ningún sueldo, pensión o ingreso económico de cualquier clase que sea."**

Más adelante decía:

> **"Salvo que la mujer tuviera medios justificados de subsistencia *o fuere declarada culpable*, se fijará en su beneficio una pensión proporcionada a la posición económica del marido y teniendo en cuenta a la vez las necesidades de la vida social. Esta pensión será pagada y garantizada por el marido divorciado y subsistirá hasta que su ex-cónyuge contrajera nuevo matrimonio, sin perjuicio de la pensión que se fijará a cada hijo, la cual deberá ser también garantizada. La Ley impondrá adecuadas sanciones a los que en caso de divorcio, de separación o cualquiera otra circunstancia, traten de burlar o eludir esa responsabilidad".**

No es mal precepto en cuanto a la preferencia e inembargabilidad, pero es insuficiente. Habría cosas que añadir y que restar. La excepción por culpabilidad, que existía en la antigua legislación sobre el divorcio, debe suprimirse porque sólo acarrea conflictos que se traspasan a los hijos bien en resentimientos o económicamente. El ajuste por inflación no está contemplado y al hablar de la posición económica del marido se insinúa tal vez que deba ajustarse periódicamente, pero no se define. Es el problema de intentar escribir leyes al dictar constituciones.

Dado el problema familiar existente en la Cuba de hoy es impráctico intentar manejarlo constitucionalmente. Habría que decir poco y bueno, e ir a un sistema de legislación civil bien estructurado con tribunales familiares e instituciones de apoyo y ayuda. En ellas debe darse cabida a la iniciativa privada incluyendo las instituciones religiosas que tienen experiencia con estos problemas.

Otros Asuntos.

La constitución castrista en su **Art. 37** declara abolida toda calificación sobre la naturaleza de la filiación.

> **Artículo 37.-** "Todos los hijos tienen iguales derechos, sean habidos dentro o fuera del matrimonio. Está abolida toda calificación sobre la naturaleza de la filiación. No se consignará declaración alguna diferenciando los nacimientos, ni sobre el estado civil de los padres en las actas de inscripción de los hijos, ni en ningún otro documento que haga referencia a la filiación. El Estado garantiza mediante los procedimientos legales adecuados la determinación y el reconocimiento de la paternidad".

La del 40 no dice nada. ¿Por qué?

Es asunto que se había superado en la república por legislación al efecto de modo que los documentos oficiales no reflejasen calificación como se hacía durante la colonia. Es tema de ley y no de constitución porque no hay presión social para hacer lo contrario y elevar a precepto constitucional dicha protección. Por otra parte, es correcto decir que todos los hijos tienen iguales derechos en cuanto a alimentos y ayuda para la educación pero afirmarlos a rajatabla como hace el Art. 37 en todo caso, no se compadece con la realidad. En cuanto a vivienda los hijos de matrimonios divorciados, o habidos fuera de matrimonio no conviven usualmente bajo un mismo techo ni los ex esposos tampoco. Si sucede es por miseria y no por conveniencia.

Divorcio, Alimentos, Herencia.

Constitución del 40

Art.43- "El matrimonio puede disolverse por acuerdo de los cónyuges o a petición de cualquiera de los dos, por las causas y en la forma establecida por la ley.

Los Tribunales determinarán los casos en que por razón de equidad la unión entre personas con capacidad legal para contraer matrimonio será equiparada, por su estabilidad y singularidad, al matrimonio civil".

Art.44- "Los padres están obligados a alimentar, asistir, educar e instruir a sus hijos, y éstos a respetar y asistir a sus padres. La Ley asegurará el cumplimiento de estos deberes con garantías y sanciones adecuadas".

Art.45- "El régimen fiscal, los seguros y la asistencia social se aplicarán de acuerdo con las normas de protección a la familia establecidas en esta Constitución. La niñez y la juventud estarán protegidas contra la explotación y el abandono moral y material. El Estado, La Provincia y el Municipio organizarán instituciones adecuadas al efecto".

Art.46- "Dentro de las restricciones señaladas en esta Constitución, el cubano tendrá libertad de testar sobre la mitad de la herencia".

Son preceptos típicos de la legislación civil. Incluirlos en la constitución no procede. En cuanto a la herencia, la Constitución del 40 daba libertad sobre la mitad. La haríamos absolutamente libre. La equiparación al matrimonio civil de una unión consensual prolongada (matrimonio natural) es también objeto de la legislación civil. En estos casos simplemente la ley declara que un hecho prolongado es lo que es. Corresponde a los tribunales declarar la existencia del hecho.

V- Educación.

De más está decir que éste es asunto vital y tema neurálgico en una república. Nota principal: Las Constituciones de 1901 y 1940 establecían **que la enseñanza, la investigación científica, la publicación de resultados, y el establecer instituciones dedicadas a la enseñanza eran *actividades libres*.** Las instituciones de enseñanza, sólo estarían sujetas a la inspección del estado, lo cual es un requisito razonable a fin de mantener la calidad.

Se trata de un principio cardinal en una sociedad libre. El monopolio en la enseñanza sólo genera ineficiencia como todos los monopolios. En el caso de un estado totalitario es un medio más de control a través del adoctrinamiento. La libertad se basa en poder acceder a diversas ideas y comparar.

Un ejercicio útil para las generaciones criadas bajo el castrismo es comparar las restricciones castristas que han sufrido con los principios liberales de las Constituciones de 1901 y 1940. Podrán observar que reflejan gran preocupación por la educación, su calidad y la libertad de impartirla.

En efecto, en 1959 Cuba era un país con educación avanzada y un bajo índice de analfabetismo Según el censo de 1953, el analfabetismo era del 16% comparado con el 90% al terminar la guerra de independencia. Probablemente en el 1959 se acercaba al 10%. La población era joven. El 42% estaba comprendido entre 20 y 50 años de edad según el mismo censo.

Los maestros tenían derechos y deberes de funcionarios públicos y estaban amparados por la ley del servicio civil. Las escuelas normales eran de primera calidad. Se ordenaba que: *"El Presupuesto del Ministerio de Educación no será inferior al ordinario de ningún otro Ministerio"*. La enseñanza era gratuita en primaria y secundaria admitiéndose una cuota de cooperación para la enseñanza preuniversitaria lo cual nos parece acertado pues el que paga exige y se fija en que dicha educación sea de calidad.

Existían escuelas de adultos, escuelas vocacionales, y se permitían universidades privadas así como escuelas privadas que podían dar instrucción religiosa si les parecía conveniente.

Y en fin se llamaba a enseñar *cubanidad, amor a la patria, a sus instituciones democráticas y a todos los que por una y otras lucharon*. Se trata de principios tan ajenos al castrismo como los de Yara:

> *"Al Dios de nuestras conciencias apelamos, y al fallo de las naciones civilizadas. Aspiramos a la soberanía popular y al sufragio universal. Queremos disfrutar de la libertad para*

cuyo uso creó Dios al hombre. Profesamos sinceramente el dogma de la fraternidad, de la tolerancia y de la justicia, y considerando iguales a todos los hombres, a ninguno excluimos de sus beneficios; ni aun a los españoles, si están dispuestos a vivir en paz con nosotros".

A continuación facilitamos al lector los preceptos constitucionales que informaron nuestra tradición, seguidos de nuestros comentarios. Lo resaltado en cursiva es nuestro. La Constitución del 40 es tal vez demasiado prolija pero al lector cubano le conviene leer todo lo que se dijo porque así puede formarse una idea cabal de nuestro pasado.

Constitución de 1901

Artículo 31.- "La enseñanza primaria es obligatoria, y así ésta como la de artes y oficios serán gratuitas. Ambas estarán a cargo del Estado, mientras no puedan sostenerlas respectivamente, por carecer de recursos suficientes, los Municipios y las Provincias. La segunda enseñanza y la superior estarán a cargo del Estado. No obstante, *toda persona podrá aprender o enseñar libremente cualquier ciencia, arte, o profesión y fundar y sostener establecimientos de educación y enseñanza*; pero corresponde al Estado la determinación de las profesiones en que exija títulos especiales, la de las condiciones para su ejercicio o la de los requisitos necesarios para obtener los títulos, y la expedición de los mismos, de conformidad con lo que establezcan las leyes".

Excelente artículo que dice lo necesario: Libertad de educación y legislación sobre requisitos para obtener títulos, y ejercer las profesiones. Si la escuela no sirve el 'titulado' no calificará como profesional capacitado.

Constitución de 1940

Art.47- "La cultura, en todas sus manifestaciones, constituye un interés primordial del Estado, *son libres la investigación científica, la expresión artística y la publicación de sus resultados, así como la enseñanza,* sin perjuicio, en cuanto a ésta, de la inspección y reglamentación que al Estado corresponda y que la Ley establezca".

También excelente artículo.

Constitucion castrista.

Según el **Art. 37 c)** "[al estado corresponde] promover la educación patriótica y la *formación comunista de las nuevas generaciones* y la preparación de los niños, jóvenes y adultos para la vida social. Para realizar este principio se combinan la educación general y las especializadas de carácter científico, técnico o artístico, con el trabajo, la investigación para el desarrollo, la educación física, el deporte y la participación en actividades políticas, sociales y de preparación militar.

ch) Es libre la creación artística siempre que su *contenido no sea contrario a la Revolución.* **Las formas de expresión en el arte son libres".** (No cesan de contradecirse.)

Execrable y vergonzoso artículo. Con estas ideas el expediente acumulativo, el código de la niñez y la juventud, las escuelas en el campo, la discriminación en la educación por profesar ideas religiosas y el delito de oponer creencias religiosas a los objetivos de la educación son consecuencias inevitables de un monopolio abusivo que incluye hasta la preparación militar como asignatura.

Cuando se habla de educación hay que tener presente que si se abusa de la condición de educador prohibiendo la comparación de ideas **no se educa para pensar sino para obedecer.** En ese caso se paga un precio muy alto por la educación: La libertad, y ella no tiene precio.

Otros preceptos. Constitución de 1940.

Art.48- "La instrucción primaria *es obligatoria para el menor en edad escolar*, y su dispensación lo será para el Estado, *sin perjuicio de la cooperación encomendada a la iniciativa municipal.* Tanto esta enseñanza como la pre-primaria y las vocacionales serán gratuitas cuando las imparta el Estado, la Provincia o el Municipio. Asimismo lo será el material docente necesario. Será gratuita la segunda enseñanza elemental y toda enseñanza superior que imparta el Estado o los Municipios, con exclusión de los estudios preuniversitarios especializados y los universitarios. En los Institutos creados o que se creasen en lo sucesivo con categoría de preuniversitarios, la Ley podrá mantener o establecer el pago de *una matricula módica de cooperación, que se destinará a las atenciones de cada establecimiento*. En cuanto le sea posible, la República ofrecerá becas para el disfrute de las enseñanzas oficiales no gratuitas a los jóvenes que habiendo acreditado vocación y aptitud sobresalientes, se vieren impedidos, por insuficiencia de recursos, de hacer tales estudios por su cuenta".

La idea de la cooperación municipal es buena. Cuanto más cerca esté la administración de los servicios, del pueblo que las recibe, mejor será la supervisión. Igualmente el pago de una matrícula módica es buena idea pues quien paga toma mayor interés en exigir que el servicio sea bueno.

Art.49- "El Estado mantendrá un sistema de *escuelas para adultos*, dedicadas particularmente a la eliminación y prevención del analfabetismo; escuelas rurales predominantemente prácticas, organizadas con vista de los intereses de las pequeñas comunidades agrícolas, marítimas o de cualquier clase y escuelas de artes y oficios y de técnica y agrícola, industrial y comercial, orientadas de modo que respondan a las necesidades de la economía nacional. *Todas estas enseñanzas serán gratuitas, y a su sostenimiento colaborarán las provincias y los Municipios en la medida de sus posibilidades".*

Art.50- "*El Estado sostendrá las escuelas normales* indispensables para la preparación técnica de los maestros encargados de la enseñanza primaria en las escuelas públicas. Ningún otro centro podrá expedir títulos de maestros primarios, con excepción de las Escuelas de Pedagogía de las Universidades. Lo anteriormente dispuesto no excluye el derecho de las escuelas creadas por la Ley para la expedición de títulos docentes en relación con las materias especiales objeto de sus enseñanzas. Estos títulos docentes de capacidad especial darán derecho a ocupar con toda preferencia las plazas vacantes o que se creen en las respectivas escuelas y especialidades. Para la enseñanza de la economía doméstica, corte y costura e industria para la mujer, deberá de poseerse el título de maestra de economía, artes, ciencias domésticas e industriales, expedido por la Escuela del Hogar'.

Art.51- 'La enseñanza pública se constituirá en forma orgánica de modo que exista una adecuada articulación y continuidad entre todos sus grados, incluyendo el superior. El sistema oficial proveerá al estimulo y desarrollo vocacionales, atendiendo a la multiplicidad de las profesiones y teniendo en cuenta las necesidades culturales y prácticas de la nación.

Toda enseñanza, pública o privada, estará inspirada en un espíritu de cubanidad y de solidaridad humana, tendiendo a formar en la conciencia de los educandos el amor a la patria, a sus instituciones democráticas y a todos los que por una y otras lucharon".

Art.52- "Toda enseñanza pública será dotada en los presupuestos del Estado, la Provincia o el Municipio y se hallará bajo la dirección técnica y administrativa del Ministerio de Educación, salvo aquellas enseñanzas que por su índole especial dependan de otros Ministerios. *El Presupuesto del Ministerio de Educación no será inferior al ordinario de ningún otro Ministerio, salvo caso de emergencia declarada por la Ley.* El sueldo mensual del maestro de instrucción primaria no deberá ser, en ningún caso, inferior a la millonésima parte del presupuesto total de la Nación.

El personal docente oficial tiene *los derechos y deberes de los funcionarios públicos*. La designación, ascensos, traslados y separación de los maestros y profesores públicos, inspectores, técnicos y demás funcionarios escolares se regulará de modo que en ello no influyan consideraciones ajenas a las estrictamente técnicas, sin perjuicio de la vigilancia sobre las condiciones morales que deban concurrir en tales funcionarios. Todos los cargos de dirección y supervisión de la enseñanza primaria oficial serán desempeñados por técnicos graduados de la Facultad universitaria correspondiente".

Como explicamos la condición de funcionario público daba acceso a la ley del servicio civil y a las protecciones en ella contenidas contra despido injusto, etc.

Art.53- *"La Universidad de La Habana es autónoma* y estará gobernada de acuerdo a sus estatutos y con la ley que los mismos deban anteponerse. El Estado contribuirá a crear el patrimonio universitario y al sostenimiento de dicha Universidad, consignando a este último fin en sus presupuestos nacionales, la cantidad que fije la Ley".

Art.54- "Podrán **crearse** *universidades oficiales o privadas y cualesquiera otras instituciones y centros de altos estudios.* La Ley determinará las condiciones que hayan de regularlos".

Todos los monopolios son malos. Peor aún es crear monopolios en la enseñanza superior. La diversidad de universidades estimula la investigación científica y el acceso a la docencia de maestros con diferentes puntos de vista. Un sistema exclusivo de universidades del estado es retrógrado por definición. La autonomía universitaria es condición básica de la libertad de enseñanza. Si una universidad depende exclusivamente, en su curriculum y selección de profesores, de lo que diga el estado entonces degenera en otro ministerio.

Art. 55- "La enseñanza oficial será laica. Los centros de enseñanza privada estarán sujetos a la reglamentación e inspección del Estado: *pero en todo caso conservarán el derecho de impartir, separadamente de la instrucción técnica, la educación religiosa que deseen".*

Se trata de respetar el derecho paterno de dirigir la educación de sus hijos. Si desean enseñanza religiosa integral pueden optar por ella. Estamos de acuerdo con el laicismo en la enseñanza oficial. No obstante si un número importante de alumnos de un plantel oficial solicitaran que se permitiesen usar las aulas una vez terminado el período de clases para que visitase un profesor de religión, no pagado por el estado sino voluntario, se ofrecería a los padres que no puedan pagar una escuela privada, la oportunidad de dar a sus hijos formación religiosa. Pensamos que ésto sería justo.

Art. 56- "En todos los centros docentes, públicos; o privados, la enseñanza de la Literatura, la Historia y la Geografía Cubana, y de la Cívica y de la Constitución, deberán ser impartidas por *maestros cubanos por nacimiento y mediante textos de autores que tengan esa misma condición".*

Art. 57- "Para ejercer la docencia se requiere *acreditar la capacidad* en la forma que la Ley disponga. La Ley determinará que profesiones, artes u oficios no docentes requieren títulos para su ejercicio, y la forma en que deben obtenerse. El Estado asegurará la *preferencia en la provincia de los servicios públicos a los ciudadanos preparados oficialmente para la respectiva especialidad".*

En ambos casos se intentaba crear puestos de trabajo para los profesionales cubanos. Hoy en día con la movilidad laboral que existe en el mundo, basada en la capacidad de las personas, este precepto suena bastante obsoleto pues si un extranjero quiere venir a trabajar y a enseñar y tiene algo que aportar en materia técnica que convenga aprender, ¿qué problema hay? No van a ser tantos.

> **Art. 58-** "El Estado regulará por medio de la Ley la conservación del tesoro cultural de la Nación, su riqueza artística e histórica, así como también protegerá especialmente los monumentos nacionales y lugares notables por su belleza natural o por su reconocido valor artístico o histórico".

> **Art. 59-** "Se creará un Consejo Nacional de Educación y Cultura que, presidido por el Ministerio de Educación, estará encargado de fomentar, orientar técnicamente o inspeccionar las actividades educativas, científicas y artísticas de la Nación. **Su opinión será oída por el Congreso en todo proyecto de ley que se relacione con materias de su competencia.** Los cargos del Consejo Nacional de Educación y Cultura serán honoríficos y gratuitos".

Es bueno que el congreso deba escuchar opiniones pero lo más importante no es que escuche al ministerio sino preferentemente a los padres que a su vez deben informar al ministerio y al congreso. El sistema de crear juntas de educación, es efectivo para crear vías de canalizar puntos de vista y mejorar la administración de las escuelas. Deben incluir a los padres y a los maestros. Hacer el acceso de los padres a dichos cargos por elección es buena idea. Se involucra así a la ciudadanía en un tema esencial y se crea diálogo entre el padre de familia electo y sus electores. Además el punto de vista del representante paterno cobra más importancia ante la junta.

En resumen, hemos hecho un recuento de principios y de historia. Es preciso saber que existía. Es preciso tener un rumbo hacia donde enfocar.

Capítulo VIII

El Trabajo

Se puede obtener producción con injusticia y fuerza como en la esclavitud, o con ideología, injusticia y fuerza como con el marxismo, o con injusticia y poder económico sin control como en el capitalismo de principios del siglo XIX. Lo que no se obtiene con esos métodos es productividad. Cuando hay justicia hay productividad.

I- **Introducción. Situándonos en el Siglo XXI.**

II- **Nuestros antecedentes legales y constitucionales.**

III- **El castrismo y el trabajo.**

IV- **El futuro.**

V- **Conclusión.**

→←

I- Introducción. Situándonos en el Siglo XXI.

Empecemos por lo básico. El ser humano nació para trabajar. Sin trabajo no hay riqueza ni se crea ahorro que es la base del capital. El trabajo es lo que hace útiles los recursos naturales. La imaginación y la destreza del trabajador o del que dirige la operación hacen que sea más o menos productivo. Cómo se distribuye el producto del trabajo, cómo se planea, quién manda y quién obedece, qué derechos y deberes tienen los trabajadores y su empleador son temas que se discuten no hace siglos, sino milenios.

Las opiniones propuestas y sutilezas son legión. Dentro de todo este bosque de escritos e ideas hay una constante. Los módulos que funcionan mejor a través de la historia son los más productivos y más justos. Ambas cosas van juntas. Se puede obtener producción con injusticia y fuerza como en la esclavitud, o con ideología, injusticia y fuerza como con el marxismo, o con injusticia y poder económico sin control como en el capitalismo de principios del siglo XIX.

Lo que no se obtiene con esos métodos es productividad. Los obreros o trabajan lo menos posible o llevan una vida tan mísera que son incapaces de rendir mucho.

Cuando hay justicia hay productividad. Los japoneses, en la post guerra del siglo XX, desarrollaron un sistema de cooperación en la producción que hacía al obrero miembro de un equipo y no simplemente una pieza más del proceso. Prometían empleo de por vida, salarios aceptables y servicios de atención médica, retiro, deportes, etc. La contrapartida era disciplina productiva y fidelidad a la empresa. Surgieron empresas enormes muy bien capitalizadas con excelentes productos, capaces de competir a nivel mundial. Fue una modalidad adaptada a la psicología japonesa acostumbrada a ese tipo de organización que reflejaba su cultura ancestral. No es para todos. Pero han tenido éxito en exportar algunos componentes.

Las empresas japonesas de automóviles fabrican hoy sus productos en buena parte en su mayor mercado, los Estados Unidos. Su sistema de producción y atención al empleado han logrado que su fuerza de trabajo no se sindicalice a pesar de ingentes esfuerzos de los sindicatos americanos por lograrlo, porque los trabajadores ven que tienen un buen nivel de vida, buenos salarios y prestaciones y que lo que manufacturan es de **buena calidad y se vende.** Por tanto, piensan que su seguridad laboral está no en el sindicato sino en que su marca domine el mercado por su calidad y precio. Han tenido éxito rotundo y están desplazando a las firmas tradicionales tales como General Motors, Ford y Chrysler. Hoy por hoy, Toyota es la firma más importante a nivel mundial.

Las firmas americanas tradicionales tenían sindicatos muy fuertes originados décadas atrás. Su mentalidad era de lucha de clases. También tuvieron éxito y consiguieron muchos beneficios para sus empleados hasta que 'se les pasó la mano' y los sindicatos, ricos con las cuotas de asociación que cobraban a sus afiliados, se convirtieron en una especie de ministerios laborales con enorme cantidad de empleados y ejecutivos muy bien pagados. Una vez que ésto sucede el sindicato se convierte en una empresa y su producto es conseguir más beneficios a toda costa para que así los obreros contribuyan más, se logren nuevos afiliados y el 'negocio' prospere. Las empresas automovilísticas americanas surgieron fuertes y bien capitalizadas tras la primera guerra mundial, tenían dominación del mercado y con que pagar. Los sindicatos paulatinamente consiguieron grandes beneficios, prestaciones y sueldos. Los altos costos eran trasladados al consumidor en el precio de los automóviles, en menor calidad y en obsolescencia planeada para forzar mayor consumo. Cuando baja la calidad y suben los precios se abre la puerta al competidor. Los japoneses aprovecharon la apertura.

Las compañías americanas tradicionales mantuvieron esta postura por décadas. Pasaron de fabricar los automóviles de buena calidad de los 50 y principios de los 60 a fabricarlos malos y caros. Los dirigentes de las empresas necesitaban utilidades para mantener sus salarios personales y las ganancias de la empresa que los pagaban. Los sindicatos igual. Se crearon así de facto dos empresas dentro de una. Cada cual iba a lo suyo. Dos egoísmos se unieron contra el consumidor. Perdieron mercado y reputación. Al vender menos, tenían que repartir más costos entre menos vehículos. Esto es imposible de mantener. La diferencia entre los costos de los vehículos fabricados en los Estados Unidos por las firmas americanas y las japonesas llegó a ser de $1500 por unidad. Eventualmente fue preciso rebajar nómina pero la gerencia tuvo que aceptar un programa impuesto por el sindicato de pagar su salario completo, por no trabajar, a los rebajados de la nómina mientras conseguían otro empleo o se retiraban. La empleomanía de las firmas americanas cayó de 246.000 en 1994 a 74,000 en el 2007.

Habían caído en una trampa ambas partes. Los obreros tras muchos años haciendo una cosa no sabían hacer otra, el sindicato tenía que hacer algo, la empresa necesitaba rebajar nómina a toda costa para sobrevivir. Todos aceptaron un sistema malo que sólo ahora a finales de 2007, cuando escribo, está a punto de modificarse en parte.

¿Cómo? Trasladando al sindicato un enorme fondo de $35,000 millones para que éste lo maneje directamente y pague los gastos de cuidado médico de los retirados y trabajadores en activo. Es dinero que la compañía había reservado a lo largo de los años y al trasladarlo al fondo lo hace con la estipulación de librarse de enfrentar ese gasto. Para el sindicato/empresa ésto es una fuente enorme de puestos de administración. ¿Lo hará bien y económicamente o creará una burocracia costosa e ineficiente? No lo sabemos, pero lo cierto es que cuando la empresa y el obrero se enfrentan en forma clasista y mutuamente egoísta, lo mejor no sucede. Lo mejor hubiera sido contener los gastos desde el principio, mantener la posición en el mercado y aumentar las prestaciones laborales de acuerdo con el éxito obtenido, pero siempre conscientes de que nada está garantizado.

El propósito de este relato es proveer un ejemplo para la Cuba futura. La mentalidad de lucha de clases está sembrada por la propaganda. La desilusión con el sistema castrista y la ilusión de encontrar algo mejor es natural y sana. El problema es como hacerlo en una forma inteligente, justa y práctica. Práctico es lo que produce resultados, lo que produce riqueza capaz de ser distribuida y no retórica vacía. Justo es remunerar al que trabaja en una forma que lo estimule, porque el salario ganado le permite vivir decentemente y porque además existen oportunidades de mejorarlo. Inteligente es unir lo justo con lo práctico. Tan poco inteligente es el patrono explotador y egoísta como el líder sindical demagogo. El uno sacrifica calidad y productividad por codicia. El otro hace peligrar la seguridad y el progreso para sus afiliados por ambición.

En definitiva los puestos de trabajo no son propiedad del sindicato, ni de la empresa, ni del trabajador. Es la colectividad social, que trabaja, produce, y compra lo que produce la empresa, la que hace posible que exista el puesto. Hoy en día esa colectividad es mundial y es lo que significa el manoseado término 'globalización', que no es ni más ni menos que muchos más concurren al mercado para producir y consumir y que ese mercado ya no existe solamente dentro de las fronteras nacionales.

Para un país de población relativamente pequeña y empobrecida como Cuba es muy importante tener muchos renglones de exportación porque el consumo interno no puede sostener un empleo pleno y bien remunerado. El turismo es un ejemplo. Si se dependiera del turismo interno (aún en una Cuba próspera) sobrarían muchos hoteles.

Para vender mucho internacionalmente hay que producir buena calidad a buen precio. Eso significa que se necesita buen diseño, buen control de calidad, capital para estar al día en maquinaria y tecnología y saber vender y anunciarse o sea 'marketing'. Todo ésto lo podemos lograr porque el pueblo cubano ha demostrado que cuando lo dejan desenvolverse es imaginativo y laborioso.

Pero debemos estar claros: Es preciso trabajar duro para penetrar mercados. Con mentalidad de víctima que necesita 'que le den' no se va a ninguna parte.

No somos ingenuos. Hemos dicho muchas veces que los seres humanos adolecemos de defectos, incluyendo la codicia. Los sindicatos son necesarios. Hay patronos inteligentes y progresistas y los hay tercos, egoístas y miopes. El estado debe proteger la creación y las operaciones legítimas de los sindicatos incluyendo el derecho a la huelga.

El punto a enfatizar es el siguiente. Llegamos a los mercados con décadas de atraso. Es preciso hacer algo diferente a la lucha de clases si queremos progresar rápidamente. La Alemania de la post guerra creó un sistema de cooperación entre los sindicatos y las empresas. Surgió el milagro alemán. Para que surja el cubano no sólo hay que trabajar duro hay que organizarse inteligentemente.

II- Nuestros antecedentes legales y constitucionales.

El que lea la propaganda castrista llegaría a la conclusión de que antes de 1959 Cuba era un país atrasado en legislación laboral. Nada más incierto. Recomendamos al lector el excelente libro de Efrén Córdova[1] en dos volúmenes repletos de datos y citas que describen el origen del movimiento sindical en Cuba desde 1819 hasta el castrismo.

Resumiremos lo principal de esta historia para la inmensa mayoría de los cubanos que la desconocen. Servirá para dar contraste y

---
1 Efrén Córdova, "Clase Trabajadora y Movimiento Sindical en Cuba." Ediciones Universal Miami, Florida 1995.

centrarnos en el futuro. La primera huelga en Cuba según Córdova data de agosto de 1865 en las fábricas de tabacos Hijas de Cabañas y Carvajal y el Fígaro. El primer sindicato, la Asociación de Tabaqueros de La Habana, surgió en junio de 1866. La ley de Asociaciones de 1888 le dió marco legal. Desde entonces hasta el castrismo el movimiento laboral pasó por muchas etapas e influencias; desde el anarquismo hasta el comunismo que llegó a tener gran influencia y quiso copar las centrales sindicales hasta que fue desplazado de la CTC por el sindicalismo democrático y en particular por los afiliados al partido auténtico. El movimiento obrero llegó a su máximo de fuerza cuando se organizó en federaciones de sindicatos como por ejemplo la Federación Nacional de Trabajadores Azucareros (Feneta) que incluía los sindicatos de todos los ingenios y sus colonias.

Las Federaciones podían auxiliar a los sindicatos con asesores en el momento de negociar. El sindicalismo en Cuba cobró tanta fuerza que la CTC en 1949 declaró una huelga general y logró parar la formación de una Confederación Patronal, táctica que en una democracia es totalmente inaceptable porque todos los ciudadanos (la igualdad ante la ley no entiende de clases) tienen el derecho a asociarse para fines lícitos y el impedirlo es violar un derecho constitucional. La Feneta por su parte logró detener por muchos años los embarques de azúcar a granel y cuando accedió, lo hizo porque ya nadie quería recibirla en sacos de yute. Había que seguir el procedimiento de envasar en sacos en el ingenio, trasladar al puerto, abrir los sacos de nuevo y entonces volcarlos para cargar a granel. Igualmente impuso la 'superproducción', concepto mediante el cual los ingenios que decrecieran sus días de molienda por mejoras técnicas, provenientes naturalmente de inversiones, tendrían que pagar a los obreros la diferencia entre los días que había promediado la zafra en el pasado y los días actuales de molienda. Hoy en día ambas medidas, por su carácter antieconómico, no serían propuestas por un sindicato al tanto de lo que sucede en el mundo de la competencia internacional. Y ello, porque harían decrecer el empleo al poner a la industria, fuente del trabajo, en una posición de inferioridad competitiva castigándola por pretender lo contrario. Citamos el caso como ejemplo de que la fuerza laboral en Cuba era tan poderosa que hace más de cincuenta años comenzaba a hacer cosas parecidas a las hechas por los sindicatos americanos que antes citamos, y utilizaron el mismo raciocinio de proveer más trabajo a corto plazo y después veremos. Esto es consecuencia lógica de un sistema sindical con dirigentes libremente electos (así debe ser) que deben producir resultados a corto plazo o perder votantes. En casos como éste, se llega a buenos resultados cuando existe un poder moderador y conciliador, un tercero neutral que sería un tribunal laboral o de arbitraje que busque soluciones. Tales como re-entrenamiento a sueldo completo, indemnización sustancial, preferencia para acceder a nuevas plazas, etc. Usualmente un buen árbitro deja a ambas partes sin conseguir todo lo que querían pero con soluciones aceptables.

No obstante, muchas de las cosas obtenidas por el movimiento laboral cubano eran justas y necesarias. Cuba estuvo al frente de muchos países al aceptarlas en sus leyes. Una lista de las más importantes por orden cronológico:

Ley Arteaga de 1909 prohibiendo pagar salarios en vales o fichas.

Ley de Accidentes del Trabajo de 1916.

Comisiones de Inteligencia Obreras creadas por el congreso en 1924 para resolver conflictos laborales en los puertos. Estaban integradas por igual número de obreros y patronos y las presidía el juez de primera instancia del distrito judicial correspondiente, cuyo voto decidía si no había acuerdo. Las decisiones tenían efecto inmediato y fueron evidentemente justas pues el sistema duró por cuatro décadas con la satisfacción de ambas partes.

Decreto de 19 de septiembre de 1933 del gobierno de Grau que estableció la jornada de 8 horas para todo el país. Estableció también que las vacantes fueran cubiertas por cubanos nativos aunque la regla ya regía desde 1909 para los empleados públicos y los de comercios.

Decreto No. 276 de 27 de enero de 1934 que prohibió el despido sin existir una de las 14 causas que enumera y sin la creación de un expediente justificativo. Igualmente se establecieron las vacaciones por 15 días y la licencia por enfermedad.

En dicha época fue instituida la Ley de Maternidad Obrera de 15 de diciembre de 1937. Prohibía el despido por causa de gravidez; el imponer esfuerzos físicos que pusieran en riesgo la gravidez, así como licencia materna por seis semanas antes del parto y seis semanas después del mismo a salario completo. Además se proveían dos descansos en la jornada de trabajo para lactar al hijo.

Decreto No 3 de 6 de febrero de 1934 regulatorio del derecho de huelga.

Decreto 798 de 13 de abril de 1938 que reglamentó los contratos de trabajo y ratificó con un reglamento la inamovilidad laboral sin previo expediente.

Decreto Ley 446 de 24 de agosto de 1934 sobre negociación colectiva. Creó también el Registro de Pactos y Convenios de Trabajo.

Ley de Coordinación Azucarera, de 2 de septiembre de 1937 que asentó a los arrendatarios y aparceros en sus tierras con rentas congeladas y les dió un derecho de permanencia inscribible en el registro de la propiedad y vendible. Llegó así a valer más que la propiedad. Notablemente la ley ató el salario de los obreros azucareros al precio del azúcar vigente 15 días antes de la zafra. Existían mínimos de garantía salarial pero no máximos. Se llegó así a crear un sistema efectivo de reparto del ingreso bruto pues el salario fluctuaba con éste. Es mucho más que reparto de las utilidades pues naturalmente representan el neto después de gastos. Los colonos también recibían el precio de sus cañas de acuerdo con el contenido de azúcar basado en el promedio de rendimiento en sacarosa del ingenio. También pagaban a sus obreros de acuerdo con lo estipulado en la ley.

En 1951 se aprueba por el congreso de la república el abono de un mes adicional de aguinaldo pascual pagadero el 22 de diciembre de cada año.

Como observamos, muchas de estas conquistas obreras se obtuvieron por decreto presidencial durante el periodo subsiguiente a la caída de Machado. Otras muchas que no reseñamos fueron producto de resoluciones ministeriales. El movimiento obrero quizás preocupado de que lo que se obtuvo por decreto se perdiera por decreto hizo todo lo posible por elevar estos preceptos a rango constitucional. Lo obtuvo en el articulado de la Constitución del 40 que contiene una gran cantidad de preceptos laborales. Algunos, son poco comunes.

Están contenidos en los **Arts. 60 a 86** que comentaremos ya que nos da la oportunidad de ilustrar principios básicos de la relación laboral.

Art. 60- "El trabajo es un derecho inalienable del individuo. El Estado empleará los recursos que estén a su alcance para proporcionar ocupación a todo el que carezca de ella y asegurará a todo trabajador, manual o intelectual, las condiciones económicas necesarias a una existencia digna".

Como indicamos en el capítulo V, éste es un artículo hecho para satisfacción de los redactores pero de escasa o peligrosa aplicación práctica. Si lo que se quiere decir es que aspiramos a tener empleo pleno y remunerado adecuadamente muy bien, pero es tan sólo retórica. Depende de como se maneje la economía y como se comporte el elemento humano en el gobierno, la empresa, y la fuerza de trabajo.

Por otra parte, decir 'asegurará' es un mandato. Si se trata de un mandato para hacer todo lo que esté a su alcance para llegar a ese objetivo entonces podemos acabar fácilmente en el socialismo, o en el fascismo, o en el neoliberalismo, o cualquier 'ismo' que prometa pleno empleo con tal de que se sigan sus postulados. Supongamos que se controla el congreso. Se presentan leyes cumpliendo un 'mandato constitucional' que pueden ir desde socializar toda la propiedad como en el marxismo, socializar parte de ella como en el fascismo o a considerar al obrero como factor de producción y más nada. Se nos dirá que la condición es que todo debe desembocar en las 'condiciones económicas necesarias a una existencia digna.' ¿Pero qué demagogo no las promete? El problema es que cuando se llega a la conclusión de que el sistema es malo ya se ha hecho un daño irreparable.

Lo sano es proteger la relación laboral con leyes que faciliten su negociación y la hagan justa. Esa es la función del estado, proteger a la parte más débil, facilitar, estimular y no 'todo lo que esté a su alcance', término indefinido y casi inútil para interpretarlo, y menos con mandatos de 'asegurar'. Esas aseveraciones van contra la libertad. Deje el estado negociar libremente. Proteja esa negociación y a la parte más débil para evitar abusos y no pretenda hacerse árbitro único de vidas y haciendas. Así empiezan las tiranías.

> **Art. 61- "Todo trabajador manual o intelectual de empresas públicas o privadas, del Estado, la Provincia o el Municipio, tendrá garantizado un salario o sueldo mínimo, que se determinará** *atendiendo a las condiciones de cada región y a las necesidades normales del trabajador en el orden material, moral, y cultural y considerándolo como jefe de familia.* **La Ley establecerá la manera de regular periódicamente los salarios o sueldos mínimos por medio de comisiones paritarias para cada rama del trabajo, de acuerdo con el nivel de vida y con las**

> **peculiaridades de cada región y de cada actividad industrial, comercial o agrícola. En los trabajos a destajo, por ajuste o precio alzado, será obligatorio que quede racionalmente asegurado el salario mínimo por jornada de trabajo. El mínimo de todo salario o sueldo es inembargable, salvo las responsabilidades por pensiones alimenticias en la forma que establezca la Ley. Son también inembargables los instrumentos de labor de los trabajadores".**

Los salarios mínimos fueron concebidos como una protección a la negociación. Cuando hay empleo pleno, los mínimos son verdaderos mínimos pues todos aspiran a más y el mínimo es el salario de los aprendices o personas poco calificadas. La Constitución del 40, más que en mínimos, se fijaba en un sueldo aceptable marcado por la ley pues habla de regiones y de la condición de jefe de familia. Esto es bien difícil de administrar pues un soltero competente alegaría que se viola el principio de igualdad si se le paga menos por igual trabajo. Los subsidios por hijos de que hablamos en otro capítulo no serían inconstitucionales, pues el estado no pagaría un sueldo extra al trabajador, ni exigiría que se haga, sino daría una prestación a la familia que con sus hijos es la fuente de la mano de obra y por tanto de interés social.

En la Cuba pre-castrista, en buena parte, los salarios supuestamente mínimos acabaron siendo negociados y decretados con gran detalle y por categorías. En muchos casos fueron los salarios normales. Córdova nos dice en la obra citada (Pag. 285) que algunas categorías de obreros industriales alcanzaron niveles de 600 y 700 dólares al mes (de aquellos dólares). Los efectos de este sistema sobre otras formas de remuneración quedaron por verse. Probablemente hubieran dado al traste con los sistemas de participación y estímulo que se estilan hoy en día. Los estímulos no funcionan bien con designaciones salariales burocráticas, acordadas a priori, y de cantidad fija.

Es razonable pensar que hubiéramos acabado en decretar solamente mínimos para un salario familiar o individual que asegurase una subsistencia adecuada al que entra en la fuerza laboral, dejando las otras categorías libres a la negociación. Hay justicia en ello, porque permite remunerar mejor al que se esfuerza y trabaja o estudia con mayor ahínco. Recordemos: La igualdad es ante la ley; los seres humanos realizan esfuerzos desiguales.

Si la economía es pujante, el obrero calificado y diligente es codiciado y bien cotizado.

> Art. 62- "A trabajo igual en idénticas condiciones corresponderá siempre igual salario, cualesquiera que sean las personas que lo realicen".
>
> Art. 63- "No se podrá hacer en el sueldo o salario de los trabajadores manuales e intelectuales ningún descuento que no esté autorizado por la Ley".
>
> Art. 64- "Queda totalmente prohibido el pago en vales, fichas mercancías o cualquier otro signo representativo con que se pretenda sustituir la moneda del curso legal. Su contravención será sancionada por la ley".

Tres artículos que reproducían lo ya establecido por leyes o decretos a fin de elevar su rango jurídico.

> Art. 65- "Se establecen los seguros sociales como derecho irrenunciable e imprescindible de los trabajadores, con el concurso equitativo del Estado, los patronos y los propios trabajadores, a fin de proteger a éstos de manera eficaz contra la invalidez, la vejez, el desempleo y demás contingencias del trabajo en la forma que la Ley determine. Se establece asimismo el derecho de jubilación por antigüedad y el de pensión por causa de muerte. La administración y el gobierno de las instituciones a que se refiere el párrafo primero de este articulo estarán a cago de organismos paritarios elegidos por patronos y obreros con la intervención de un representante del Estado, en la forma que determine la Ley salvo el caso de que se creara por el Estado el Banco de Seguros Sociales.
>
> Se declara igualmente obligatorio el seguro por accidentes del trabajo y enfermedades profesionales, a expensas exclusivamente de los patronos y bajo la fiscalización del Estado.
>
> Los fondos o reservas de los seguros sociales no podrán ser objeto de transferencias, ni se podrá disponer de los mismos para fines distintos de los que determinaron su creación".

En Cuba el sistema seguido fue de cajas de retiro independientes. Cada federación sindical creaba la suya. Esto tiene el problema de multiplicar las administraciones y subir los costos además de promover diferencias en los resultados. Si los que invierten lo recaudado lo hacen bien, el fondo prospera, de lo contrario va mal. También se presta a la creación de puestos inútiles aparte de crear oportunidades de malversación. Es mejor dar la administración por contrato competitivo a profesionales de la inversión. Ello permite aunar fondos y exigir mejores condiciones. El estado debe regular el destino de las inversiones con listas de las que son permitidas y señalar porcentajes máximos en las diferentes categorías a fin de proteger al obrero que contribuye. Igualmente se debe exigir por lo menos anualmente la auditoría profesional.

Nos dice Córdova[2] que en 1958 había 52 Cajas de retiro y que dos tercios de la fuerza laboral estaba cubierta. En efecto muchos retiros acumularon vastas sumas y acometieron obras de envergadura. El edificio del hotel Habana Hilton, Habana 'Libre' bajo el castrismo, pertenecía al retiro de los obreros gastronómicos. Los retiros invirtieron principalmente en bienes raíces porque aún no contábamos con una Bolsa de Valores local en la que cotizaran muchas empresas. Ello estaba gestándose. Sin duda los retiros hubieran comprado acciones de las compañías donde trabajaban sus afiliados. Probablemente hubieran obtenido representación en la Junta Directiva de las empresas.

>**Art. 66-** "La jornada máxima de trabajo no podrá exceder de ocho horas al día. Este máximo podrá ser reducido hasta seis horas diarias para los mayores de catorce años y menores de dieciocho.
>
>La labor máxima semanal será de cuarenta y cuatro horas, equivalentes a cuarenta y ocho en el salario, exceptuándose las industrias que, por su naturaleza, tienen que realizar su producción ininterrumpidamente dentro de cierta época del año, hasta que la Ley determine sobre el régimen definitivo de esta excepción.
>
>Queda prohibido el trabajo y el aprendizaje a los menores de catorce años".

---

2 Op. cit. vol. 1 pag. 347.

De nuevo, ratificación de lo existente pero debe añadirse que las horas extra se pagaban según ley al 125% y muchos convenios lo llevaban al 150% y en casos hasta el 200%.

> **Art. 67- "Se establece para todos los trabajadores manuales e intelectuales el derecho al descanso retribuido de un mes por cada once de trabajo dentro de cada año natural. Aquéllos que, por la índole de su trabajo u otra circunstancia, no hayan laborado los once meses, tienen derecho al descanso retribuido de duración proporcional al tiempo trabajado. Cuando por ser fiesta o duelo nacional los obreros vaguen en su trabajo los patronos deberán abonarles los salarios correspondientes. Sólo habrá cuatro días de fiesta y duelos nacionales en que sea obligatorio el cierre de los establecimientos industriales o comerciales o de los espectáculos públicos, en su caso. Los demás serán de fiesta o duelo oficial y se celebrarán sin que se suspendan las actividades económicas de la Nación".**

Con este mandato se establecía un régimen de once meses de trabajo y trece de sueldo una vez que se añade el aguinaldo. Los convenios colectivos frecuentemente aumentaban los días de fiesta y proveían pago por licencias de enfermedad. El descanso es un derecho reconocido en todas las prácticas laborales. Se sabe que es necesario y que aumenta la productividad. Se trata de determinar cuanto y en que forma. En los Estados Unidos lo usual es dos semanas. ¿Podemos permitirnos el doble si queremos salir adelante? Las circunstancias lo dirán. En todo caso es un precepto de código laboral o de convenio de trabajo. La constitución no es su lugar adecuado. Y debe tenerse en cuenta que todo se calcula a la hora de pensar en salarios. Si se pagan 13 meses por trabajo de 11 ello estará reflejado en el salario.

> **Art. 68- "No podrá establecerse diferencia entre casadas y solteras a los efectos del trabajo. La Ley regulará la protección a la maternidad obrera, extendiéndola a las empleadas. La mujer grávida no podrá ser separada de su empleo, ni se le exigirá efectuar, dentro de los tres meses anteriores al alumbramiento, trabajos que requieran esfuerzos físicos considerables. Durante las seis semanas que precedan inmediatamente al parto, y las seis que le**

sigan, gozará de descanso forzoso, retribuido igual que su trabajo conservando el empleo y todos los derechos anexos al mismo y correspondientes a su contrato de trabajo. En el periodo de lactancia se le concederán dos descansos extraordinarios al día, de media hora cada uno, para alimentar a su hijo".

Reproducía lo vigente. En muchos casos los convenios colectivos aumentaban también las prestaciones por maternidad.

Art. 69- "Se reconoce el derecho de sindicación a los patronos, empleados privados y obreros, para los fines exclusivos de su actividad económico social.

La autoridad competente tendrá un término de treinta días para admitir o rechazar la inscripción de un sindicato obrero o patronal. La inscripción determinará la personalidad jurídica del sindicato obrero patronal. La ley regulará lo concerniente al reconocimiento del sindicato por los patronos y por los obreros, respectivamente.

No podrán disolverse definitivamente los sindicatos sin que recaiga sentencia firme de los tribunales de justicia.

Las directivas de estas asociaciones estarán integradas exclusivamente por cubanos por nacimiento".

Lo nuevo y relevante es la prohibición de disolver sindicatos sin sentencia judicial. Una buena protección. En 1958 la CTC contaba con mas de un millón de afiliados.

Art. 70- "Se establece la colegiación obligatoria de las demás profesiones reconocidas oficialmente por el Estado".

También existía en muchos casos.

Art. 71- "Se reconoce el derecho de los trabajadores a la huelga y el de los patrones al paro, conforme a la regulación que la Ley establezca para el ejercicio de ambos derechos".

Art. 72- "La Ley regulará el sistema de contratos colectivos de trabajo, los cuales serán de obligatorio cumplimiento para patronos y obreros.

Serán nulas y no obligarán a los contratantes, **aunque se expresen en un convenio de trabajo u otro pacto cualquiera, las estipulaciones que impliquen renuncia, disminución, adulteración o dejación de algún derecho reconocido a favor del obrero en esta Constitución o en la Ley".**

Previsto por la ley anterior. Según Córdova[3] en 1958 había 5000 convenios colectivos registrados además de decenas de miles de actas de avenimiento.

Art. 73- "El cubano por nacimiento tendrá en el trabajo una participación preponderante, tanto en el importe total de los sueldos y salarios como en las distintas categorías de trabajo, en la forma que determine la Ley.

También se extenderá la protección al cubano naturalizado con familia nacida en el territorio nacional, con preferencia sobre el naturalizado que no se halle en esas condiciones y sobre los extranjeros.

En el desempeño de los puestos técnicos indispensables se exceptuará de lo preceptuado en los párrafos anteriores al extranjero, previas las formalidades de la Ley y siempre con la condición de facilitar a los nativos el aprendizaje del trabajo técnico de que se trate".

Insiste en lo determinado en el 1934 con la ley de nacionalización del trabajo.

Art. 74- "El Ministerio del Trabajo cuidará, como parte esencial, entre otras, de su política social permanente, de que en la distribución de oportunidades de trabajo en la industria y en el comercio no prevalezcan prácticas discriminatorias de ninguna clase. En las remociones de personal, y en la creación de nuevas plazas, así como en las nuevas fábricas, industrias o comercios que se establecieren será obligatorio distribuir las oportunidades de trabajo sin distingos de raza o color, siempre que se satisfagan los requisitos de idoneidad. La ley establecerá que toda otra práctica será punible y perseguible de oficio o a instancia de parte afectada".

---

3 Op. cit. vol 1 pag. 348.

Buen artículo que se adelantó a su tiempo.

> **Art. 75-** "**La formación de empresas cooperativas, ya sean comerciales, agrícolas, industriales, de consumo o de cualquier otra índole, serán auspiciadas por la Ley; pero ésta regulará la definición, constitución y funcionamiento de tales empresas de modo que no sirvan para eludir o adulterar las disposiciones que para el régimen del trabajo establece esta Constitución".**

> **Art. 76-** "**La Ley regulará la inmigración atendiendo el régimen económico nacional y a las necesidades sociales. Queda prohibida la importación de braceros contratados, así como toda inmigración que tienda a envilecer las condiciones del trabajo".**

> **Art. 77-** "**Ninguna empresa podrá despedir a un trabajador sin previo expediente y con las demás formalidades que establezca la Ley, la cual determinará las causas justas de despido".**

El expediente de despido fue considerado como una de las grandes conquistas del movimiento obrero. De hecho convertía al obrero en propietario de su trabajo a no ser que cometiese una falta muy grave. Existían 14 causales de despido pero no era fácil probarlas. El proceso empezaba ante el Ministerio del Trabajo que usualmente se mostraba inclinado a favorecer al despedido pues políticamente los sindicatos manejaban masas de votantes. Se podía recurrir en la vía contenciosa administrativa y de ahí al Tribunal de Garantías. Era asunto costoso, demorado y acababa frecuentemente con la reposición del empleado o más frecuentemente con el pago de una indemnización y renuncia. En cierta forma se aplicaba un sistema de despido compensado contencioso.

Se creó como consecuencia de la crisis de los años 30 y del desempleo que se sufrió durante esa época. Era comprensible en su génesis pero con una Cuba que aspiraba a una economía en despegue y pujante, seguramente hubiera evolucionado a un sistema de despido compensado relacionado al tiempo trabajado.

Es un tema a considerar seriamente en la Cuba futura. Castro ha creado múltiples empresas incosteables y empleos artificiales por los cuales paga una miseria unidos a empleos reales que aun están peor remunerados. Se impone un difícil y traumático proceso de reconversión industrial. Manejarlo con justicia y preocupación por los afectados será tema de atención inmediata.

El obrero cubano merece ocupación real pagada a precio de mercado y movilidad laboral basada en que pueda escoger el trabajo que mejor le convenga y le pague. El trabajador hábil e industrioso no debe tener que considerar un trabajo específico como la única tabla de salvación, aferrándose a ella como a todo lo que puede aspirar. Esa situación reflejaría una economía estancada y una sociedad sin imaginación y sin aspiraciones. No es lo que queremos crear sino una economía pujante con buenas empresas que sean capaces de competir y pagar bien. Como llegar a ello no es tema de este trabajo pero si es conveniente decir que si creamos condiciones en que cada trabajador que se emplea es prácticamente inamovible y un costo fijo habremos complicado notablemente la relación laboral. En la Cuba pre-castrista después de pasados 6 meses el trabajador era permanente y acreedor de la inamovilidad y no temporero. Se creaban así situaciones artificiales de contratos 'temporales' renovados de tiempo en tiempo o peor de trabajos contratados con renuncias en blanco. Cuando la ley choca con la realidad se producen ajustes. Uno de ellos es poca inversión y exigua creación de trabajo. Ciertos países como Francia están experimentando eso precisamente e intentando cambiar los sistemas. Es mejor legislar para la realidad y definitivamente omitir regulaciones casuísticas en una constitución. Los detalles de la relación laboral pertenecen a la negociación de los convenios de trabajo y a un Código Laboral en su caso cuando sea preciso dictar preceptos que la protejan.

> **Art. 78-** "**El patrono será responsable del cumplimiento de las leyes sociales, aún cuando contrate el trabajo por intermediario. En todas las industrias y clases de trabajo en que se requieran conocimientos técnicos, será obligatorio el aprendizaje en la forma que establezca la Ley**".

De nuevo un precepto que pertenece a la legislación que usualmente lo establece como requisito común. Igualmente, los Arts. 78 a 83, así como el 85 y 86 son mayormente declarativos y tampoco pertenecen en una constitución.

> **Art. 84-** "**Los problemas que se deriven de las relaciones entre el capital y el trabajo se someterán a comisiones de conciliación integradas por representaciones paritarias de**

> patronos y obreros. La ley señalara el funcionario judicial que presidirá dichas comisiones en el Tribunal nacional ante el cual sus resoluciones serán recurribles".

El Art. 84 merece mención porque trata de la solución de conflictos laborales. Estaba pésimamente redactado porque hablaba de comisiones paritarias de obreros y patronos para decir a renglón seguido que habrá un funcionario judicial que las presida con lo cual las hace tripartitas sin especificar si el juez tenía o no voto. Probablemente se pensaba en algo similar a las comisiones de inteligencia obrera pero ni se definió lo deseado, ni se hizo. El sistema de resolución de conflictos siguió desenvolviéndose como siempre, es decir con intervención del Ministerio del Trabajo que dictaba resoluciones administrativas recurribles ante los tribunales de lo contencioso administrativo y en apelación al Tribunal de Garantías. Cuba necesitaba un Código Laboral y Tribunales Laborales especializados. También hubiera sido recomendable instituir el arbitraje. Se redactaron varios proyectos de codificación bien hechos pero no se legisló al efecto posiblemente porque la parte laboral veía beneficios en manejar las cosas a nivel administrativo donde podía aplicar mayor presión política.

III- El castrismo y el trabajo.

Ser obrero en la Cuba pre castrista era pertenecer a una clase respetada y defendida. Castro pasó a copar la CTC y a someter a todos los sindicatos haciéndolos sumisos agentes del gobierno.

De horas extra pagadas con prima se pasó al 'trabajo voluntario', a los obreros de vanguardia, a las normas de producción, al GULAG cubano de la UMAP, a la concurrencia obligada a los actos de masas, a mítines interminables, a incompetentes al frente de las empresas escogidos por su fidelidad política, a salarios que no reflejaban el valor de lo contribuido y tantas otras injusticias de sobra conocidas. En fin hasta llegar por hastío y autodefensa al verdadero principio socialista, que no es de cada cual según su capacidad y a cada cual según su necesidad sino el ya conocido: Simulan pagarnos y simulamos trabajar con todas las consecuencias que se derivan de esa máxima.

Castro violó principios y derechos esenciales del derecho laboral bien reconocidos en la Cuba republicana. Entre otros muchos, veamos los principales:

El derecho de huelga porque 'un estado de trabajadores' no lo necesita.

El derecho a la contratación colectiva efectiva y no a una pro-forma.

El derecho a la sindicación libre y a la libre elección de sus dirigentes sin distingos políticos o religiosos. Castro forzó la adhesión al sindicato oficial y a dirigentes 'electos' de dedo.

El derecho a una jornada de trabajo, transcurrida la cual se abonan las horas extra a una tasa mejor. Violada por la imposición de turnos dobles y trabajo 'voluntario.

El principio de que a igual trabajo en idénticas condiciones (**Art. 62. Constitución del 40**) igual salario. Violado sistemáticamente por la concesión de viviendas y prestaciones especiales a los que se distinguen por su fidelidad política.

El principio básico de que en caso de disputa, si hay dudas, los contratos laborales se interpretan en beneficio del trabajador. Era principio consagrado por la práctica laboral en Cuba. Lo es en todos los países civilizados.

El principio de que cualquier estipulación contractual que implique renuncia de derechos laborales concedidos por ley es nula. Art. 72 de la Constitución del 40 y también de todas las legislaciones laborales.

La inembargabilidad del salario mínimo necesario para la subsistencia pues bajo el castrismo se ha permitido que el estado haga algo totalmente inaceptable: permitir el descuento hasta la mitad del salario.

El principio de respeto a la dignidad del trabajador en cuanto a medidas disciplinarias. La amonestación pública y los vejatorios actos de repudio son ejemplos chocantes. De menor envergadura, pero también abusivas y prohibidas por la práctica civilizada, son las sanciones de multas y retiro de títulos y premios concedidos al trabajador.

Violación del principio de que las vacaciones deben ser disfrutadas y no compradas en efectivo sin disfrute del descanso. Abuso aumentado por la designación como laborables de los días normales de descanso semanal e imputación contra las vacaciones de días de licencia que la práctica internacional concede por cuestiones personales: fallecimientos, accidentes familiares, etc.

Implantación de un doble standard para los servicios sociales como la atención médica mediante el cual los extranjeros y personal de la élite gobernante tienen los mejores.

Falta de una jurisdicción laboral efectiva y justa que permita un verdadero procedimiento contradictorio y remedios adecuados y ejecutables.

Castro dictó un 'Código Laboral' en 1985 cuya mayor 'conquista' fue derogar expresamente toda la legislación anterior que databa de la década de los 30. No se cumplía en la práctica pero estorbaba como un recuerdo molesto. Otra notable 'innovación' fue excluir a los trabajadores del MININT de las normas laborales. Que se excluyan los militares es común pero ¿Trabajadores civiles de un gobierno? La respuesta está clara, no eran trabajadores, eran personal de confianza o mejor dicho capataces encargados de hacer funcionar el feudo marxista.

El resultado previsible ha sido el sufrido. Salarios de miseria supuestamente compensados por una libreta de racionamiento que no alcanza para las necesidades más perentorias de la alimentación, viviendas inadecuadas, hacinamiento de familias, falta de trabajo y de estímulo para la juventud.

Y lo más indignante condiciones especiales para los inversionistas extranjeros que contratan por intermediarios de gobierno y pagan el salario pactado no al obrero sino a dicho intermediario que retiene la mayor parte. Encima de ésto se le conceden al inversionista extranjero poderes de disciplina y despido extraordinarios. Sobre ésto ver en el apéndice: "La Nulidad de los Contratos de Inversión Extranjera por Causa Ilícita: Defraudar al Trabajador Cubano".

IV- El futuro.

El movimiento obrerista cubano debe resurgir con fuerza e independencia, libre de presiones externas y asimismo ser de gran calidad en lo humano. Esto significa:

No dejarse controlar por el gobierno ni aceptar dádivas que lo comprometan. Esto es más complicado de lo que parece. Grau donó $750,000 a la CTC para construir el Palacio de los Trabajadores. La relación con el gobierno era muy buena y el Ministerio del Trabajo mostraba una inclinación a favorecer el movimiento laboral. El problema es que en política nada se da de gratis y se esperaba una contraprestación también política. La CTC se consolidó notablemente durante el período auténtico y también se acostumbró a cooperar y a ser poderosa. Ser dirigente de una federación grande era un cargo importante y conllevaba beneficios económicos como buenos sueldos y cantidades añadidas por figurar en las directivas de las Cajas de Retiro, además de añadir prestigio personal. En principio es bueno que se remunere bien a un dirigente pero hay que ser cuidadoso en la reelección constante. La CTC se plegó fácilmente a Batista porque existían dirigencias acostumbradas a un estilo de vida y relación de poder basada en la cooperación política que dejó secuelas. Castro aprovechó este fenómeno para 'limpiar' la CTC, e imponer a sus secuaces que no iban a defender el obrerismo cubano sino a domesticarlo.

Tampoco se trata de ser tremendista y considerar toda ayuda como motivada políticamente. **El gobierno puede y debe favorecer la creación de sindicatos pero dentro del principio que está cumpliendo una función que la sociedad reclama. Nunca debe de ser considerado como una dádiva a la que hay que corresponder.**

Los líderes sindicales deben ser bien remunerados dentro de las posibilidades de su federación. Es un cargo de gran responsabilidad que requiere talento, dedicación y en muchos casos valentía personal.

En términos generales debe evitarse la reelección indefinida para no crear castas políticas. Es un principio que aplicaríamos por disposición constitucional a todos los cargos electos de la república sean congresistas, alcaldes, etc. que debían elegirse por un número limitado de períodos. Los sindicatos son asociaciones privadas y es difícil constitucionalmente imponer ese requisito a un grupo de ciudadanos. Pero de hecho un líder sindical de una federación poderosa tiene más electores y más fuerza que un congresista o senador y la ejerce a nivel nacional. Puede hacer mucho bien y también mucho mal si es un demagogo o si es venal. Es un asunto a considerar por los sindicatos al redactar sus estatutos.

Los líderes sindicales deben aspirar a mejorar sus conocimientos de la industria y a entender de mercados, producción, contabilidad, leyes. Obviamente no podrán dominar todas esas disciplinas personalmente pero las federaciones deberían proveer servicios de ese tipo a los sindicatos de empresas. El objetivo es entender lo que es posible y razonable pedir, y a donde se puede llegar sin colocar a la empresa en condiciones de no poder competir, porque ello conduce a la desaparición del empleo. El ejemplo relatado anteriormente es ilustrativo. Surgiremos de un desastre y será preciso actuar en consecuencia.

Para crear empleo bueno y bien remunerado en la Cuba futura habrá que competir a nivel internacional. No tenemos suficiente población (encima, va declinando) para crear grandes empresas dedicadas a atender solamente el consumo interno. Luego, tendremos que ser exportadores de bienes y servicios. El turismo, por ejemplo, es un servicio. Se exporta porque el consumidor es un extranjero aunque el servicio propiamente se realice en Cuba. Pero se debe exportar una imagen de calidad y de buen precio que es lo que vende el servicio. Igual sucede con cualquier producto manufacturado, sólo que en ese caso hay que manufacturar y distribuir un producto terminado con características predeterminadas e invariables. Con las comunicaciones de hoy en día no hay dudas de que existe un mercado mundial. Llámesele globalización. Añádansele todas las connotaciones siniestras que el marxismo le cuelga, pero ahí está. Es la realidad y dentro de ella hay que competir. No va a cambiar para menos sino para más porque la población mundial de 6,600 millones (2007) quiere progresar y para ello necesita trabajar, producir y vender. Si lo hace es bueno porque tendremos paz.

Dentro de esta realidad hay pactos regionales para facilitar el comercio. En nuestro caso, viviendo en América, se trata de pactos para facilitar el acceso al mercado norteamericano, el mayor del mundo y afortunadamente para nosotros el más cercano. CAFTA, una asociación que involucra a los países de Centro-América y el Caribe, es una a la cual debemos pertenecer. Debemos negociar el acceso lo cual traerá buenas consecuencias para el sindicalismo cubano porque los tratados tienen cláusulas para proteger a los sindicatos. Es asunto que beneficia también a los sindicatos y obreros americanos que no quieren ver una mano de obra extranjera tan barata que los desplace. El sindicalismo cubano debe estar bien informado de estas realidades, entender en que ramos podemos competir ventajosamente y ayudar a hacerlo.

Todo debe estar abierto a la negociación incluyendo sistemas de remuneración modernos que den incentivos a los que trabajen bien y perseverantemente. Incentivos que faciliten la creación de un capitalismo popular como opciones para comprar acciones, facilidades de pago para hacerlo, donación de acciones como primas a los sueldos, primas en efectivo por buen desempeño, etc. Todo debe estar abierto porque todo debe ser posible para nuestro pueblo que se adaptará rápidamente al modernismo en lo laboral. Pero hay que ganarse los incentivos. Si se trata de esquemas meramente distributivos no progresaremos. Más sobre este asunto en el apéndice. Ver el trabajo titulado "Prontuario de Economía y Libertad".

V- **Conclusión.**

Necesitamos mucho más que el mero sindicalismo de negociación y pliego de peticiones. Esto es bueno y la base de todo el movimiento sindical pero para salir del desastre el sindicalismo cubano precisa tomar un rumbo más activo y dinámico.

Debe tener ideas y tener ambiciones de hacer crecer a la empresa cubana.

Si la empresa es de dueño extranjero pero es justa, dinámica y va a permanecer en Cuba, a los efectos prácticos también es cubana. Legalmente no debemos hacer distinciones entre el origen de los dueños si cumplen religiosamente la ley laboral y dan empleo. Debe sin embargo favorecerse la empresa pequeña y mediana con beneficios fiscales y otros apoyos porque está probado que muchas empresas pequeñas son una excelente fuente de creación de empleo.

Una advertencia. Dada la situación de abuso y frustración de tantos años es previsible que ésta se traslade a la negociación con gentes diferentes que vienen a invertir y no a explotar. Es preciso controlar ese síndrome. Diríjase la frustración a los socios extranjeros del gobierno castrista que sabían de sobra lo que hacían y fueron cómplices voluntarios de los abusos.

A los que vienen de buena fe recíbaseles con recíproca buena fe. Demostremos que la inteligencia y laboriosidad que ha demostrado el cubano cuando lo han dejado trabajar por su cuenta (lamentablemente fuera de su patria) florecerá en todo su potencial cuando se ejercite en su propio terruño.

CAPÍTULO IX

Relaciones Entre Los Poderes del Estado

"Los buenos gobernantes son unos hombres justos que resisten y vencen una tentación muy poderosa y... son muy raros para desgracia del linaje humano. La generalidad de los mandarines si no son tiranos desean serlo... he aquí porque he dicho que la tiranía es el ídolo de casi todos los gobernantes".

Padre Félix Varela.

I-   Introducción.

II- El Poder Ejecutivo.

    1. Que no es.

    2. Como se corrompe un ejecutivo.

    3. Como se controla la gestión ejecutiva.

    4. Como no se controla.

III- **Poder Legislativo.**

I- **Introducción.**

Las relaciones entre los poderes del estado tienen sus límites marcados por las constituciones respectivas. Para que exista estado de derecho deben respetarse esos límites. Veamos como han funcionado esas relaciones a lo largo de nuestra historia y como deben funcionar para evitar que el ejecutivo se desborde en tiranía y absorba a todos los poderes del estado como ha sucedido en el castrismo.

Es un asunto vital. Tenemos una triste historia de haber cumplido 60 de nuestros 106 años de república bajo gobiernos de facto o tiranías. Ya es hora de salir del infantilismo político que hemos sufrido. Decimos infantilismo porque lo es el creer cualquier cosa que pregone un político, llenarnos de emociones y no pensar si las cosas prometidas son factibles y en la imperiosa necesidad que cuidar la libertad y la democracia a diario. Los países no sufren castigos de niño, sufren castigos de países, que son largos, dolorosos y afectan a varias generaciones. Cuba tiene un destino que lograr y se impone el lograrlo conduciéndonos con inteligencia y madurez.

II- **El Poder Ejecutivo.**

1. **Que no es.**

Ejecutar, según el Diccionario de la Real Academia, es "desempeñar con arte o facilidad alguna cosa"; ejecutivo es el que lo hace, y aplicado a un poder del estado, sería aquél encargado de administrar la cosa pública con eficiencia y justicia. Administrar viene de ministro y ministro, volviendo al diccionario, es aquél que "está empleado en el gobierno para la resolución de los negocios políticos y económicos". El ministro, ministra. O sea, sirve dando alguna cosa o servicio. Valga este exordio etimológico para resaltar un punto: El gobierno está concebido primariamente para servir y no para mandar, hacer callar y hacerse obedecer sin replicar.

Pero el que manda, con harta frecuencia está más interesado en mandar que en servir. Valga repetir una cita del Padre Varela:

"Los buenos gobernantes son unos hombres justos que resisten y vencen una tentación muy poderosa y... son muy raros para desgracia del linaje humano. La generalidad de

los mandarines si no son tiranos desean serlo... he aquí porque he dicho que la tiranía es el ídolo de casi todos los gobernantes".

No somos inmunes los cubanos ni mucho menos. La frase atribuida a un 'guataca' de uno de nuestros generales que fueron gobernantes (escoja el que le guste) es clásica. Pregunta el general: ¿Qué hora es? Respuesta: La que usted ordene mi general. No obstante, ha sido modernizada por el 'comandante ordene' que ni siquiera requería pregunta. Es asunto con el que la humanidad lucha desde sus albores como sociedad organizada. Hace dos mil años, Tácito, viendo como se comportaban los romanos y gentes de aquellos tiempos, dijo: ¡Oh hombres siempre dispuestos a la servidumbre! (O homines ad servitutem promptos.)

2. **Como se corrompe un ejecutivo.**

Nuestros problemas de gobierno han surgido siempre de mandarines ensoberbecidos como Machado y Castro, de mandarines codiciosos como Batista o de pasiones sin control de algún presidente que como Estrada Palma, se dejó llevar por un exagerado amor propio que provocó la primera intervención.

El método preferido para asumir el poder total es el golpe de estado usando la fuerza de las armas o la revolución. De ambas cosas tenemos experiencia. Pero no hemos reflexionado bastante en como se gestan porque no surgen del aire, surgen de la corrupción de los procesos representativos y de la subsiguiente desilusión con ellos. Del hastío y repulsa a la política venal se pasa a la ira que provoca la revolución o a la flacidez del sistema que provoca golpes de estado.

A grandes rasgos observemos casos de lo expuesto. España tenía un régimen colonial que degeneró en autocracia del capitán general que asumió facultades de gobernador de plaza sitiada (concentrando en sí todos los poderes del estado) desde principios del siglo XIX. El abuso gestó las guerras del 68 y el 95.

Estrada Palma, irritado por la insurrección de José Miguel Gómez quien alegaba fraude electoral, (no presentó un recurso como debía, sino que se alzó) después de efectuar su renuncia a la presidencia obligó al congreso a no dar quórum para elegir a un sucesor constitucional. Teddy Roosevelt le pidió encarecidamente que no lo hiciera y el Secretario de Estado Taft (luego presidente) se pasó tres largos meses en La Habana intentando conciliar pareceres. Confió a un cubano: "No entiendo como puedan preferir ustedes un interventor americano a un gobernante cubano". La respuesta hay que hallarla en la pasión política a la que somos propensos y que siempre nos ha cegado. No somos ni mejores ni peores que nuestros antepasados en cuanto a pasiones.

Continuemos. Machado maniobró para modificar la Constitución de 1901 con una asamblea constitucional y se prolongó en el poder. Asesinó y abusó. Generó una revolución y en su caída, destruyó una institución, el ejército. Batista surgió de ese ambiente y aprovechó la flacidez del sistema para dar un golpe de estado fácil. Castro, aprovechando el disgusto ciudadano por el golpe batistiano tan cercano a las elecciones, prometió más que nadie, incluyendo restablecer la Constitución del 40 y la democracia, para acabar coronándose como el último capitán general.

En todos los casos hay un denominador común: irrespeto a la legalidad establecida. Pero no se gesta de repente. Estrada Palma se rodeó de un titulado 'gabinete de combate' enfocado en la reelección a como diera lugar y violentaron la legalidad. Gómez pensó, o tal vez usó como excusa, que con recursos ante los jueces no ganaba y se alzó. Machado retorció la constitución para prolongarse en el poder. Batista fue a unas elecciones espurias apañado por el Tribunal Constitucional que dijo que sus estatutos constitucionales dictados por decreto eran legítimos.

A pesar de todo lo expuesto se progresó. Muchos cubanos laboraron ardua y eficientemente para crear instituciones y respeto a la legalidad. A lo largo de este libro hemos dado ejemplos de ello. Una minoría obsesionada con el concepto revolución, bien porque lo creían o lo consideraban el método más apto para llegar al poder, siempre fue la que dió al traste con la labor lenta y fructífera de crear instituciones.

En definitiva los golpes de estado y las revoluciones tienen un común denominador: La fuerza. El golpe de estado rara vez se convierte en movimiento de masas. Pero el grupo actuante suele buscar apoyo político repartiendo prebendas. La revolución empieza con un movimiento de masas y casi siempre acaba en un grupo que no suelta el poder y también reparte prebendas a sus secuaces privilegiados.

Por eso es que la frase 'gobierno de leyes y no de hombres' no es solamente un conjunto de palabras, significa una fórmula de convivencia civilizada y de repudio a los mandarines. Castro, el beneficiario de nuestros errores políticos, encontró minorías dispuestas a secundarlo y a una mayoría de un pueblo que inexperto e ilusionado, estuvo en un principio dispuesto a apoyarlo. El caldo estaba hecho y Castro destruyó las instituciones con facilidad.

No obstante lo dicho, sería injusto no resaltar que había conciencia de todo lo expuesto en otra clase de minorías o sea, las de personas comprometidas con la república. Es decir, elementos dentro de las clases de juristas, intelectuales, clase media, y clase trabajadora. Tanta conciencia había, que el violar el ámbito institucional como lo hizo Batista generó la reacción conocida.

Pero lo que no había era la **conciencia popular** de que cada violación y abuso diario y pequeño genera el ambiente para uno grande. No existía la conciencia de que las soluciones revolucionarias y golpistas son extremas y casi siempre producen malos resultados porque no hay controles. Teníamos, y tal vez aún tenemos, la convicción de que el ejecutivo manda y no que sirve y que la forma más efectiva de solucionar problemas sociales era por la vía 'rápida' y revolucionaria.

Se habla de propensión latina al caudillismo. No hay tal, afecta a la humanidad como hemos apuntado. Lo que sucede es que ciertos grupos humanos en un momento dado de su desarrollo político están más expuestos que otros. Fuimos uno de ellos. Pero más que caudillismo se trata de infantilismo político. Cuando un pueblo no se valora como comunidad política sino tan sólo costumbrista y social, cuando sus individuos no reclaman que sus gobernantes cumplan con servir y no con sólo mandar, entonces aún no ha crecido como polis. Los poderes ejecutivos corrompidos son como padres irresponsables de hijos autistas. Pero es un autismo auto-impuesto y remediable con un simple acto de voluntad. Decirle al aspirante a mandarín: (aspirante porque si ya lo es, llegamos tarde) cumpla con la legalidad y su trabajo o lo despedimos. Para eso son las elecciones.

4. **Como se controla la gestión ejecutiva.**
   Cumplir y hacer cumplir la ley.

Todas las constituciones, incluyendo las nuestras, dicen que el ejecutivo está encargado de cumplir y hacer cumplir las leyes y de dictar los reglamentos para su mejor ejecución cuando no lo hubiere hecho el congreso (Art. 142 Const. del 40) **"sin contravenir en ningún caso lo establecido en las leyes"**. La primacía de la ley sobre el decreto presidencial es esencial. Si el congreso legisla y el presidente decreta cosa diferente no hay orden, ni lógica y el estado de derecho fracasa. El problema consiste en la sutileza. Un decreto que va claramente contra la ley es nulo. Una ley que contradiga un decreto anterior lo anula. Esos son casos claros y puede obtenerse la resolución más fácilmente. Lo difícil es cuando el congreso, por dejadez o incompetencia, no reglamenta la ley (el detalle de como se ejecuta lo escrito por la administración pública) o no dicta una ley clara, y encarga el reglamento al ejecutivo. El reglamento en manos de un redactor inteligente que pertenezca al poder ejecutivo, puede dar un resultado que dé más que la ley, o menos si así se quiere.

Ambas cosas, contraer o expandir una ley dada por el congreso son inconstitucionales y pueden y deben recurrirse ante el Tribunal Constitucional para pedir su anulación. Es más, aun los decretos claramente nulos tienen que ser recurridos judicialmente para ser anulados. Obviamente la seguridad jurídica requiere que no se desconozca un decreto porque al afectado le parezca mal.

No se trata de un detalle jurídico. Una gran cantidad de nuestras leyes antes de Castro y durante Castro son meros decretos del ejecutivo. Antes de Castro por las conmociones políticas. Después, porque el consejo de estado era el verdadero legislador. Estamos habituados a que la ley venga de arriba sin debate, sin pedirle ideas al ciudadano y sin consulta a la sociedad civil en general.

Cuando se carece de un Tribunal Constitucional que controle la inconstitucionalidad de un reglamento que viole la ley o la constitución, el ciudadano está desvalido. Más adelante explicaremos como el Tribunal Constitucional fue apartado de su función principal y se convirtió en un tribunal mayormente laboral, abandonando su cometido de controlar los poderes del estado en su función legislativa y ejecutiva.

El ejecutivo también falla cuando deja de aplicar la ley o la aplica injustamente. El favoritismo viola el principio de igualdad ante la ley, el hacer de la vista gorda viola el principio de la legalidad y la seguridad jurídica, el no contestar a las peticiones de los ciudadanos a tiempo viola el principio de dirigir peticiones a las autoridades.

Podríamos continuar pero basta para entender cuan importante es que exista respeto por la legalidad y un medio de hacerla valer. Ley no aplicada es ley muerta, ley derogada de facto.

Informes, comparecencias, selección de personal, presupuestos y auditoría.

Los Ministros tienen la obligación de suministrar los informes que les pida el congreso a través de las comisiones creadas al efecto y de comparecer personalmente si se les solicita. Dichas comisiones deben tener acceso a las auditorías para comprobar la calidad de la gestión. Su misión debe ser criticar constructiva y profesionalmente. El Congreso, en cierta forma aproximada, debería actuar como un consejo de administración. No ejecuta pero revisa la gestión e intenta mejorarla. Políticamente lo anterior no sucede con la frecuencia debida. Para progresar y salir del desastre tenemos que ser mejores que la conducta común.

Selección de personal y relación con el presupuesto.

Para los cargos de importancia (magistrados, embajadores) se estila disponer que el presidente necesite la aprobación del senado.

Para llenar los demás cargos se debe operar profesionalmente. Toda empresa de envergadura, y un gobierno lo es, funciona con un plan de ingresos y gastos anuales. Es lo que se llama presupuesto. El de un gobierno debe incluir la plantilla de empleados de cada ministerio basado en necesidad administrativa y no en politiquería repartidora de prebendas.

Tradicionalmente se ha protegido al empleado público por la ley del servicio civil que impedía el despido de los empleados públicos profesionales a fin de no hacer que el gobierno se convierta en una simple agencia de empleo del partido ganador.

No sólo es una forma de controlar el gasto presupuestado, es una forma de poder captar una empleomanía que adquiera cierta experiencia en el manejo de la cosa pública y colocar al poder ejecutivo en la posición de administrador y no de dispensador de empleos. El problema es que con frecuencia no se proveen medios para administrar. Cualquier empleomanía que no esté sujeta a controles de calidad y evaluación anual se deteriora. Muchos ministerios acaban con unos cuantos empleados viejos que saben de que se trata el negocio público rodeados de muchos otros que entraron por recomendaciones, no hacen gran cosa y se marchan cuando cambia el gobierno. Los empleados viejos lo hacen casi todo, los que entran con cada nuevo gobierno, usualmente poco.

Los sistemas modernos de auditoría de personal detectan estos problemas y los enfrentan con sistemas de evaluación y compensación relacionados a la productividad. Somos partidarios de remunerar muy bien al empleado público en un puesto de responsabilidad y de proveer salarios competitivos con la empresa privada y posibilidades de ascenso a todos los niveles. El buen salario evita la tentación de aceptar cohechos. La remuneración competitiva debe ir acompañada de la potestad de despedir por mal desempeño profesional previo un procedimiento adecuado. La protección al empleado público debe de ser contra la injusticia y no a favor de la incapacidad. Desde luego la posibilidad de pagar cantidades adicionales por desempeño profesional extraordinario también debe existir. Obviamente todo debe funcionar dentro de sistemas que produzcan resultados justos y no provean la oportunidad de 'premiar' a los amigos o adeptos políticos.

En definitiva, un presupuesto bien ejecutado depende del equipo que ejecute. Si los equipos están politizados y son incompetentes los controles no funcionan como preventivos. Las auditorías de ejecución del plan de trabajo y desembolso de fondos, que son métodos normales de control, sólo mostrarían los errores y cohechos. Sin duda es importante que se muestren y denuncien pero el objetivo no es mostrar errores sino evitarlos.

La Constitución del 40 creó una nueva institución, El Tribunal de Cuentas, para que funcionase como auditoría del estado, la provincia y el municipio. Fue una iniciativa que hay que resucitar, modernizándola para que esté dotada de los últimos adelantos en sistemas de auditoría y control.

División del Poder.

Tanto la Constitución de 1901 como la de 1940 crearon subdivisiones políticas a nivel de provincia y municipio con facultades legislativas e impositivas. Como hemos apreciado, dividir el poder ejecutivo es bueno para promover la libertad y acercarlo al ámbito local aún mejor, porque conecta al ciudadano con temas que lo afectan a diario y son visibles. Una buena y honrada policía, un buen alcantarillado municipal son muestras de impuestos bien usados y de buena administración. Además, se descentraliza, lo cual no sólo tiene connotaciones económicas y administrativas sino políticas, porque el poder se fragmenta y ningún partido por sí sólo suele controlar todo el aparato del poder.

Potenciar de nuevo ambas cosas es necesario y recalca lo importante que es tener una eficiente auditoría general de la república.

Principio de Legalidad. Poder Judicial. Tribunal Constitucional.

El ejecutivo ejecuta aquello para lo cual está autorizado por la ley. Si actúa por su cuenta responde por violar la ley. Los Tribunales amparan al ciudadano que impugna una decisión arbitraria. El Tribunal Constitucional controla que las leyes no sean inconstitucionales.

Limitación del mandato.

Los presidentes son electos usualmente por un período de cuatro a seis años. En la Cuba republicana era de cuatro sin reelección inmediata. Un presidente debía esperar 8 años para postularse de nuevo. Podría estudiarse la idea de extender una espera similar a otros cargos electivos, tal vez limitando el número de reelecciones para no crear castas políticas tradicionales.

5. **Como no se controla.**

En el pasado intentamos controlar al ejecutivo nacional por medios políticos, en particular con el llamado sistema semi-parlamentario creado por la Constitución del 40. Permitía al congreso crear cuestiones de confianza a los ministros y lograr su renuncia y sustitución por mayoría de votos del congreso. Mal sistema. Se prestaba a politizar la gestión administrativa y así sucedió. Grau respondió a cuestiones de confianza cambiando de cartera a los ministros afectados, haciendo uso de que no se previó ese caso.

No se consigue gran cosa con un sistema de ese tenor, porque si un ministro es incompetente o deshonesto lo mejor es mostrarlo a través de auditorias, informes y comparecencias. Con una prensa libre se llega al mismo resultado de cambiar al ministro sin entrar a votar sobre su destitución. Las votaciones son ejercicios políticos con promesas de apoyo para una tendencia u otra y cada una tiene su precio político. ¿Entonces, para qué complicar? Con una prensa libre un ministro inepto no dura mucho.

III- Poder Legislativo.

El Poder legislativo tiene controles internos, externos y constitucionales.

Los internos se refieren al proceso para aprobar y debatir las leyes. Deben incluir audiencias públicas, obtención de datos de diversas fuentes, propuesta de ley por uno o más legisladores, aprobación por un comité congresional especializado en el ramo que toque la ley y sujeción a las reglas parlamentarias de debate y votación que cada cámara dicte.

Externamente se estila tener dos cámaras para refinar el proceso legislativo.

En la cámara baja usualmente se elige un representante por x número de electores en un distrito electoral. La cámara alta o senado se elige geográficamente. La baja estaría compuesta de gente más joven y más cercana a los electores. La alta contaría con personas de mayor edad y más afines a un área geográfica mayor, por ejemplo una provincia. El período de los cargos puede variar. El de los representantes a la cámara puede ser más corto. Es de dos años en los U.S. y era de cuatro en la Cuba republicana. Los congresistas en Cuba eran renovables a la mitad cada dos años. El período de cuatro años regía también para el Senado de la Cuba republicana pero se elegían de una sola vez en cada elección presidencial. Hay muchas formas de hacerlo pero la idea es renovar con frecuencia y dar al votante un medio de presionar.

La idea de crear dos cámaras es, paradójicamente, hacer difícil la promulgación de leyes. ¿Por qué? ¿No hemos hablado de eficiencia? Pero es que las leyes obligan a todos y deben ser razonables y bien escritas. De hecho son difíciles de cambiar y derogar y crean con gran frecuencia problemas por consecuencias no previstas. Legislar bien no es cosa fácil en el complicado mundo de la sociedad y economía modernas.

El sistema bicameral obliga a ambas cámaras a ponerse de acuerdo si quieren pasar una ley. El proceso se refina y la ciudadanía tiene más tiempo de intervenir. Cuantas menos leyes tengamos mejor. Pocas y bien hechas es lo ideal. Multitud de leyes corruptísima república, fue máxima de la Roma republicana antes de hacerse imperial. Hoy en día es muy difícil lograr ese ideal pero debemos aspirar a ello.

En fin, existen controles constitucionales que se refieren a las facultades legislativas del congreso. Se exigen mayorías de dos tercios de todos los miembros de ambas cámaras para pasar ciertas leyes. Por ejemplo, las retroactivas (Art. 24 Const del 40). Las que autoricen empréstitos (Art. 253). O para sobrepasar el veto presidencial (Art. 137). En otros casos se prohíbe al congreso añadir perchas, como ya explicamos, a las leyes de presupuestos. (Art. 253).

A pesar de todo lo anterior hemos tenido congresos que se han plegado servilmente al ejecutivo. El que votó la prórroga de poderes de Machado, el que depuso a Miguel Mariano Gómez por hacer uso de sus facultades y vetar una ley que el legislativo quería pasar (fue una farsa legislativa). Se prueba así que se pueden dar golpes de estado 'legales' cercenando libertades poco a poco, a veces de súbito por una ley, o continuadamente por un conjunto de ellas.

El ejemplo absoluto de congreso servil y de pantomima ha sido el castrista, 'electo' como gomígrafo, pues obedientemente ha ratificado todo lo hecho por el consejo de estado que como es sabido ha sido el verdadero órgano legislativo.

El congreso, en definitiva, está en manos del ciudadano a la hora de votar. Sin buenos candidatos no hay buen gobierno. Si no se les *exige* buena conducta, los políticos harán lo que les parezca. Las elecciones 'chambeloneras' en pos del que 'ofrezca más' acaban en que la ciudadanía sufre al que 'quita más' y da menos.

Los sistemas de control son necesarios y ayudan pero no son decisivos. Con ineptos o corruptos al frente del gobierno no hay sistema que evite los daños. Podremos mitigarlos pero eso es todo. Mantener la democracia es ocupación constante del ciudadano que quiere vivir en libertad.

El otro control constitucional del congreso y del ejecutivo es el sistema judicial y en particular el tribunal constitucional, temas que por su importancia se tratan en capítulos subsiguientes.

En fin, volviendo a nuestra tesis básica de división del poder: Una forma muy efectiva es potenciar la autonomía municipal, asunto que tiene tradición en Cuba. Pero eso es tema para otro libro. Hay que pensar bien en como se hace y que controles de auditoría y administración se necesitan para entidades autónomas que tengan capacidad de imponer y recaudar impuestos.

CAPÍTULO X

Futuro Poder Judicial en Cuba

Un buen sistema judicial es más que nada una medida de la cultura y civilización de un pueblo que prefiere resolver sus disputas por vías pacíficas y para eso ha delegado ciertos poderes a sus jueces.

I- Introducción.

II- La situación en la Cuba castrista.

III- Problemas inmediatos del nuevo poder judicial.

IV- El sistema a adoptar.

V- Nuestra tradición.

VI- Recomendaciones.

I- Introducción.

Por más de 45 años hemos carecido de una judicatura dedicada a hacer justicia a todos los ciudadanos y no a los adeptos a una idea. Esa situación ha tenido efectos devastadores sobre la percepción del derecho y la judicatura. Los cubanos de la isla conocen un sistema que es caricatura de la justicia. Los cubanos residentes en países libres sólo han tenido experiencias con los sistemas que rigen en otras jurisdicciones.

Nuestro pueblo conoce muy poco sobre nuestras tradiciones jurídicas, el sistema que regía en Cuba y como comparaba con otros sistemas. No pretendemos entrar en demasiado detalle. Pero daremos suficientes datos para que el lector pueda formarse un criterio sobre la enorme e indispensable tarea a realizar. Indispensable, porque uno de los problemas que enfrentan todos los países que salen del comunismo es la carencia de garantías a la inversión por falta de un sistema de justicia confiable y eficiente.

Preciso es decir que no hay civilización sin Poder Judicial. Desde que el hombre se organizó para vivir en sociedad se ha hecho indispensable designar a alguien que decida las disputas, así como proveer los medios de hacer valer lo que decida el juez en caso de que las partes no lo acaten voluntariamente.

En el mundo moderno los litigios y disputas son muy numerosos, consecuencia lógica del aumento de población y del grado de alfabetización y cultura. Un buen sistema judicial es más que nada una medida de la cultura y civilización de un pueblo que prefiere resolver sus disputas por vías pacíficas y para eso ha delegado ciertos poderes a sus jueces.

Esos poderes sin embargo, no pueden ser delegados a cualquiera. Es preciso escoger muy bien de modo que los aspirantes sean competentes no sólo en conocer la ley y la ciencia jurídica, sino que además tengan el temperamento y la sabiduría necesaria. Lo primero se puede lograr con un examen de ingreso. Lo segundo es producto del transcurso del tiempo, tanto para los jueces que ingresan jóvenes a la profesión, como para aquéllos que acceden a la judicatura en etapas más avanzadas de sus vidas y por ello cuentan con experiencias que les han permitido entender mejor la vida, el hombre y sus conflictos.

Esa experiencia sobre como juzgar situaciones, unida a un sentido innato de justicia es tan importante como el conocimiento técnico del derecho sin que se pueda prescindir de ninguno para ser un buen juez. Y falta la cualidad más importante. El carácter y la honestidad para resistir las presiones y también para adherirse a la ley, interpretándola con un criterio lógico y equitativo sin caer en la tentación de convertirse en legislador o de favorecer al poderoso aceptando cohechos. No es poco y por ello los países siempre han regulado el acceso a la judicatura en forma bastante minuciosa, así como el comportamiento de los jueces y las garantías que se les ofrecen para cumplir su mandato. En términos prácticos hoy en día ésto significa selección de jueces regulada, incompatibilidad para ejercer otros cargos, inamovilidad en los puestos, remuneración adecuada, prohibición de actuar en política, obligación de recusarse si existe un conflicto de interés y otros requisitos que examinaremos más adelante y que dependen del sistema adoptado.

II- La situación en la Cuba castrista.

Como anunciamos, procede situar al lector en el ambiente desde donde hay que partir para hacer las reformas.

Una verdad de perogrullo es que el juez por sí solo no puede obligar a nadie a hacer algo que no quiera hacer. Necesita el poder coactivo del estado tras sus decisiones.

En el caso de la Cuba futura esta simple verdad define un problema, pues presupone un respeto implícito a las órdenes del juez por los órganos del estado encargados de ejecutar un mandamiento judicial. Dicho respeto en los regímenes dictatoriales no existe pues no hay tradición de aceptar y respetar las órdenes de un mero civil que no sea un instrumento servil del gobierno. Y los jueces en la Cuba castrista lo son por diseño y ello en grado superlativo.

Ya habíamos hecho referencia a como está organizado el sistema en Cuba al comentar la constitución castrista en el capítulo IV y allí referimos al lector. Entremos ahora en materia.

III- Problemas inmediatos del nuevo Poder Judicial.

En un país como será la Cuba post Castro hay que empezar prácticamente de cero y por ello hay que tener una idea muy clara de cuales son los objetivos a lograr. Son de dos clases, los objetivos generales que debe contener un diseño eficiente de un sistema y los particulares de la situación que deberá enfrentarse.

Empecemos por los particulares pues las circunstancias obligarán a enfrentarlos a priori.

¿Hay independencia en el Poder Judicial cubano? La respuesta ya está dada pero algunos preguntarán: ¿Suponiendo una reforma, puede aprovecharse algo del personal actual?

Existe una cuestión previa. Los jueces de lo criminal que han condenado a opositores legítimos a severas penas de privación de libertad, los que han dictado sentencias de muerte, no pueden continuar. Serán vistos como cómplices y delincuentes por los afectados que reclamarán justicia.

Respecto a los jueces de la jurisdicción civil y de la criminal que no han tenido ese desempeño la respuesta práctica es: A corto plazo no hay otra opción sino funcionar con lo que se tiene con la advertencia terminante de que aplicar la ley con arreglo a justicia, y no políticamente, es indispensable y que lo contrario será causa de despido y sanción severa. El buen comportamiento puede ser considerado para facilitar otro camino profesional pues a mediano plazo habrá que inhabilitar para el ejercicio de la judicatura a todos los que sean meros 'apparatchiks judiciales' y empezar con gente nueva y bien formada.

¿Podrá haber excepciones? Es una pregunta imposible de contestar sin conocer las circunstancias. Siempre hay personas, que aun en las dictaduras, observan conductas diferentes. El Magistrado Urrutia en la Cuba de Batista profirió un voto particular acogiendo la tesis de la rebeldía en defensa de la Constitución del 40 y votó por absolver a Castro. Vaclav Havel en al República Checa se lamentó de no haber inhabilitado a más personas. Tal parece que la facultad mimética de los 'apparatchiks' es notable y que después salen a relucir las mañas. Es un tema a pensar y discutir a fondo con serenidad y sentido práctico.

Otra pregunta básica: ¿Hay suficiente gente preparada para ser juez? La respuesta obvia también es negativa. Castro suprimió el estudio del derecho por largos años y cuando lo estableció de nuevo, comenzó por enfocarlo a los servicios de seguridad. Necesitaban preparación formal para "empapelar" la ciudadanía y reprimir con juicios y sentencias injustas. Respecto a los recientes graduados de la Universidad de La Habana, ignoramos la calidad del profesorado pero visto el programa de estudios sin duda se pierde tiempo precioso en asignaturas de contenido meramente político y marxista que tienen tanta utilidad práctica como la arena en el Sahara. Sin duda, habrá que actualizar el programa y dotarlo de profesores con experiencia práctica en el derecho moderno que en parte muy importante es contratación comercial. Considerados en relación al volumen de contratación pocos casos llegan a los tribunales, pero los que llegan son complicados y por eso un juez debe tener excelente preparación en derecho civil y mercantil. En Cuba en más de cuarenta años no ha existido práctica judicial que merezca la pena, simplemente porque tampoco ha existido práctica comercial de envergadura.

Lo cual significa que será necesario un programa acelerado de formación de profesionales y en particular de aquéllos que aspiran a ingresar en el Poder Judicial. Sin jueces preparados y justos hablar de Estado de Derecho es una entelequia. No puede existir.

Como dijimos, tampoco hay inversión seria sin un sistema que ampare a las personas en sus derechos. El tejido social es más frágil de lo que se piensa. Se basa en una serie de convenciones y supuestos. Cuando usted dice ésta es mi propiedad robada, éste es mi derecho, se me debe tanto, tales y tales personas garantizan la deuda, se me dió tal cosa en garantía, está diciendo: Existe un sistema que me ampara y que me pondrá en posesión de mi propiedad, o exigirá que se cumpla lo pactado, o determinará que daños y perjuicios se me deben y como puedo cobrarlos. Y todo ello independiente de afiliación política o de mafias que intimiden a los jueces o coloquen en la judicatura a los de su preferencia.

El cubano es buen estudiante. Saldrán excelentes candidatos en cuanto a preparación formal. Pero adquirir carácter y temperamento judicial, tradición y orgullo profesional depende del tiempo. No se forma un acervo de jurisprudencia de la nada, ni tampoco se improvisan juristas experimentados. Toda profesión requiere un período de tiempo para cuajar como algo valioso y respetado en una sociedad. En la cubana, dado que el derecho ha sido atropellado sistemáticamente, no se ha permitido el desarrollo de los talentos que sin duda existen. Dado lo anterior el desempeño del nuevo sistema judicial dependerá en buena parte de la bondad del sistema adoptado.

Los sistemas existen para remediar las deficiencias humanas. Entremos a examinar precisamente ese punto.

IV- El Sistema a Adoptar.

Las influencias:

Como expresamos en la introducción, la mayoría de los cubanos que han tenido contacto con un sistema judicial independiente lo han hecho en otros países y en particular los Estados Unidos. Asimismo, la mayoría de los cubanos que han estudiado derecho desde 1959 a la fecha se han graduado en universidades americanas o europeas. Los que han estudiado en universidades europeas lo habrán hecho bajo el sistema del derecho civil que es la tradición que regía en Cuba.

Los graduados en Estados Unidos o Inglaterra lo habrán hecho bajo el sistema del 'common law'. La inmensa mayoría ha estudiado en Estados Unidos y consecuentemente han ejercido su profesión bajo el sistema americano.

Esto último tiene sus ventajas y sus desventajas respecto al futuro del sistema judicial en Cuba y las influencias que puede recibir.

La ventaja es que la mayor inversión vendrá de Estados Unidos y esos abogados cubano-americanos podrán representar a sus clientes adecuadamente pues dominarán el idioma inglés y entenderán la psicología del inversor que es la de su país nativo. También podrán aportar ideas prácticas que ayuden al desarrollo del sistema cubano.

La desventaja es que el sistema será diferente y los abogados graduados en Estados Unidos tendrán que aprenderlo si quieren ejercer en Cuba. Esto es un obstáculo a salvar, pero para quien quiera aplicarse a ello será superable. Al igual que se debe habilitar un sistema de formación profesional en Cuba para los nuevos abogados, se debe adoptar un programa de reválida para los abogados cubano americanos que deseen ejercer en Cuba. Esto aumentaría el número de profesionales disponibles y ayudaría al desenvolvimiento de la economía cubana.

No creo que sea tan difícil. Muchas personas creen que hay diferencias enormes entre el sistema del derecho civil y el del "'common law.' Los formados en el 'common law' se refieren al derecho civil como Código Napoleónico. Dicho código no es más que una de las muchas manifestaciones del derecho civil originado en

Roma hace dos mil años. El derecho civil romano es la base del derecho de occidente del cual el derecho civil moderno y el sistema del 'common law' son descendientes.

Los códigos no son un manual de respuestas que los jueces aplican de corrido. Son simplemente un conjunto de reglas que se han derivado de decisiones judiciales que después de repetirse por mucho tiempo, se han plasmado en ley. El sistema americano ha hecho lo mismo y la codificación abunda, sobre todo en materia comercial. Es un imperativo del comercio. Se hace necesario saber a que atenerse.

Ambos sistemas llegan a resultados parecidos por caminos diferentes. La diferencia mayor consiste en que en el sistema civil los jueces tienen menos latitud para interpretar la ley y sobre todo para crear ley con sus decisiones. En el sistema del 'common law' es más difícil saber cual es la ley porque a menudo la modifica el precedente judicial so guisa de interpretación. La latitud interpretativa con frecuencia produce decisiones sorprendentes y a menudo contradictorias. Esto es más pronunciado cuando los jueces hacen uso de su poder de decidir en 'equidad' y modifican la ley, causando así muchas apelaciones y rectificación por las cortes superiores. El sistema americano lo tolera dado su tradición pero se escuchan muchas quejas.

Contrariamente a lo que piensan muchos, (incluyendo abogados norteamericanos no versados en derecho comparado) el sistema de derecho civil también da lugar a la jurisprudencia. Interpretar la ley aplicándola al caso específico es indispensable, ya que los códigos por naturaleza contienen muchos principios generales. Se hacía en Cuba con el concepto de doctrina legal que se originaba en el Tribunal Supremo cuando decidía dos casos iguales e interpretaba la ley en igual forma. Esas decisiones obligaban al juez inferior, y no aplicar la doctrina jurisprudencial daba lugar a un recurso por infracción de doctrina legal ante el Tribunal Supremo.

Esto es más lógico para la Cuba futura. Sin duda en un país sin derecho por más de cuarenta años es imposible dar a los jueces las atribuciones que tienen los jueces americanos, que en Estados Unidos causan multitud de problemas.

Y hay otras diferencias importantes. Resaltemos cuatro problemas del sistema americano que no debemos importar.

El pacto de "cuota litis" o sea cobrar una porción de lo que se gane por concepto del pleito. Esto se llama en Estados Unidos "honorario contingente" y convierte el derecho en un negocio peligroso si el caso cae en manos de abogados poco escrupulosos. Los romanos, con su buen criterio, lo prohibieron hace dos mil años mostrándonos de nuevo que no se ha inventado mucho en materia de relaciones humanas. El código civil vigente en Cuba antes de Castro también lo prohibía y esa prohibición debe mantenerse.

La falta de condena en costas. El concepto de litigante temerario y de mala fe es común al derecho civil. Si el juez aprecia esa disposición le impone las costas de todo el proceso incluyendo las del contrario, por ser un litigante frívolo. Aún sin frivolidad puede perderse un pleito y tener que pagar las costas. Todo lo cual frena al litigante temerario que pleitea para amedrentar y llegar a un arreglo extrajudicial.

El llamado "class action suit" o litis-consorcio activo por el cual un grupo de abogados que representa a un conjunto de individuos ponen pleito (usualmente a una empresa con recursos considerables) para transarlo y cobrar una suma importante. En el sistema de "cuota litis" ésto equivale a obtener un alto honorario. No hay nada que criticar respecto a unirse para pleitear y todos los sistemas lo permiten. Lo extraño del sistema americano es que se permite hacerlo con un poder para pleitos que se **presume**. Por ejemplo, los accionistas de una empresa reciben una notificación de que tales y tales personas están poniendo pleito a la empresa de la que son accionistas por un supuesto acto gerencial en perjuicio de los accionistas. Se les invita a unirse al pleito y se les notifica que si no responden expresamente que no aceptan la representación serán considerados como parte del pleito. Es absurdo porque el poder para pleitos siempre debe de ser expreso y nunca implícito o supuesto. Este sistema unido al de honorario contingente, crea un **negocio de pleitos** que es muy perjudicial para una economía en desarrollo y un sistema judicial en proceso de recuperación. El sistema de poder expreso era el que teníamos y debe mantenerse.

El jurado para cuestiones civiles además de las criminales. La complicación de muchos casos civiles y en particular los comerciales hace que el jurado en los casos civiles sea poco apto para apreciar los hechos que muchas veces son muy técnicos y aburridos para el común de las personas. Los jurados para asuntos civiles, unidos a los puntos mencionados en a, b, y c, hacen del jurado civil una institución poco útil pues puede ser manipulado fácilmente.

Lo que sí puede importarse con ventaja es el gran acervo de legislación mercantil que el derecho americano ha generado en materias como bolsa, contratos de todo género y procedimientos judiciales expeditos para hacer valer los derechos. El sistema americano de "injunctions" o interdictos es muy útil y supera lo que teníamos en Cuba.

Conclusión: El sistema judicial deberá ser el correspondiente al derecho civil que es la tradición cubana. No sólo lo es, sino que dadas las circunstancias es más práctico para la situación a enfrentar. Necesitamos entrenar jueces y tener un sistema que permita un control judicial que exija la aplicación de la ley y lleve a los jueces con riendas cortas. El sistema del 'common law' es notoriamente poco apropiado para lograr ese objetivo y así lo deben entender los juristas graduados en los países con esa tradición. Hay un precedente histórico. Durante la intervención americana que siguió a la guerra del 95, el gobernador militar Leonardo Wood, le tenía 'manía' al sistema español basado en el derecho civil. Ciertamente adolecía de lacras, pero eran mayormente producto de defectos administrativos del sistema colonial y no de una tradición judicial muy respetable remontada a muchos siglos. Wood quería acabar con todo. Los juristas cubanos que lo aconsejaban lo convencieron de lo contrario. Se mejoró el sistema, se adicionaron cosas útiles como el 'habeas corpus' y en su momento los juristas cubanos redactaron una excelente Ley Orgánica del Poder Judicial dictada en 1908, que fue la base del Poder Judicial cubano. Ese Poder Judicial funcionó bien en lo técnico. Se auto-reguló y tuvo fama de ser honesto. Dicha ley y sus principios deben ser la base del sistema a organizar.

V- Nuestra tradición.

Vamos a bosquejar tan solo nuestra tradición y sistema para después sacar conclusiones sobre el futuro.

La ley que mencionamos regulaba el acceso al Poder Judicial y su funcionamiento interno. Se le adicionaron preceptos por la Constitución del 40 que precisó algunos aspectos.

En cuanto a ingreso a la carrera judicial se establecía un sistema de examen con calificaciones para ingresar a la profesión y se creaba un escalafón según las calificaciones alcanzadas. El primero en el escalafón tenía derecho a la primera plaza que se abriera. Si no la tomaba pasaba al siguiente. Obviamente los aspirantes a presentarse a examen tenían que gozar de buenos antecedentes personales.

Es un buen sistema de ingreso. Exigir competencia profesional con un examen difícil elimina el favoritismo político que implica el designar jueces y permite la participación de personas con independencia política.

Y peor aún es elegirlos. Los compromisos que se adquieren en una elección son muy altos. Tan es así que nuestra antigua ley prohibía al juez aspirar a cualquier cargo electivo.

Una vez dentro del sistema el juez ascendía por méritos, por antigüedad o por oposición en el caso de Magistrados de Audiencia o sea, la Corte de Apelaciones. Se establecían turnos de ascenso. En el caso de jueces había dos turnos, el primero por antigüedad y el segundo por concurso que es sólo otra forma de examen. El tercero se reservaba al sistema de oposición, examen teórico práctico, sólo aplicable al caso de Magistrados de Audiencia, al cual podían concurrir tanto funcionarios judiciales como abogados en ejercicio. Era un precepto acertado en cuanto abría el sistema a una base mayor de candidatos.

El sistema también estipulaba la calificación de méritos que serían tomados en cuenta para los concursos entre funcionarios. Estos comprendían la publicación de obras jurídicas, el desempeño en el cargo, etc. Todos esos méritos recibían una puntuación que determinaban los órganos competentes para administrar el Poder Judicial y se añadían a los obtenidos en el examen. Dichos órganos eran las llamadas Salas de Gobierno del Tribunal Supremo y de las Audiencias constituidas por los Magistrados Presidentes de Sala y los más antiguos.

Esas Salas tenían facultades administrativas y disciplinarias. Podían amonestar o corregir a los funcionarios imponiéndoles diversas penas desde una mera amonestación hasta postergación en el escalafón o suspensión de empleo y sueldo. La separación se imponía por causas graves, incluyendo delitos confirmados por sentencia firme, negligencia o ignorancia inexcusables, desmerecimiento en el concepto público cuando se les impusiere una pena que ocasionase ese resultado y otras causas graves tasadas por la ley entre las que figuraban las incompatibilidades.

Las incompatibilidades son requisito esencial del diseño. Al juez hay que centrarlo en su profesión y por ello nuestras leyes proveían que un juez no podía ejercer como tal y ser militar, empleado de gobierno, ni desempeñar ningún cargo electivo o aún adscrito a los Poderes Legislativo o Ejecutivo, excepto cuando se tratase de comisiones designadas por el Poder Legislativo para tratar de las reformas de las leyes, caso donde la experiencia de un juez pudiese ser útil.

Tampoco podían formar parte del mismo tribunal los unidos por parentesco hasta el cuarto grado de consanguinidad o segundo de afinidad. Igualmente el juez no podía estar interesado en empresas que negociasen en el territorio donde ejercía sus funciones o ser socio, director, gestor o administrador de las mismas. Estos conflictos de intereses obligan al juez a recusarse del asunto en muchas legislaciones. En Cuba se le prohibía y además la Constitución del 40 (Art. 170) le prohibía expresamente ejercer otra profesión. Quiere decir, había que ser juez tiempo completo, precepto también acertado pues algunas legislaciones buscan ahorrar gastos permitiendo a jueces de jurisdicción inferior ocuparse de otros asuntos. Hoy en día, dada la complejidad de la vida civil, ésta no es una buena idea.

Y en fin, hay incapacidades que no es lo mismo que incompatibilidades. Incompatibilidad se refiere a una circunstancia del momento e incapacidad a la esencia de la persona. Son incapaces los impedidos física o mentalmente, los procesados por cualquier delito, los condenados a cualquier pena aflictiva, los quebrados y concursados. Todo lo cual explica el por qué los jueces envueltos en condenar injustamente a los opositores del régimen no podrán continuar. En realidad, inhabilitar a una persona para ejercer un cargo es lo mismo que declararla incapaz para ello.

La jurisdicción en Cuba se dividía en Civil, (todo lo concerniente a los asuntos entre particulares) Criminal, (se explica por si sola) y Contencioso Administrativa (lo referente a pleitos con el Estado). Los jueces inferiores resolvían en primera instancia y en apelación se iba a las Audiencias donde la jurisdicción se dividía en salas por materias según lo explicado anteriormente. De las Audiencias se iba al Supremo bajo un sistema conocido como la casación, que equivale a decir anulación, pues ésa es la función de un Tribunal Supremo:

anular lo mal hecho por otros Tribunales. Además existía el Tribunal de Garantías Constitucionales y Sociales dedicado a juzgar temas constitucionales.

En materia criminal en primera instancia existía el juez de instrucción, completamente independiente de los cuerpos policiales o del poder ejecutivo, cuya única responsabilidad era investigar el delito y determinar si el acusado debía o no ser procesado. Podía comenzar la investigación por denuncia, por instancia del ministerio fiscal o por su propia cuenta si tenía noticias de un delito.

Se presumía la inocencia y si existían indicios racionales de criminalidad el juez dictaba un auto provisional de procesamiento que detallaba los cargos. Esta determinación podía dejarse sin efecto durante el proceso de instrucción que en efecto consistía en la ejecución de investigaciones y aportación de pruebas. Para ello el juez se mantenía independiente de los cuerpos de policía que estaban obligados a prestar cooperación cuando les fuera ordenada. El juez contaba además con un cuerpo especial, la Policía Judicial, dedicada a investigaciones, y con departamentos técnicos para auxiliarlo. El Ministerio Fiscal era también un cuerpo independiente del Ejecutivo pues formaba parte del Poder Judicial y su misión era no sólo acusar, sino también defender. O si procedía, recomendar que se desistiese de un caso por estimar que la acusación carecía de mérito.

El acusado tenía el derecho de estar asistido por letrado, de no declarar si no deseaba hacerlo y de participar en las actuaciones, proponer pruebas, oponerse a las que propusiese el fiscal y hasta apelar el auto de procesamiento. El acusado tenía que ser convicto por pruebas independientes de su confesión o la de sus parientes cercanos y gozaba del derecho de ser puesto a la disposición del un juez a las 24 horas de su arresto, exigiéndose su libertad u orden de prisión provisional en un plazo de 72 horas. Obviamente también gozaba de la protección del tradicional principio de la 'cosa juzgada' es decir, no poder ser juzgado dos veces por el mismo delito, así como del principio de la irretroactividad de la ley penal.

Una vez terminado el período de investigaciones el juez dictaba un auto final y dejaba sin lugar el procesamiento o abría el proceso a juicio remitiendo lo actuado a la audiencia, donde el acusado era juzgado por una sala de tres jueces. Quiere decir que en Cuba no había gran jurado, como en Estados Unidos, para procesar a las personas ni jurados para juzgarlos. El sistema era de juez de instrucción y de sala. Finalmente, existía también una jurisdicción administrativa frente al gobierno que se ventilaba directamente con el funcionario y ministerio que hubiese dictado al resolución conflictiva. Agotada esta vía, se iba a la jurisdicción contenciosa es decir a los Tribunales de Justicia que resolvían si la administración había actuado con arreglo a derecho.

Dada la relevancia de sus funciones un asunto importante que hay que explicar es el sistema utilizado para elegir magistrados del Tribunal Supremo y del Tribunal de Garantías Constitucionales. En los Estados Unidos el presidente designa magistrados y el senado los confirma. La Constitución del 40 en Cuba daba esas facultades también al Presidente y al Senado pero era más exigente en cuanto a la designación. El presidente no podía escoger a quien quisiese. Se le daba una terna (tres nombres) que eran propuestos por un colegio electoral de nueve miembros, de los cuales cuatro eran designados por el pleno del Tribunal Supremo de su propio seno, tres por el presidente y dos por la Facultad de Derecho de la Universidad de la Habana. Los designados por la Facultad de Derecho no podían pertenecer a ella, y la terna debería incluir como mínimo un funcionario judicial con diez años de ejercicio.

Una vez escogida la persona, el Senado confirmaba o denegaba la designación. El sistema era parecido al de Estados Unidos, pero más restrictivo en la designación y también más racional pues tanto los magistrados, como los profesores de derecho, como el presidente tenían facultad para designar a personas de su confianza para hacer la selección de candidatos a incluir en la terna. Existía un buen equilibrio y al presidente le era difícil nombrar y/o escoger a una persona por motivos puramente políticos y a los miembros del colegio electoral escogerlo para figurar en la terna si no alcanzaba iguales méritos que los otros dos.

Como es natural los jueces y magistrados gozaban de inamovilidad vitalicia. Sólo podían ser separados de sus cargos por causas graves y ello por procedimiento contradictorio ventilado ante la Sala de Gobierno del Supremo. La Constitución del 40 establecía un procedimiento excepcional de Gran Jurado (compuesto de magistrados, representantes a la cámara, catedráticos de derecho y abogados) cuando se tratase de magistrados del Tribunal Supremo. Se establecía además que los jueces no podían ser trasladados sin su consentimiento a fin de que no pudiera forzarse la renuncia separando al juez de su familia o imponiéndole condiciones difíciles de trabajo.

Hay muchos preceptos que pudiéramos comentar pero no es necesario a los efectos de este trabajo. Baste lo anterior para demostrar que antes de Castro existía un sistema racional y moderno que otorgaba garantías a todos los interesados y que constituye una base de referencia respetable sobre la cual construir. Con ello podemos vislumbrar lo que necesitaríamos en el futuro.

VI- Recomendaciones.

Mantener los principios de:

Acceso por examen.

Ascenso por méritos, y antigüedad.

Inamovilidad en el cargo.

Incompatibilidad con otros cargos por elección o designación o con otro ejercicio profesional.

Mantener las causales de incapacidad que siempre existieron y ampliarlas para reflejar lo sucedido durante el período totalitario.

Designación de magistrados por ternas o sistema similar.

Mantener y mejorar la división de jurisdicciones añadiendo tribunales especializados para cuestiones laborales y de familia y de menores.

Dar mayor relevancia al arbitraje en sus diversas modalidades. Regular los procedimientos para determinar cuales fallos deben ser firmes y los casos en que se debe conceder apelación a los tribunales ordinarios.

Mantener el sistema de Tribunal Constitucional y mejorar su independencia.

Mantener el sistema de independencia del Poder Judicial con modificaciones, en cuanto a su auto-regulación interna que reflejen su falta de tradición.

En todos los casos anteriores actuar en una forma práctica que permita aplicar principios sanos y a la vez adecuarlos a la nueva realidad enfrentada.

Incorporar al diseño el principio de que el proceso no puede tener dilaciones indebidas.

Respecto al principio de inamovilidad judicial tal vez sea necesario y prudente considerar al principio un período fijo de inamovilidad en vez de hacerla vitalicia. La razón es obvia: No contamos con una tradición judicial y habrá que determinar quienes son competentes y quienes no lo son, y ello sólo se sabrá sobre la marcha.

Igualmente, aunque es beneficioso que un cuerpo como el Poder Judicial tenga a orgullo el cuidar de la honorabilidad y eficiencia de sus miembros a través de las salas de gobierno, no es menos cierto que en un principio habrá falta de precedentes útiles y falta de experiencia en cuanto a las personas. Tal vez será necesario incorporar un componente externo de carácter ciudadano y profesional a las salas de gobierno a fin de crear un sistema de contrapesos.

La división de jurisdicciones debe mantenerse con una mejor definición de funciones, específicamente:

Las que corresponden al Tribunal de Garantías deben revisarse. El tribunal fue víctima de una pésima Ley Orgánica que confundió sus funciones con las de un tribunal laboral, y complicó su actuación como verdadero tribunal constitucional al permitir que se presentaran reclamaciones por despidos hasta esa instancia. De facto se convirtió en gran parte en un tribunal laboral. El Tribunal de Garantías es pieza esencial del nuevo sistema. Tiene que ser verdaderamente independiente de todo el resto del Poder Judicial, pues le corresponde velar por la integridad de la constitución cuando ésta sea violada por el poder Ejecutivo o Legislativo o en su caso por el Poder Judicial que podría dejar de aplicar una disposición constitucional. Ampliaremos más adelante,

Crear tribunales especiales para las cuestiones laborales sería una buena disposición. Dicha jurisdicción estuvo mal diseñada en el pasado.

En cuanto a la jurisdicción familiar, ésta era parte de la jurisdicción civil ordinaria. Dados los enormes problemas familiares que la situación cubana ha generado la creación de tribunales de familia podría ser una buena medida para atender mejor esos problemas y librar a los juzgados de lo civil de un cúmulo de casos que no podrían ser atendidos adecuadamente.

Revisar la organización de los Juzgados para delitos menores y contravenciones, que eran conocidos como correccionales, sería también inteligente. Estos juzgados podían imponer penas de hasta seis meses de cárcel y no había apelación. Fueron incorporados durante la primera intervención americana y rindieron una buena labor para poner coto a la delincuencia menor y algaradas que existían después de un período de guerra, pues la gente no sabía usar de la libertad. Se hizo famoso un juez, abogado militar que tranquilamente le imponía a cualquier revoltoso "10 dollars or ten days", o si era rico y podía pagar los diez dólares lo mandaba a las canteras por diez días. Pero sería preciso conceder algún tipo de apelación.

Crear una jurisdicción especial para delitos cometidos por menores de edad. Dada la situación de la familia esta jurisdicción merecerá especial atención a fin de que se provea una corrección efectiva que genere un cambio de conducta en vez de simples penas.

En cuanto a lo civil es preciso retirar las cuestiones menores de la jurisdicción de los juzgados de primera instancia. Para ello se deben mantener y mejorar los antiguamente llamados juzgados municipales (donde se llevaba el registro civil y las cuestiones menores) de modo que puedan conocer de más asuntos. Así, los juzgados civiles de primera instancia tendrían un calendario más holgado para resolver las cuestiones comerciales y civiles de mayor cuantía que se les presenten.

Un proceso sin dilaciones indebidas es esencial a la causa de la justicia, el progreso de la economía y el sentido ciudadano. Para que ese principio sea valedero, además de organizar bien a los tribunales hay que hacer otras dos cosas:

Pagar adecuadamente a los jueces a fin de tener buena calidad y además proveer suficientes plazas y juzgados.

No obstante las mejoras recomendadas siempre surgen casos urgentes inesperados. Se pueden remediar ciertas situaciones urgentes con el sistema de interdictos y medidas cautelares, pero esos procedimientos solo resuelven problemas a corto plazo posponiendo la resolución definitiva. Una idea interesante sería crear una jurisdicción especial (excluida la cuestión penal donde siempre se deben dar todas las garantías) para casos urgentes que requieren solución final. Las partes pudieran acordar voluntariamente acogerse a un proceso expedito con menos trámites y oportunidades de apelar. Sería útil si se previesen daños irreparables por demoras en la resolución definitiva del caso. Es un problema difícil, pues se puede abusar de este sistema, pero para un país que ha sufrido de falta de justicia tal vez sea razonable por lo menos pensar en ello. Acostumbrar al pueblo a que las urgencias serán atendidas rápidamente prestigia a la justicia y hace que se respete.

Finalmente, hay que considerar el arbitraje y darle mayor relevancia del que tenía en Cuba. En materia comercial es útil designar árbitros expertos en un ramo y someterse de antemano a esa jurisdicción sin perjuicio de que se permita apelar a los tribunales. Este sistema podría resolver el problema inicial de falta de jueces adecuadamente preparados.

El trabajo será largo y arduo. No se va a crear un sistema respetable en poco tiempo. Pero si se siembra bien se recogerá buen fruto: una Cuba con justicia para todos. Sólo así se creará una ciudadanía que se sienta orgullosa de su gobierno y constitución y de un sistema que les permita vivir en paz, desarrollarse como personas y criar a sus hijos con dignidad y libertad.

Capítulo XI

El Tribunal Constitucional y su Organización

Podemos decir con orgullo que fuimos uno de los primeros países en implantar el control judicial de la legislación. La primera ley estableciendo el recurso de inconstitucionalidad data del 31 de marzo de 1903 o sea al año escaso de establecerse la República.

I- **Introducción.**

II- **Breve historia del Tribunal Constitucional en Cuba.**

III- **Consideraciones prácticas para el ciudadano**.

IV- **Recomendaciones para el futuro.**

I- Introducción.

Hemos insistido en que las constituciones tienen un propósito esencial: restringir el poder y encauzarlo por vías predeterminadas. La Carta Magna, el 'Bill of Rights' del Estado de Virginia, los Fueros de Vizcaya o de Aragón son antecedentes de esta función en la que se limitaba al soberano y se le hacía reconocer que su poder no era absoluto. La limitación al poder es natural al hombre y a la sociedad. Sabemos que somos frágiles y que es necesario precaver. Con el fortalecimiento del estado moderno esta aspiración debió enfrentar nuevos desafíos. Las leyes se multiplicaron debido a la complejidad de las relaciones humanas y los jueces y tribunales aumentaron en número y diversidad, con las inevitables diferencias en la calidad de las personas y de los criterios de aplicación de la ley.

Al mismo tiempo se comenzaron a dictar constituciones que organizaban el funcionamiento del Estado y las relaciones de éste con los ciudadanos. El juez se encontró ante una disyuntiva: Su deber era aplicar las leyes promulgadas y votadas por las autoridades competentes pero a veces esas leyes contradecían los derechos que la constitución concedía a los ciudadanos o no respetaban la separación de poderes entre los órganos del Estado.

La primera constitución moderna fue aprobada por los Estados Unidos en 1787 y puesta en vigor en 1789, una vez que la ratificaron los Estados de la Federación. El problema apuntado no tardó en presentarse y el Presidente del Tribunal Supremo en aquél entonces, (1803) magistrado John Marshall, razonó que si bajo el artículo 6 de la Constitución ésta era la ley fundamental del país, tenía que primar. Por lo tanto, procedía la anulación de otras leyes que contradijesen sus preceptos. Sus colegas en el Tribunal Supremo aceptaron la tesis y así surgió la famosa decisión de Marbury vs. Madison y el comienzo del Derecho Constitucional moderno.

Desde entonces los sistemas se han perfeccionado y evolucionado. En materia constitucional existen varios sistemas. En el sistema inglés el parlamento es soberano y puede hacer lo que quiera en teoría, pero no lo hace puesto que conculcar derechos establecidos significaría su remoción por el voto. En el sistema americano existe la llamada 'revisión judicial' mediante la cual los tribunales pueden declarar una ley inconstitucional y suspender su ejecución en tanto el Tribunal Supremo confirma o no la sentencia del juez o tribunal. Es por ésto que se le ha llamado sistema de *jurisdicción difusa* pues, aunque la resolución final compete al Supremo, los jueces inferiores pueden conocer y resolver sobre asuntos de constitucionalidad.

Contrapuesto a este sistema existe el llamado sistema de *jurisdicción concentrada* creado por la escuela austríaca de la que su máximo expositor fue el profesor Kelsen. Para esta escuela la jurisdicción difusa es un sistema demasiado amplio. Bajo su concepción, existe un Tribunal Constitucional que conoce *exclusivamente* de cuestiones constitucionales y que además es el *único facultado* para hacerlo. Kelsen lo llama "legislador negativo" porque su función es decir: La ley se ajusta a la Constitución, en cuyo caso no hay consecuencias, o no se ajusta, en cuyo caso la ley se anula. El sistema no admite la suspensión de la ejecución de la ley en tanto no exista una declaración de inconstitucionalidad.

Y en fin, existen los sistemas híbridos que crean un tribunal especializado para decidir asuntos de constitucionalidad; Pero conceden a los jueces o tribunales ordinarios la facultad de no aplicar la ley vigente en casos de duda (donde deben consultar al Tribunal Constitucional) o en aquellos casos en que la constitución es específica y legisla y establece un derecho que la ley aplicable al caso "sub judice" contradice o vulnera.

Todos los sistemas coinciden en dos principios fundamentales: Respeto a las decisiones del tribunal e independencia absoluta de éste, no sólo de los poderes Ejecutivo y Legislativo del Estado sino incluso del Poder Judicial, pues se configura usualmente como Tribunal Especial.

II- Breve historia del Tribunal Constitucional en Cuba.

En el caso cubano se ha seguido el sistema de *jurisdicción concentrada* con modificaciones.

Podemos decir con orgullo que fuimos uno de los primeros países en implantar el control judicial de la legislación, pues la primera ley estableciendo el recurso de inconstitucionalidad data del 31 de marzo de 1903 o sea al año escaso de establecerse la República y plasmó el recurso autorizado por el Art. 83 de la Constitución de 1901. Esta ley fue sustituida por la del 31 de mayo de 1949 que desarrolló los principios contenidos en los artículos 182, 183 y 194 de la

Constitución del 40. Ambas leyes facultaron al Tribunal Supremo para ser el único que podía decidir sobre estas cuestiones. En realidad al dictar nuestra primera ley nos adelantamos al sistema austríaco que sólo surgió como escuela en los años 20.

Los constituyentes del 40 arrastraban el recelo justificado de que la Constitución no se cumpliera en la práctica y abrieron una gama muy amplia de recursos de inconstitucionalidad, creando así un sistema complicado. Asimismo, la constitución creó el Tribunal de Garantías Constitucionales y Sociales pero no lo diseñó como tribunal independiente sino como una sala del Tribunal Supremo, integrada por quince magistrados para decidir cuestiones constitucionales y de nueve para cuestiones sociales. Esta última atribución, con la denominación ambigua de cuestiones 'sociales', creó muchos problemas según veremos.

Fueron errores técnicos. La falta de independencia del tribunal hizo que no fuese plenamente capaz de controlar al Poder Judicial si no aplicaba la ley o violaba la Constitución. Una de las facultades de un Tribunal Constitucional debe ser la de anular sentencias de cualquier órgano del Poder Judicial (aun del Tribunal Supremo) si en casos sometidos a ellos se ha violado la Constitución. Por ejemplo, supongamos que un juez o tribunal haya negado arbitrariamente a la parte recurrente el derecho a practicar pruebas y que por ello se la coloca en estado de indefensión, violándose así las garantías procesales establecidas por la Constitución. En este caso el Tribunal Constitucional anularía la sentencia que confirmase esa decisión aunque fuese emitida por el Tribunal Supremo.

Ahora bien, bajo el sistema establecido por la Constitución del 40 imaginemos al Tribunal Supremo terminando de dictar una sentencia que confirma la de un juez subalterno y constituyéndose después en Tribunal Constitucional a fin de conocer sobre la anulación de sus propios actos. El absurdo no requiere mayor explicación.

Otro error de envergadura fue ocasionado por el artículo 182.f que incluyó dentro de la competencia del Tribunal "las cuestiones de legislación social que la Constitución y la ley sometan a su consideración". La ley orgánica de 1949 en su Art. 13 incluyó en esta definición las reclamaciones por despidos, retiros, descanso retribuido, excedencias, escalafones, sindicación, contratos de trabajo, etc. No contenta con una lista detallada añadió: "y en general todas las que versen sobre cuestiones de carácter social y de relaciones entre patronos y obreros". Esto creó un volumen tal de asuntos que de hecho el Tribunal de Garantías se convirtió en un Tribunal Laboral, con el consiguiente retraso del desarrollo de las cuestiones puramente constitucionales.

Aunque sin duda hubo buenas sentencias, aparentemente el tema constitucional no cobró suficiente importancia en la conciencia popular ni en el Tribunal en sí. Este efecto se palpó a raíz del 10 de Marzo cuando por una votación de 10 contra 5 el Tribunal de Garantías (por sentencia #127 de 17 de agosto de 1953) desestimó el recurso interpuesto por 25 ciudadanos contra los Estatutos Constitucionales promulgados por Batista; sin que esta decisión conllevase el mismo grado de censura popular que el golpe del 10 de Marzo y sin que se resintiese el funcionamiento del tribunal que siguió operando como si no hubiese faltado a su razón esencial de ser.

Es justo sin embargo reconocer que el voto de la minoría declaró que la Ley Constitucional de 4 de abril de 1952 "es inconstitucional y no podrá aplicarse en ningún caso ni forma, debiendo ser derogada....por quebrantar los principios de soberanía popular innatos en el pueblo cubano....violar el contenido total de la Constitución de 1940 que no ha sido derogada, su articulado, su esencia, sus principios y razón de ser, y en suma por no provenir de órgano legitimado para hacerlo".

En cuanto a los recursos admitidos por la Constitución del 40, la ley de 1949 al desarrollarlos creó diversos problemas debido a algunas fallas. El proyecto de ley original sufrió modificaciones poco felices en el senado y la ley finalmente aprobada adolecía de defectos técnicos al extremo de que algún autor comentó que ciertos de sus preceptos eran inconstitucionales. Sea ello o no cierto, constituyó un adelanto y los defectos eran fácilmente subsanables. De lo que no cabe duda es de que la constitución y por ende la ley complementaria de 1949 no hicieron la distinción técnica entre el recurso de *amparo constitucional* y el *recurso de inconstitucionalidad puro*.

III- Consideraciones prácticas para el ciudadano.

Lo que tratamos ahora no es asunto de abogados o técnicos en derecho constitucional. Le atañe al particular que se encuentre en una situación difícil. Veamos: Suponga usted que una ley, votada correctamente por el congreso, vulnera sus derechos garantizados por la constitución y lo coloca en la posición de acatarla y perjudicarse o desobedecerla y perjudicarse también. ¿Qué hacer? Hay una solución y es el recurso de inconstitucionalidad. Se pide al tribunal que suspenda la aplicación de la ley mientras se decide si la ley es o no es inconstitucional y si debe o no debe anularse. Esta solución tiene dos vertientes. Una, es pedir la anulación total o parcial de la ley y la otra es pedir la anulación de actos específicos violatorios de un derecho.

La distinción es muy útil porque el recurso de amparo permite a la persona afectada instar para que se proteja su derecho sin que la sentencia tenga que anular la ley, sino solamente los actos específicos que afectaron sus derechos. Por el contrario, el recurso de inconstitucionalidad parcial o total anula la ley para todos y es radical en sus efectos, pues no matiza aquellas situaciones en que la inconstitucionalidad puede surgir de circunstancias especiales del caso (aplicación errada o arbitraria por una autoridad) y no de la ley en sí.

La ventaja del amparo para la parte actora es obvia. Cuando se trata de anular una ley aplicable a todos, las cosas se complican pues el estado tiene interés en preservar la seguridad jurídica y por ello usualmente se hace parte en el proceso e impugna los argumentos de la parte que reclama. La consecuencia es que una controversia relativamente simple puede convertirse en un pleito muy complicado. Algunas legislaciones han ampliado los efectos del amparo, facultando a los tribunales constitucionales para que de por sí puedan suscitar la cuestión de inconstitucionalidad y anular la ley una vez que se haya dictado sentencia sobre el caso particular. En este caso el tribunal actuaría sobre una base de equidad, pues habría percibido que en el caso planteado la violación de derechos constitucionales se basaría no en las circunstancias del caso, sino en la esencia de la ley impugnada.

Queda pues claro que este recurso no es una cuestión puramente técnica, es una pieza extremadamente importante del estado de derecho, pues permite al ciudadano algo que antaño era imposible de hacer: Echar abajo una ley u obtener amparo expedito contra actos arbitrarios e inconstitucionales, lo cual es mucho más rápido que ponerle pleito al estado.

La Constitución del 40 carecía de esta ventajosa posibilidad, mientras que abría la puerta a recursos que podían ser tanto útiles como muy peligrosos desde un punto de vista político y de seguridad jurídica. Nos referimos al llamado recurso por 25 ciudadanos establecido por el Art. 194.b de la Constitución del 40 y desarrollado por la ley del 49 bajo el título de "acción pública". Según este recurso cualesquiera 25 ciudadanos en pleno disfrute de sus derechos podían impugnar la constitucionalidad de cualquier ley *aún sin que en lo personal hubieran sufrido daños*.

Se trataba de un recurso formal que por su naturaleza (ausencia de daños) tenía que ser extremadamente técnico. Era pues un recurso para abogados, posible con sólo allegar 25 firmas. Por éllo se prestaba a ser usado con fines políticos simplemente para entorpecer la labor legislativa o ganar notoriedad. Tenía su mérito libertario (de hecho la impugnación de los estatutos de Batista se basó en este recurso) pero hubiera sido mejor ponerlo en manos de un funcionario del tipo de un "ombudsman" o defensor del pueblo, que recibiese la instancia de los 25 ciudadanos y decidiera si tenía mérito.

Sin embargo el sistema de consulta de jueces y tribunales ordinarios al Tribunal de Garantías en caso de dudas sobre constitucionalidad de leyes, (Art. 182.b Const. 40) sí merece aplauso, ya que tendía a crear uniformidad de criterio y mejor comprensión de la Constitución. Además recalcaba que la aplicación y cuidado de que se cumpla con la Constitución es una función que compete a todo el Poder Judicial, aunque sólo pueda decidir en forma vinculante el Tribunal Constitucional.

En resumen, es justo decir que la Constitución del 40, en términos de apertura y de facilitar la defensa de los derechos individuales, tuvo la preocupación de hacerlo, lo hizo, y fue generosa hasta llegar hasta la, si se quiere, exageración. Seguramente estimaban los constituyentes que cuantas más vías quedasen abiertas, mejor. Los errores esenciales fueron: No hacer independiente al Tribunal y recargarlo con cuestiones laborales que claramente competían a Tribunales del Trabajo, creados especialmente para esos menesteres.

IV- Recomendaciones para el futuro.

No cabe duda de que la pieza central de un sistema de limitación del Poder Ejecutivo y Legislativo tiene que ser el Tribunal Constitucional. Aceptada esta premisa es lógico dotarlo del máximo de independencia y prestigio. Si la Constitución es la Carta Fundamental y por ello merece un lugar especial, el Tribunal es la concreción viviente de la Constitución.

El Tribunal debe ser respetado profundamente y respetarse a sí mismo. Sus decisiones tienen que estar bien fundadas y deben desenvolver la Constitución *y no crear ni descubrir nuevos derechos u obligaciones so pretexto de interpretación,* lo cual debe quedar bien claro en la ley orgánica que lo autorice.

La ley que lo habilite tiene que ser clara y los recursos sencillos y asequibles al común de los letrados y/o ciudadanos. La Constitución del 40 tenía un gran precepto en su artículo 194 al decir: "en todo recurso de inconstitucionalidad el tribunal resolverá siempre el fondo de la reclamación" y más adelante abundaba en igual idea estableciendo que si existiesen defectos de forma en el planteamiento del recurso, se concediese un plazo para su subsanación. Se trata de resolver problemas y no de echarlos a un lado mediante argucias procesales. Igualmente la denegación de admisibilidad de un recurso tiene que hacerse como se hacía, por resolución fundada. El ciudadano debe saber por qué no se acepta su recurso.

Los principios enunciados conllevan las recomendaciones siguientes:

1- Separación del Tribunal del resto del Poder Judicial. Monopolio de la facultad de decidir que es o no es constitucional. Restricción de su función a esos asuntos exclusivamente, incluyendo conflictos entre los órganos del estado. Obligación de decidir siempre sobre el fondo de la cuestión. Facultad de anular leyes o resoluciones administrativas, sentencias judiciales y/o sus efectos cuando vulneren la Constitución. Facultad de suspender, previo cumplimiento de los requisitos del caso, la ejecución de actos o de sentencias firmes.

2- Vinculación de todo el Poder Judicial a la salvaguarda de los Derechos Constitucionales. Los jueces estarían obligados a aplicar la Constitución cuando ésta es específica y a suscitar la cuestión de constitucionalidad cuando estimen que la ley aplicable contiene una vulneración clara y general de derechos constitucionales, pudiendo en esos casos suspender el proceso y elevar los autos al Tribunal Constitucional. Asimismo se mantendría el sistema de consulta para aquéllos casos en que sólo existiesen dudas.

3- Reglas procesales simplificadas para aquéllos casos en que la intervención del Tribunal necesite hacerse rápidamente, pues de lo contrario se producirían perjuicios irreparables. Condena en costas y hasta multas a las partes, acompañada de represión a los letrados y pérdida de honorarios por el uso frívolo de esta vía expedita.

4- El recurso continuaría sujeto a un trámite de admisibilidad (que no significa estimación favorable) a fin de determinar si merece o no ser admitido a trámite. El recurso sería admitido o denegado mediante resolución fundada. Se mantendría así nuestra tradición jurídica que no admite la simple denegación sin causa explícita que rige en otros sistemas. Asimismo se facilitaría la subsanación de defectos formales.

5- El tribunal no conocería de los hechos en asuntos que se suscitaran dentro de actuaciones judiciales. No es un tribunal de apelación. Solamente conocería de las cuestiones constitucionales que puedan afectar las actuaciones judiciales y hacerlas susceptibles de anulación por violar garantías constitucionales.

6- Habilitación del recurso de amparo. Conservación del recurso de inconstitucionalidad abierto a los ciudadanos en caso de daños efectivos sufridos por el actor. Habilitación del recurso de inconstitucionalidad formal (aunque no haya daños personales) dentro de un sistema de control como el descrito con anterioridad.

7- Nombramiento de magistrados por un sistema que bien pudiera ser similar al de ternas consagrado por la Constitución del 40 en su artículo 180, añadiendo la confirmación del Senado. Los magistrados serían inamovibles y habría que decidir si el cargo es vitalicio o por un período considerable de tiempo, aunque limitado.

En los comienzos nos inclinaríamos por un sistema de tiempo limitado en el caso de los primeros nombramientos, suponiendo que éstos hayan sido hechos por un gobierno de facto. Tal vez se pensará que un gobierno de facto no debe hacer nombramientos pero si acepta auto-restringir sus poderes nombrando a un Tribunal Constitucional, aunque fuese provisional, ello sería un paso de avance y no de retroceso. Los así nombrados organizarían el sistema y deberían ser ratificados en sus cargos o cesar en ellos de acuerdo con lo que determine el órgano competente establecido por un régimen democrático.

8- Dotación amplia de recursos para organizar salas y remunerar magistrados a fin de que el despacho de asuntos sea expedito. El pueblo debe apreciar que la justicia es rápida y efectiva si se pretende que respete sus instituciones.

9- Sanción (incluida como precepto constitucional) de separación del cargo e inhabilitación vitalicia para desempeñar un cargo público a todo miembro del Poder Ejecutivo o las fuerzas del orden (Policía o Ejército) que rehuse directa o indirectamente acatar lo dispuesto por una sentencia firme o un mandamiento del Tribunal, expedido con arreglo a derecho. Igual sanción se aplicará a aquéllos que coadyuven directa o indirectamente a dicha resistencia. Este requisito draconiano es necesario en el período de transición. Una generación más tarde tal vez no sea necesario.

10- Remuneración adecuada para los magistrados que deben percibir un buen sueldo en función de la importancia de su cargo. Prohibición de actividades y afiliaciones políticas durante el ejercicio de su cargo. Idem respecto a afiliaciones comerciales. Inmunidad para los magistrados respecto a pleitos, reclamaciones, indemnizaciones, etc., planteadas por terceros con motivo de actos realizados o sentencias expedidas durante el ejercicio del cargo.

Capítulo XII

Banca, Moneda y Deuda.

Si no existe producción la emisión monetaria es tan sólo papel. Si se emite demasiada moneda sin respaldo productivo se produce lo que se llama inflación.

I- **Importancia del tema.**

II- **Banca y Moneda 1.01 a 1.06.**

    1- Como opera la inflación.

    2- Causa principal de la inflación.

    3- Controlar el gasto público.

    4- Banco central independiente.
       Inflación interna e inflación internacional.

    5- El peso castrista.

    6- Nuevo sistema y controles de emisión.

III- **Sistema bancario. Funcionamiento. Peligros y soluciones.**

IV- **El problema de la deuda externa.**
    Principios a considerar relativos a la deuda externa.

I- Importancia del tema

Podemos diseñar un sistema excelente en el plano formal de leyes, frenos, contrapesos y estímulos a la inversión, pero si no contamos con un medio de cambio que permita el comercio, el ahorro y la conservación del capital no adelantaremos gran cosa. Se trata de la moneda, base del capital y del sistema bancario.

A continuación, una cápsula de historia y teoría monetaria a los efectos de preparar nuestro argumento de lo importante que es estar alerta para que el producto del trabajo se conserve. No vamos a atiborrar al amigo lector con profusión de citas, ni entrar en demasiadas cuestiones técnicas, ni sus vericuetos que son muchos. Basta entender lo que vamos a explicar que toca lo esencial de un tema que afecta su vida a diario y que incide sobre el valor de su trabajo. Sabiéndolo, el ciudadano puede reaccionar adecuadamente.

La moneda no es más que un medio de cambio, una forma de facilitar las transacciones. En principio puede ser cualquier cosa si mantiene su valor en forma predecible. Para el cazador que compraba cien flechas por 10 pieles, las pieles eran su moneda. Pero llevarlas de un lado a otro y comerciar mediante el trueque era engorroso. Surgió la moneda que es tan antigua como la humanidad y ha pasado por infinidad de variaciones desde caracoles hasta metales preciosos.

Una característica común de una buena moneda es que conserve el valor por ser relativamente escasa, fácil de transportar y durable. Los metales preciosos como el oro y la plata lo eran y se convirtieron en la base de las monedas de la antigüedad, predilección que continuó hasta principios del siglo XX en que casi todos los países adoptaron el papel moneda respaldado por el oro. Era lo que se llamó patrón oro.

La acuñación de moneda y su ley la determinaba el gobernante. Claro está que cuando los gastos superaban el presupuesto el gobernante siempre tenía la tentación de acuñar más moneda, bajar la ley y mantener el valor nominal. Un poco más de cobre y un poco menos de oro y presto, el ingreso fiscal 'aumentó' en la proporción de reducción de la ley de la moneda.

Cuando se trataba de moneda metálica rebajar la ley tenía sus límites, pues hacía falta metal que no fuese demasiado vil para crear una aleación, acuñar y efectuar la devaluación. Además otras circunstancias como el peso físico de acarrear muchas monedas, la diferencia de valor (que el mercado fijaba de inmediato) entre las monedas de baja ley y de alta ley, complicaban el asunto.

Pero con la invención del papel moneda la operación se facilitó por las mismas razones que lo hicieron aceptable. Poco peso, facilidad de transportarlo y costo módico del papel y de la emisión. En el patrón oro, (también existió el bimetalismo de plata y oro) en un principio los particulares podían cambiar el papel moneda emitido por bancos privados o estatales por monedas de oro. Eventualmente se eliminó el curso legal de la moneda de oro en muchos países (en 1934 en los Estados Unidos) aunque aún se acuñan monedas para uso numismático, conmemorativo y atesoramiento. Luego se estipuló que sólo los gobiernos podían exigirse mutuamente las reservas de oro que tuviesen para respaldar el papel moneda emitido, (patrón de cambio en oro). En 1971 el presidente Nixon terminó el sistema de intercambiar oro entre los países y el llamado patrón de cambio en oro cesó de existir.

¿Que sucedió entonces? Los Bancos Centrales tomaron sobre sí la función monetaria. ¿Qué son? Son instituciones creadas por el estado para emitir moneda de acuerdo con las necesidades de la economía de una nación. Dicho simplemente, se debe emitir moneda para facilitar el comercio y la producción de bienes lo cual implica que debe existir producción que la respalde. Si no existe producción la emisión monetaria es tan sólo papel. Si se emite demasiada moneda sin respaldo productivo se produce lo que se llama inflación. El término viene de que los precios de los bienes existentes suben o se 'inflan' para ajustarse a la nueva cantidad de moneda. El efecto de la inflación sobre la economía y la sociedad es devastador y el ciudadano debe entender exactamente en que consiste, como se crea y cuales medios tiene a su alcance para evitarla.

Esto supone exigir que el Banco Central de un país actúe con mucha disciplina y responsabilidad. Para evitar fallos las leyes orgánicas de los Bancos Centrales ponen requisitos a la emisión. Pero los requisitos son vulnerables a la política. Las leyes orgánicas pueden cambiarse haciendo la emisión muy fácil. Como explicaremos más adelante el problema puede remediarse exigiendo que no haya emisión sin que esté respaldada por algo que no sea la mera voluntad de las autoridades políticas.

II- Banca y Moneda 1.01 a 1.06

1. Como opera la inflación.

En los epígrafes siguientes vamos a intentar resumir lo mínimo que una persona debe saber sobre como funciona la banca y la moneda. No es difícil, tan sólo es necesario prestar un poco de atención a un asunto que no es para técnicos ni profesores. Le concierne a usted cada dia que sale a la calle a comprar algo, a negociar un sueldo, a invertir sus ahorros.

Hoy en día la mayoría de las personas que trabajan cobran sus haberes mediante crédito a una cuenta bancaria, mediante cheque para depositar en su cuenta y en algunos casos en efectivo. Dada la facilidad con que se hace actualmente un depósito en cuenta corriente, es el método preferido para pagar sueldos.

El dinero hoy en día consiste en su inmensa mayoría en créditos en cuenta corriente contra la cual se giran cheques o se retira papel moneda. Pero la cantidad de papel moneda que se retira es mucho menor que lo que se paga usando cheques. De los metales pasamos al papel moneda y hoy en día el papel moneda está representado por asientos de contabilidad en los libros de los bancos. De 'papelitos' pasamos a 'numeritos'.

Su trabajo acumulado y la parte que usted no consumió, es decir, su ahorro, está representado en esa forma. Evidentemente tendrá usted el máximo interés en que no se lo roben. Si alguien retira fondos de su cuenta usando un cheque falso, le roba y si el banco quiebra y no puede pagar los depósitos por mal manejo o un fraude también le ha robado. Pero son ocurrencias relativamente poco comunes y hay formas de protegerse. En el primer caso el banco debe responder y en el segundo el depositante puede protegerse escogiendo un banco de primera con un capital fuerte, aparte de que exista un seguro de depósitos como se estila en muchos países.

Pero si es usted una persona que, como la inmensa mayoría, vive de un sueldo, la inflación no le da mucha oportunidad de protegerse. Al subir los precios por exceso de creación de moneda la gente pide aumento de sueldo, el industrial sube los precios de su producto porque tiene que pagar sueldos más altos, el que vende la materia prima hace igual y se produce un efecto circular que como un remolino envuelve todo. Al ciudadano lo agarrota y asfixia pues los aumentos de sueldo siempre se producen después que los precios han subido. En muchos casos es preciso utilizar el ahorro, si lo hay, o endeudarse para sobrevivir. El ahorro se devalúa con cada día que pasa pues el interés que gana no va al mismo ritmo que los precios.

Se ha dicho que la inflación es el más cruel de los impuestos porque destruye a la clase pobre y a la media. Lo es y además en realidad constituye una confiscación de lo trabajado y ahorrado en una forma cínica y siniestra. No se anuncia como confiscación pero lo es y de sobra. La moraleja: Tiene usted que entender lo básico y esencial sobre como se produce la inflación, cual es su causa principal y como debe protegerse la sociedad en que usted vive.

2. Causa principal de la inflación.

Como explicamos la inflación surge cuando se crea más moneda que bienes producidos, pero cabe preguntar ¿Por qué ocurre ésto y quien es responsable? El principal responsable sería un gobierno que se dedicase a gastar desenfrenadamente (y cuando ocurre es casi siempre gasto deshonesto) en actividades no productivas, unido a un banco central que lo apoyase creando moneda irresponsablemente.

Ejemplos de actividades no productivas: Gastar en puestos de gobierno inútiles que se dan a amigos políticos o para comprar votos, gastar en obras públicas que no ayudan a la sociedad y son superfluas como podría ser un puente de gran categoría donde sólo se necesita uno normal, todo con el objeto de recibir comisiones del contratista. Las posibilidades son tantas como la imaginación del malversador que derrocha.

Pero se puede caer en lo mismo sin ser abiertamente deshonesto y aun con buenas intenciones. ¿Cómo? Creando una enorme burocracia que gravite sobre la población productiva en una forma tan pesada que requiera copiosos impuestos para mantenerla, impuestos que se trasladan a los costos de producción y a los precios de los artículos de consumo.

Resultado: Se encarece todo y baja la producción por falta de demanda. En otros casos, se crea una economía subterránea que no paga impuestos y funciona transacción por transacción ajustando precios según exista demanda. A esta economía no le interesa producir al máximo y a precios competitivos. Le interesa producir sólo lo que se pueda vender en un momento dado con algún lucro. Los cubanos del castrismo conocen muy bien este sistema.

Desde luego, este monstruo se creó con cara bondadosa. Prometía ocuparse del ciudadano y 'dar de todo'.

Pero para dar hay que organizar a los que dan y la experiencia demuestra que las organizaciones estatales que existen 'para dar' consumen a veces hasta el 60 o 70% de lo que 'dan' en costos de administración, errores, sustracciones, malversaciones, etc.

Hablar de dar es fácil, recabar los recursos para hacerlo es difícil. Los impuestos que deberían pagar los gastos salen de la sociedad. Un sector, el productivo, tiene que afrontar el gasto y pagar los impuestos. Cuando éste es excesivo se hace imposible recaudar más porque sencillamente el estado se queda sin contribuyentes con posibilidades de pagar.

¿Cómo soluciona un gobierno irresponsable este problema? Llama al Banco Central y le dice: Te voy a firmar un pagaré por x millones, depositame en cuenta esa suma y te pagaré cuando recaude más impuestos. Lo cual significa casi siempre tarde o nunca.

3. Como controlar el problema. Controlar el gasto público.

Hay dos formas. Una es controlar el gasto público. La otra es hacer independiente al Banco Central y organizar la emisión monetaria de modo que no pueda utilizarse como instrumento por un gobierno irresponsable.

Controlar el gasto público es muy difícil porque el político gastador y demagogo siempre afirma que ofrece otro servicio necesario y encima 'gratis' al ciudadano. Una ciudadanía bien informada y experimentada sabe que no hay nada gratis pero siempre hay quien traga el anzuelo o quien piensa que el costo le toca a otro. Cuando descubre que del estado desbordado no se escapa nadie ya es muy tarde y vive en el socialismo tiránico o en vías de serlo.

La única forma honesta de gastar lo justo y controlar el gasto es decirle a la sociedad de antemano lo que va a costar el servicio y como se va a afrontar el gasto. ¿Existe un superávit disponible para aplicarlo, o se trata de nuevos impuestos? ¿Si hay que crear nuevos impuestos son éstos suficientes, es correcta la estimación de gastos actuales y futuros?

Es el tipo de discusión que se lleva a cabo en un congreso, en particular en la Cámara de Representantes, a la cual, en nuestras constituciones, se daba la prioridad en la discusión de los presupuestos. El debate, particularmente cuando existe una oposición, aclara la situación. Pero no basta, porque ya hemos dicho que los hombres no somos ángeles. Hace falta un control inexorable que fuerce la situación.

Una buena solución es exigir constitucionalmente que el presupuesto sea equilibrado y que para cada gasto exista un ingreso. En caso de déficit operativo por circunstancias no previstas debe cubrirse en el próximo presupuesto con nuevos ingresos, reducción de gastos o aplicación de sobrantes anteriores. Cualquier propuesta de ley para aumentar gastos debe identificar la fuente de ingreso. De esta forma el demagogo gastador tiene que presentar cuentas en vez de sumergir su propuesta en el presupuesto general.

La Constitución del 40 tuvo un gran acierto al establecer en su Art. 257 un sistema que reproducía lo comentado.

> "Art.257. El Congreso no podrá incluir en las leyes de presupuesto disposiciones que introduzcan reformas legislativas o administrativas de otro orden, ni podrá reducir o suprimir ingresos de carácter permanente sin establecer al mismo tiempo otros que los sustituyan, salvo el caso en que reducción o suspensión corresponda a la reducción de gastos permanentes de igual cuantía; ni asignará ninguno de los servicios que deban dotarse en el presupuesto anual cantidad mayor de la indicada en el proyecto del Gobierno. Podrá por medio de las leyes crear nuevos servicios o ampliar los existentes. Toda ley que origine gastos fuera del presupuesto, o que represente en el porvenir erogaciones de esa clase, deberá establecer, bajo pena de nulidad, el medio de cubrirlos en cualquiera de estas formas:
>
> a) Creación de nuevos ingresos.
>
> b) Supresión de erogaciones anteriores.
>
> c) Comprobación cierta de superávit o sobrante por el Tribunal de Cuentas".

El artículo tiene algunos ligeros defectos de redacción pero en general es muy buen precepto. Requiere mayor claridad en cuanto al proyecto de presupuesto del ejecutivo que sólo *implícitamente se supone* sea equilibrado.

Debe decirse explícitamente y aclarar que ello se refiere a *todos los presupuestos incluyendo los que fueron llamados extraordinarios en el pasado*. Fue un subterfugio que se utilizó para evitar las consecuencias de este precepto. En el futuro debe definirse que cosa es presupuesto extraordinario por ejemplo una catástrofe que requiera un gasto no cubierto pudiera ser una excepción aceptable. En estos casos sería aconsejable crear un sistema extraordinario de recaudación que cesaría pasada la catástrofe.

También es buena la prohibición de insertar lo que se denomina "perchas" en el lenguaje de congreso. Son adiciones de leyes que no tienen nada que ver con los presupuestos pero que se incluyen, para que pasen junto con el presupuesto, aprovechando la necesidad que el ejecutivo tiene de operar anualmente con un presupuesto autorizado.

Controlar el gasto público es eminentemente sano. No hay mayor diferencia con el gasto privado de su casa. Si gasta usted en exceso o es pródigo, acaba endeudado en manos de los usureros, o quiebra. Afecta así su entorno familiar severamente y lo perjudica. Lo mismo sucede con la sociedad en que vive. Si como ciudadano no cuida usted que no caiga en excesos, su ahorro desaparecerá consumido por la inflación. Pensar que es problema de 'otros' es un grave error que se paga más temprano que tarde.

4. Como controlar el problema. Banco central independiente. Inflación interna e inflación internacional.

Los Bancos Centrales, aunque sean criaturas del estado, tienen que ser independientes del ejecutivo. Sus funciones afectan tan intensamente la viabilidad de una sociedad que no pueden ser entregadas a cualquiera con conexiones políticas que responda a una orden de partido. Esto significa que su ley orgánica debe estipular que sus funcionarios no puedan ser removidos caprichosamente. Al igual que los funcionarios del poder judicial, deben ser inamovibles. Deben escogerse personas de nivel técnico excelente ampliamente reconocido. Los cargos a nivel de las máximas autoridades deben ser por un período de tiempo determinado. La designación del presidente del Banco Central puede ser por el Presidente de la República con aprobación del Senado. Igualmente la de los miembros de la Junta Directiva. Cualquier designación meramente política debe ser sospechosa de inmediato. Además es común que los bancos privados contribuyan al capital del Banco Central creando así un interés en su buen funcionamiento.

Pero tampoco eso basta, es posible que el Presidente escoja a alguien débil y que el Senado lo apruebe. El peligro de un mal manejo monetario es particularmente grave para un país pequeño cuya moneda no es moneda de reserva internacional.

¿Qué significa este término? Una moneda de reserva es aquélla que por su estabilidad y uso habitual en el comercio internacional es preciso tener para pagar importaciones. Es también la que se recibe usualmente para cobrar exportaciones. Hoy en día existen dos principales, el euro y el dólar y otras secundarias como la libra de Gran Bretaña, el franco suizo, etc. Los bancos centrales de países como Estados Unidos o áreas como la U.E. cuya moneda es considerada reserva internacional tienen que cuidar esmeradamente la tasa de inflación de sus economías. Su mandato consiste en promover el desarrollo económico y no inflar. Tienen a su disposición diversos medios para aumentar y disminuir la circulación monetaria. Detallarlos es para un curso de moneda y banca. Basta decir que los usan. Pero el incentivo mayor es cuidar que la inflación sea baja para mantener su posición de moneda de reserva y por ende de intercambio internacional.

A pesar de ello la inflación existe porque desde que se creó el sistema de emisión monetaria voluntaria, (supuestamente ajustada a las necesidades de la producción y el comercio) no existe un sistema perfecto de cálculo que mida precisamente cuanto circulante es necesario para lograr la estabilidad absoluta de los precios. No es fácil hacerlo aunque se ha llegado a aproximaciones bastante confiables. Además en el mundo imperfecto en que vivimos, hay distorsiones creadas por la conveniencia política, el gasto superfluo, ineficiencias en la economía y los mercados, causas naturales, errores de cálculo y de producción, etc.

Mantener la inflación a un nivel bajo o sea, menos del 2% anual se considera aceptable. Quiere decir que hay que acostumbrarse a vivir con al menos un poco de inflación.

¿Qué significa lo anterior para un país pequeño como Cuba que va a tener que exportar para progresar? ¿Qué valor debe mantener su moneda y qué efectos tiene la inflación sobre ese valor?

Significa que su inflación interna debe ser de 2% o menos. Si se emite mucho, la inflación interna será mayor que la de las monedas de reserva internacional, inicialmente sus costos internos subirán, sus productos de exportación se encarecerán y el país será menos competitivo en el mercado internacional. Venderá menos y recibirá menos divisas.

Pero sería tan sólo inicialmente. El mercado ajustaría rápidamente el valor de la moneda y la devaluaría respecto a las divisas. Los productos de importación serían más caros porque la moneda interna se devaluaría. ¿Por qué? Recordemos, una inflación interna alta significaría que la emisión monetaria estaría fuera de control y naturalmente a mayor abundancia de pesos sin producción que la respalde el precio se ajustaría, y el peso valdría menos.

Al valer menos la moneda cubana, las exportaciones cubanas *teóricamente* serían más baratas para el comprador y volveríamos a recobrar la competitividad. Es el argumento de los devaluadores sistemáticos. El problema es que este juego no funciona a la larga porque otros también lo pueden jugar. Si la competencia internacional consistiese tan sólo en ver quien devalúa más, no habría donde acabar, porque devaluar es muy fácil. No hay que producir nada complicado, con pluma, papel y una firma en un decreto se hace. Excusado es decir que todos los países cuentan con esos medios. El Banco Central también puede aumentar el circulante comprando papeles del gobierno como expusimos o descontando papeles del sistema bancario o utilizando otros medios en los que no nos vamos a adentrar en detalle, porque no es necesario para nuestro objeto. Baste decir que el poder de crear dinero de un Banco Central, aun aquel que esté sometido a requisitos de emisión razonables, es muy amplio.

Conclusión: Precisa manejarse con prudencia y eficiencia. No hay caminos expeditos y fáciles. Administrar bien el tema monetario es de por sí complicado. Además de todo lo dicho el Banco Central tiene que cuidar del funcionamiento eficiente y honesto del sistema bancario mediante un cuerpo de inspección, amén de ser capaz de soportar las presiones del poder ejecutivo, de los sectores productivos, de los bancos privados y de los exportadores e industriales. Cuando se trata de inflar, el dinero fácil siempre tiene adeptos entusiastas.

5. El peso castrista.

El peso castrista no vale nada porque se ha emitido sin producción que lo respalde. El Banco Central castrista no tiene ningún control excepto la voluntad del régimen. Si una empresa estatal quebrada y deficitaria necesita un crédito para pagar su nómina se le concede siempre que esa empresa goce del apoyo de la cúpula. Cuando un régimen de este tenor cierra una empresa es porque ya han llegado al punto cero donde es casi imposible producir a un costo que no sea ruinoso o producir algo que tenga mercado. Por mucho tiempo el régimen vivió de subsidios soviéticos que proporcionaban petróleo, trigo y otras mercancías de primera necesidad. Cuba, como miembro del COMECON, exportaba azúcar a un precio subsidiado y se convirtió en país mono-cultivador crónico con grave perjuicio de su economía. Esta ayuda disimulaba la ineficiencia de la economía castrista y sirvió de estímulo a la creación de infinidad de industrias incosteables. Lo poco que producían era a costos altísimos. Esos costos estaban representados por los sueldos que se pagaron en pesos y por lo tanto estaban en la circulación. Se trata entonces de la receta clásica de la inflación: mucho dinero buscando pocos bienes.

La inmensa mayoría de los cubanos no tiene mucho dinero, han recibido sueldos míseros en moneda nacional que no alcanzan para vivir.

¿Cómo entonces puede haber inflación? Porque aun con esos salarios tan bajos la gestión económica ha sido tan mala que la masa monetaria en pesos fue excesiva respecto a la producción obtenida. Y el asunto se complicó tremendamente con la circulación de divisas en dólar o euro, etc. Estas divisas aumentan la masa monetaria pues se usan en el comercio diario. Y los precios aumentan en forma exponencial porque el mercado (ese 'coco' del marxismo) ajusta y determina cuanto vale un peso no convertible, producto de la voluntad del estado contra una divisa extranjera respaldada por la producción y la economía de una sociedad eficiente. Vivir de las remesas externas se convirtió en medio de subsistencia porque la libreta de racionamiento y el sueldo eran absurdamente exiguos. Es también la razón de que hayan existido constantes filtraciones de la producción y un sistema de mercado negro o de trueque. El subsidio soviético fue reemplazado por el subsidio petrolero de Chávez. Los efectos han sido los mismos, fomentar la ineficiencia para que en definitiva acabe de igual forma: Suprimido, porque ninguna sociedad se dedica a mantener a otra indefinidamente.

6. Nuevo sistema y controles de emisión.

Cuba ha sufrido una doble moneda. Una que no sirve y otra que sí sirve pero no se gana como sueldo. Para salir del desastre es preciso volver a un sistema normal y racional que permita satisfacer las necesidades de la vida y ahorrar. Significa crear una moneda fuerte a prueba de políticos arbitrarios. No podemos mantener el sistema del Banco Central castrista de emitir moneda sin respaldo, concediendo créditos a empresas quebradas que no producen un valor ni siquiera igual a lo que toman de crédito.

Supongamos que estamos de acuerdo en lo anterior y que se dicte una buena ley monetaria que no permita emitir sin respaldo productivo. Supongamos también que escogemos buenos y probos funcionarios en el Banco Central.

Recordemos no obstante, que un ejecutivo derrochador tendrá interés en cambiar la ley del Banco Central, cambiar los funcionarios y dar rienda suelta al Banco Central para que cree 'papelitos' y 'numeritos'. Lo que se hizo por ley puede cambiarse por ley. Un congreso débil y controlado puede acceder y justificarlo por la 'urgencia' de atender esta o aquella necesidad real o imaginaria. El beneficiado que reciba los 'papelitos' así creados no se va a quejar. No le durarán gran cosa, pero de momento vienen bien y además: ¿Quién le dijo a usted que yo tengo que entender de inflación, emisión y todo ese enredo tan complicado? Allá el Ministro de Hacienda, por ahora yo resuelvo.

Así se hacen las cosas en la política irresponsable y demagógica. Como explicamos se paga siempre el precio, pero no de inmediato. Excepto cuando la inflación se desata y se torna en galopante como sucedió en Alemania durante la república Weimar en que los pagos se hacían con carretillas de billetes. No hay que ir tan lejos. En décadas no lejanas se podía tomar un taxi en Argentina y pagar con billetes de a millón. Brasil andaba por el estilo.

La diferencia impactante entre los precios controlados de la libreta y los del mercado 'libre' es un indicador claro de que Cuba ha padecido de una inflación aguda, particularmente cuando se comparan los precios con el exiguo salario y los meses o días de trabajo que se necesitan para comprar un artículo de uso común.

Después de esta experiencia no debe existir duda de que el nuevo sistema monetario cubano tiene que ser creado a prueba de políticos y de presiones. La emisión monetaria no puede estar descontrolada, hay que atarla a un control automático que retire a los políticos la capacidad de interferir. Y que si pretendieran hacerlo, se muestre claramente que lo que pretenden es inflacionario y nocivo.

Para crear un nuevo peso fuerte es preciso:

1- Recoger la moneda depreciada y sustituirla por una fuerte. Cuidar de hacerlo en forma que no se perjudique a la ya empobrecida población evitando especulaciones y abusos. Esto implica un plazo razonable para efectuar el cambio a una tasa garantizada y razonable.

2- Decidir cómo se llega a la moneda cubana fuerte si en uno o dos pasos.

3- Decidir como se controla la emisión para que continúe siendo fuerte.

En este difícil y vital proceso, lo que no podemos hacer es fracasar, es decir crear una moneda que digamos es fuerte y resulte ser otro 'papelito' más.

Una forma de empezar sería dolarizar la economía poniendo al dólar como único medio de pago. Dada la cercanía a Estados Unidos y la certidumbre de que este país será nuestro mayor socio comercial, la decisión sería lógica. Se ha ensayado con éxito en otros países de América como medio de estabilizar una economía regida por una moneda depauperada. Dolarizar nos haría pensar en controlar nuestros costos para captar mercados, nos estimularía a producir artículos de calidad que fuesen exportables, colocaría la relación obrero/patronal en un plano dinámico de cooperar para ganar mercados, estimularía la inversión extranjera que sabría a que atenerse y cerraría la puerta a los derrochadores. No existiría la opción de llamar al Banco Central y ordenar depósitos en la cuenta del estado contra un pagaré firmado por el Ministro de Hacienda. Los dólares los emite otra autoridad monetaria. Hay que ganarlos.

El problema mayor de esta solución es determinar la tasa de cambio a la cual se haría la conversión del peso depauperado al dólar y conseguir bastantes dólares para hacerle frente a las necesidades de circulante y reservas monetarias.

Conseguir los dólares es factible. Hay mucho 'inventario' de dólares en manos de cubanos exiliados que iría a una Cuba con garantías de inversión, amén de lo que se envíe para ayudar a la familia.

Este movimiento de fondos tomaría cierto tiempo pero para empezar pudieran gestionarse líneas de crédito en dólares al Banco Central, de la Reserva Federal americana y del Fondo Monetario, que sirvan de puente hasta que se produzca un flujo intenso de inversión y remesas. El Banco Central cesaría de ser banco de emisión y se dedicaría a dotar al sistema de empresas de los dólares obtenidos por las líneas de crédito a fin de pagar sueldos.

Poner a las empresas incosteables y al gobierno en signo dólar forzaría una inmediata reevaluación de lo que se produce, determinando su valor intrínseco real y el valor añadido, si existe alguno, de la burocracia gubernamental que administra el sistema socialista. El que produzca bien prosperará y empleará más gente. El que trabaje en una empresa incosteable verá que ese puesto desaparecerá y tendrá que emplearse en una con futuro. Suponiendo que exista libertad de empresa e inversión, se producirán desfases y desempleo en unos sectores y creación de empleo en otros.

Es el precio de 50 años de desastres y habrá que pagarlo. No tendremos más remedio. Lo que sí *se puede y debe hacer es mitigarlo y hacerlo llevadero* creando un fondo de reconversión industrial y reorganización administrativa que pague su sueldo al trabajador desplazado mientras busca otro empleo o se entrena para trabajar en otra actividad. En definitiva, la inmensa mayoría de los cubanos no tuvieron otra alternativa que trabajar en lo que había disponible.

Esto no solamente es justo, es indispensable para mantener la paz social y crear un estado democrático. Obtener los fondos para hacerlo es también factible pero es un análisis que por su extensión merece tratarse por separado. Depende en buena parte de como se maneje la privatización de las empresas (paso inevitable para crear empleo y eficiencia) y el destino de los recursos obtenidos. Referimos al lector al trabajo sobre privatización incluido en el apéndice que ciertamente no agota el tema pero sí da una idea de como es posible proceder.

Una vez estabilizada la economía y creado un nivel de precios y de salarios razonables, así como de reservas para atender las importaciones, pudiéramos ir al segundo paso:

a) Se crea un nuevo peso plenamente convertible que será la única moneda de curso legal.

b) Se emiten tantos pesos como existan en el Banco Central reservas equivalentes de divisas convertibles más un porcentaje de seguridad.

c) El nuevo peso tiene una tasa fija de conversión al dólar.

¿Cómo funciona el sistema?

Por ejemplo, si tenemos 105 dólares convertibles emitimos 100 pesos. Es lo que llaman sistema de Junta Monetaria, aunque mejor sería llamarle de emisión respaldada. En otros tiempos el respaldo era un metal precioso como el oro, hoy en día sería una moneda fuerte.

Hong Kong ha seguido este sistema usando al dólar como moneda de referencia y ha obtenido resultados excelentes pues la gran ventaja es que se puede planear y ahorrar. El exportador sabe lo que va a percibir por su exportación y lo que puede gastar en producir. El inversionista sabe que sus utilidades se pueden remitir y que no se devaluarán. El trabajador sabe que puede recibir un salario que no se esfume en aumentos de precios.

La junta monetaria en Hong Kong ha podido hacer frente a todas las crisis monetarias que se han producido en el mundo en las últimas décadas. De hecho, uno de sus problemas (un buen problema) ha sido como manejar las enormes reservas de divisas que se han acumulado, las cuales tienden a incidir sobre los precios locales. Para ello se le han dado ciertos poderes de estabilización que no implican emisión monetaria.

Un gran éxito exportador al estilo de Hong Kong produciría muchos nuevos puestos de trabajo y nos pondría en el camino de la recuperación económica. Empleo significa consumo, consumo significa gran cantidad de empresas pequeñas que satisfagan las mil necesidades del público, desde el corte de cabello hasta el expendio de víveres, etc. Así es como se vive normalmente en todos los países libres.

III- Sistema bancario.

En términos generales se entiende mal la función de los bancos. Multitud de veces hemos escuchado la frase de que los bancos sólo prestan dinero a quienes no lo necesitan. Frase que cambiaría si el que la profiere entendiera que lo que se presta es **su** dinero. Daremos una vista esquemática de lo esencial.

Los bancos tienen dos funciones básicas: Primera, facilitar las transacciones, como por ejemplo el pago de sueldos por crédito a una cuenta corriente contra la cual se giran cheques y segunda, conceder crédito. Para hacerlo, reciben el ahorro de la sociedad y lo prestan a aquellos miembros de la misma que lo merecen por su honradez, espíritu de empresa y capacidad de pago.

Funcionamiento.

Los bancos deben ser prudentes en escoger sus acreditados porque el 90% o más de los fondos que prestan son de la sociedad en que operan y sólo del 8 al 10 % es su capital.

Supongamos que se les exija mantener el 10% en capital, lo cual es conservador. Deberían al público depositante 10 veces lo que tienen de capital. Es la única forma en que puede funcionar el negocio si se pretende que presten a tasas razonables.

Un banco que tenga un costo total de fondos del 5% puede prestar al 7% y ganar un 2% porque tiene ese 'palancaje' financiero. Si no existiera tendría que cobrar mucho más caro pues los gastos de mantener la operación no podrían ser cubiertos por un múltiplo pequeño de depósitos a capital. Prestar tan sólo el capital a tasas razonables no alcanza para satisfacer sino la necesidad de unos pocos Los usureros o garroteros, en lenguaje popular, no captan depósitos sino que aumentan su capital de giro cobrando tasas astronómicas. Aumentan su capital cobrando y por eso son inflexibles y violentos en el cobro.

En un sistema bancario el Banco Central protege a los depositantes y exige a los bancos mantener una liquidez fija, en cuenta con el mismo, para asegurar que existen fondos para pagar los retiros de depósitos y a ésto se le llama encaje. Además exige a cada banco mantener reservas secundarias de liquidez en valores de alta calidad de fácil liquidación para cubrir necesidades imprevistas de retiros de fondos.

Veamos como funciona el sistema usando un ejemplo sencillo.

Supongamos que un banco tenga 10 pesos de capital, que capte 100 pesos en depósitos, que el banco central le exija el 10% de encaje (no le paga nada por ese depósito) y que las reservas secundarias sean el 20%. Quedan $70 para prestar. Supongamos que el diferencial entre el costo de los fondos que capta y los que presta es el 2%.

Si presta esos $70.00 ganaría $1.40 sobre esos fondos ($70 al 2%) más lo que le rindan las reservas, digamos $0.10 ($20 tan sólo al 0.5%) porque serían invertidas en valores líquidos que pagan menos. Suma $1.50 pesos de ingreso ganado sobre el dinero captado. De aquí tiene que salir lo requerido para pagar los gastos generales, de administración y de ventas. Pero además existen las reservas de cuentas malas. Algunos créditos van a salir mal y los bancos tienen que proveer reservas. Es un gasto adicional. El 1% de experiencia en créditos malos sobre la cartera total indica un banco bien llevado.

Por el contrario un banco mal llevado que pierda el 10% de los créditos que concede sufre duramente. Si en el ejemplo usado pierde el 10% de lo prestado o sea 7 pesos habría sufrido una pérdida de 5.50 pesos (7 menos 1.50) en su gestión de crédito antes de pagar gastos generales, de administración, etc. El banco también ganaría un rendimiento sobre su capital de 10 pesos que rebajaría la pérdida. Pero para simplificar olvidemos ambas cosas y supongamos que esa es la pérdida. Su capital bajaría a 4.50 pesos frente a depósitos de 100. Debería 22 veces lo que tiene para responder. Como está fuera de parámetros el Banco Central le exigiría recapitalizar. Si los accionistas no pueden hacerlo, el Banco Central debe intervenir la entidad o venderla a quien pueda aportar capital.

Un banco mal administrado y/o deshonesto usualmente tiene su capital perdido en malos créditos aunque quiera disfrazarlos de buenos. Es una rémora social porque defrauda por su mala gestión a los depositantes que confiaron en él o los estafa si usa los fondos para, a sabiendas, dar créditos incobrables y repartirse el botín. Además al dar créditos y depositar el importe en la cuenta corriente del deudor, aumenta el circulante, porque recordemos que el banco sólo tiene que mantener el 10% de sus depósitos con el central. Un crédito malo a una empresa que no produce, o un crédito fingido a quien no produce nada es también inflacionario. No está respaldado por una producción. Por eso es tan importante que los bancos sean serios y estén bien fiscalizados. Recuerde: Los bancos prestan **su** dinero, señor depositante de fondos.

En cuanto a experiencia de quiebras, la de los bancos estatales es peor que la de los privados. Las conveniencias políticas usualmente protegen la mala gestión y las pérdidas se reparten a toda la ciudadanía que paga impuestos, porque cuando quiebra un banco estatal el estado se ve forzado a pagarle a los depositantes con cargo al presupuesto. Lo mismo ocurre con frecuencia en los privados pues en definitiva el estado falló en su labor de vigilancia y también se le reclama por su mala gestión como poder regulador.

Controlar la calidad del crédito concedido por los bancos es otra de las funciones de la banca central o de una entidad separada dedicada a la inspección bancaria. Debe existir un cuerpo de inspectores que visite los bancos, evalúe los créditos y calcule cuanto hay perdido. Se compara el cálculo con la reserva para créditos malos que cada banco debe ir creando con cargo a sus utilidades. Si las pérdidas exceden a la reserva, el banco tiene que aportar más a la reserva con cargo a utilidades o aportar más capital.

Los bancos en un sistema de empresa privada prestan para obtener un lucro y no para distribuir fondos como en el sistema marxista. En el marxismo no hay criterios sanos de crédito basados en capacidad de pago. Las consideraciones políticas y de amiguismo imperan.

Peligros y soluciones.

Gran parte de los fracasos que ocurrieron en países que han pasado del centralismo marxista a la libre empresa se deben a haber permitido que elementos criminales, deshonestos o monopolistas y miembros de las antiguas élites de poder, se apoderen de los bancos y continúen con el mismo criterio de 'distribuir'. Sólo que se trata de distribuir entre ellos mismos. Un método preferido ha sido comprar los bancos estatales, con sus carteras llenas de créditos incobrables a las empresas del estado, y cambiar los créditos por acciones de la empresa. Compran así las empresas por casi nada y se hacen inmensamente ricos. Es el resultado de privatizaciones ficticias que son otras tantas excusas para robar.

Un delincuente al frente de un banco tiene en efecto una licencia para robarse 10 pesos por cada uno que ponga de capital y pasarle la cuenta al estado, particularmente si existe un sistema de seguro de depósitos hasta cierta cantidad. Esto crea la ilusión de que todos los bancos son iguales porque el estado paga en caso de quiebra y así, la captación de depósitos se facilita. Es el sistema ideal para un delincuente financiero.

No se puede entregar una licencia bancaria a cualquiera. Debe existir competencia profesional y amplio respaldo económico. Simplemente cambiar de nombre y del dueño estado al dueño particular no resuelve nada.

Lo cual nos lleva a una serie de conclusiones sobre como manejar inicialmente la banca en Cuba:

1- El primer objetivo es proteger al depositante. Después del marxismo no pueden tolerarse más desvalijos a la ciudadanía.

2- Los bancos deben tener amplio respaldo económico para poder hacer frente a las pérdidas que se presenten. El proceso de conceder créditos será difícil en un principio por la falta de historia de los que pretenden obtenerlos y la escasez de datos confiables pues no habrá abundancia de contadores independientes que certifiquen balances. La experiencia inicial en cuentas malas será alta.

3- Si vamos a la dolarización y a un sistema de emisión 100% respaldada, los bancos han de tener acceso a líneas de crédito en divisas para hacer frente a retiros masivos, si se produjeran, porque esos retiros serían en dólares.

4- El sistema de inspección bancaria no se crea de un plumazo. Hay que entrenar funcionarios y esperar que adquieran experiencia.

5- Lo anterior nos lleva a la conclusión de que la banca en un principio tendrá que ser la gran banca extranjera pues son los únicos que cuentan con los recursos necesarios para equivocarse y pagar.

6- Será necesario cuidar que en su gestión de crédito atiendan a la pequeña y mediana empresa y no se dediquen solamente a atender a las subsidiarias sitas en Cuba de compañías de sus países de origen. En ese caso estarían utilizando el ahorro del pueblo de Cuba para autofinanciarse.

7- Ningún banco extranjero que tenga deudas contra el gobierno castrista deberá recibir una licencia para operar hasta que se aclare el origen de la deuda y la disposición que se le dará. Explicamos más adelante.

8- Será conveniente autorizar bancos cubanos cuando tengamos un sistema fuerte y una inspección bancaria adecuada. Esto presume amplia capacidad financiera del grupo en cuestión que pretenda organizar un banco, amén de buena reputación y experiencia en el negocio.

9- Desarrollar el mini-crédito será importante. Pero debe entenderse que para que funcione con una medida razonable de garantía de honestidad debe ser parte del sistema bancario. Hay que conceder créditos mediante depósitos en cuenta corriente y llevar una inspección y contabilidad bancaria adecuada. Se habla de ésto como si fuera simplemente repartir dinero. No lo es, y el pionero en este asunto, el Banco Grameen de Bangla Desh, se organizó dentro del sistema bancario sólo que empezó a atender un sector que la banca comercial no atendía y lo hizo manejando sus costos y haciendo de los deudores parte del sistema de fiscalización. Se prestaba individualmente pero los acreditados se dividían en grupos y el fallo de uno de los miembros afectaba a todos.

El mini-crédito debe facilitarse a nivel nacional lo cual implica que los bancos comerciales autorizados para operar deberán tener un departamento que se dedique a ello organizado dentro del sistema de mini-crédito. Será un costo a absorber por un servicio que deben prestar.

IV- El problema de la deuda externa.

Cuba es un país quebrado. Debe $22,000 millones a Rusia y $15,500 a países del mundo occidental. Son $37,500 millones. Nada menos que $3,600 per cápita en un país en que el ingreso en dólares es de $20 al mes o unos $250 al año. Cada cubano debe 14.4 años de sueldo. Y ésto sin contar las reclamaciones pendientes con el gobierno de Estados Unidos por concepto de confiscaciones de empresas americanas, asunto que es complicado pero de relativamente fácil arreglo por el deseo expresado por los Estados Unidos de hacerlo en términos favorables pues no hay otra alternativa.

¿Qué decir de la deuda en cuanto a su relación con la moneda? Es asunto para arreglar de inmediato y paralelamente porque no vamos a crear una moneda fuerte para pagar deudas castristas.

Los mismos países y bancos que han errado en concederle crédito a un moroso notorio como el régimen cubano y que han mostrado paciencia infinita en cuanto a no exigir el cobro de adeudos, probablemente cambiarían de actitud ante un nuevo gobierno. Simplemente porque pensarían que negociar con personas que tienen principios sanos, léase cumplir lo pactado, es una oportunidad. Otros pensarán que no se exponen a represalias si 'aprietan' las tuercas. Amenazar con embargar los saldos cubanos de exportaciones será común. Es un asunto muy complejo, pero existen antecedentes en todas las renegociaciones de deuda en América Latina que han sido muchas y con malos resultados para los bancos que deberían haber aprendido algo de esta experiencia y haber sido prudentes en sus manejos con el régimen castrista.

V- Principios a considerar relativos a la deuda externa:

1- Las deudas contraídas por el régimen castrista han cubierto casi cinco décadas. Durante ese largo período han acumulado un record notorio de impagos en principal e intereses. La Cuba castrista es desde hace muchos años uno de los peores riesgos de crédito del planeta.

2- Ningún acreedor puede llamarse a engaño. Corrieron riesgos extraordinarios.

3- La experiencia muestra que se corren riegos extraordinarios porque se estima que habrá ganancias extraordinarias, porque hay corrupción o porque hay estupidez e incompetencia. Luego, no es aceptable pretender el cobro de los adeudos castristas como si fueran operaciones de rutina.

4- La razón de que se hayan concedido créditos tan riesgosos a Castro habrá de ser investigada a fondo. Si hay casos de corrupción, la transacción específica está viciada de origen.

5- Una realidad palpable es que no se ha negociado con un gobierno representativo, sino con una organización criminal, escondida tras un logo político, que ha saqueado a una población por décadas. Hablar de que son 'deudas del estado cubano' es una aseveración legalista y formalista que desconoce la realidad. Dada esta realidad política la legitimidad de las deudas como obligaciones de estado es una aseveración basada en conceptos obsoletos que un pueblo esquilmado no puede aceptar.

6- Los créditos son de tan antigua y continuada morosidad que hace tiempo están borrados de los libros de los acreedores cumpliendo con sus respectivas legislaciones bancarias.

7- Las deudas de los países quebrados están siendo condonadas al 100% en muchos casos. Esto debe de ser el objetivo cubano. Queremos empezar limpios.

8- La deuda con la Unión Soviética cae dentro del concepto de deuda odiosa o sea la que se facilita para mantener a una población sometida. Estados Unidos rechazó la pretensión española de cargar a Cuba con la deuda contraída para la guerra cubana aduciendo dicha razón. El mismo argumento debe aplicarse a la deuda soviética. Además Rusia ha dado nuevos créditos a Castro aceptando implícitamente que lo que no ha conseguido cobrar es incobrable.

Quiere decir que revisar los adeudos cubanos debe ser asunto de prioridad inmediata, a fin de limpiar este desastre y poner al país en un plano normal que le permita reconstruirse.

No deben esperar los acreedores grandes concesiones de Cuba. Por el contrario deben estar dispuestos a hacerlas. La actitud de cualquier gobierno cubano debe ser extremadamente firme en este asunto, incluyendo la determinación de perseguir a los corruptos y a sus cómplices donde quiera que se encuentren y a denunciar lo ocurrido ante los organismos internacionales competentes, incluyendo el Tribunal Penal Internacional. No somos diferentes a muchos países en desarrollo que han obtenido condonación total de sus deudas porque se había utilizado mal el producto de ellas. En nuestro caso es mucho peor y ha continuado por un período inusitado de tiempo. El asunto no es una simple cuestión de adeudos, es mucho más profundo y sus implicaciones internacionales muy variadas.

Conclusión:

El lector observará que todo lo descrito está entrelazado. Moneda, economía, gobierno, legislación, gasto público. El ciudadano responsable tiene que entender un poco de todo lo expuesto. No es necesario ser experto como advertimos al comenzar el capítulo. Sí es necesario estar alerta y no dejarse convencer por promesas vanas. Lo que está en juego es su futuro.

EPÍLOGO

Prontuario de Economía y Libertad.

No hay libertad sin que cada ciudadano pueda conservar o disponer libremente del producto de su trabajo. Lo único acertado que dijo Marx es su observación que la estructura económica determina la estructura política. El marxismo concentra la propiedad para imponer el totalitarismo.

Nuestro propósito a lo largo de este libro ha sido educar al cubano en la verdad. Entenderla es triunfar sobre el marxismo mendaz y cruel. Llevamos cincuenta largos años de propaganda, distorsión de la realidad y uso sistemático de la mentira como principio operativo de la política. Dada esta realidad, cualquier movimiento político que intente sacar a Cuba de su marasmo tiene que manejar puntos claros y educativos que expliquen las consecuencias económicas y políticas del estatismo.

Deben presentarse alternativas justas y prácticas. No es fácil, pues el marxismo no es el único sistema con fallos. El sistema de economía de mercado y empresa privada también los tiene como cualquier obra humana, pero cuenta con una enorme ventaja: Bien administrado tiende hacia la libertad porque propicia la independencia económica del individuo. El marxismo hace lo contrario: Propicia la dependencia económica que inevitablemente deriva hacia la dependencia política.

Cualquier sistema puede degenerar y tornarse abusivo si no se crean contrapesos y controles y ello incluye el sistema de empresa privada. Pero el marxismo nace con un vicio incurable. Concentra el poder económico y político por diseño; mientras que el sistema de empresa privada tiende a lo opuesto pues al propiciar la acumulación de riqueza individual sienta las bases para la independencia política.

Nada funciona bien sin esfuerzo y sin razonar las ventajas y desventajas. Puede existir un sistema de empresa privada indeseable con la riqueza concentrada en unos pocos que a su vez tienen gran poder de empleo y de contratación. No es un verdadero sistema de empresa privada pues en esas condiciones se parece al fascismo ya que el gobernante suele ser partícipe en los principales negocios bien porque lo exige o porque se le 'invita'.

Por otra parte, puede existir una social democracia en la que el estado sea el principal y abrumador gestor económico. Simplemente toleraría las pequeñas empresas que a su vez dependerían en gran parte de la capacidad de compra del estado. Con un estado enorme, dueño de enormes monopolios en los principales sectores económicos no se logra una verdadera democracia pues un sector de la sociedad, el estado, tiene tanto poder que le resulta fácil manipular el proceso democrático dando recompensas económicas a sus adeptos o castigos a quien no comulgue con sus ideas. Ambos modelos son inaceptables pues ninguno genera libertad con prosperidad.

El tejido económico y social es delicado y complejo. Se basa en dividir el poder, crear contrapesos, permitir la gestión individual, hacer responsables a los gobernantes de sus actos y exigirle al ciudadano que cumpla la ley. No hay fórmulas mágicas. Cada cual tiene que cumplir con lo que le corresponde.

Los demagogos simplifican todo prometiendo lo que no pueden dar porque saben que lo que prometen no depende de ellos. Depende de una sociedad bien organizada y dedicada a trabajar que ya ha creado riqueza. Los demagogos no crean riqueza, solo reparten la que hay para encumbrarse y si no hay nada que repartir prometen darlo en un futuro incierto, cuando exista gracias a sus fórmulas mágicas. Todo es retórica y posponer lo concreto y actual por lo imaginario y futuro. El pueblo de Cuba sobradamente conoce este método.

Hemos sufrido 50 años de divagaciones, improvisaciones y teorías caprichosas. Es más que hora de cambiar de método pero requiere que se entienda como funcionan las cosas en el mundo real, y no en el mundo de la demagogia, la fantasía y la frase hecha.

Hablar de libre empresa, economía de mercado y libertad política sin explicar al menos sucintamente en que consisten es dejar la puerta abierta al demagogo. Los puntos que siguen intentan explicar y sentar bases lógicas para una economía que funcione.

Son bases bien establecidas por la experiencia y la vida cotidiana. Son las mejores pues provienen de la experiencia humana y no de las elucubraciones de un estudioso de gabinete como Marx que nunca vivió lo que predicó. Se presenta un prontuario de puntos básicos para informar y reflexionar que resume lo dicho anteriormente y puede leerse por separado. Cada punto puede desarrollarse a fondo pero como hemos dicho: Eso es trabajo del lector si desea profundizar.

- No hay libertad sin que cada ciudadano pueda conservar o disponer libremente del producto de su trabajo.

- Lo único acertado que dijo Marx es su observación que la estructura económica determina la estructura política.

- El marxismo concentra la propiedad para imponer el totalitarismo. Lo disfraza de propiedad comunitaria para cebar el anzuelo. Después de tragado es difícil sacarlo pues muchos se adaptan a depender del estado. Podrán protestar en un momento dado de que lo proveído no es adecuado pero en el fondo quieren que se les provea en vez asumir la responsabilidad de labrarse su propio destino y crear riqueza.

- El individuo que depende totalmente de otro es un esclavo o un infante. Depender económicamente del estado en forma total es esclavitud. El estado como único empleador es la modalidad moderna de la esclavitud.

- Entregar al estado una buena parte de nuestra responsabilidad económica y social es convertirse de facto en un infante, que espera todo de su 'papá' estado. Es ponerse en camino de la esclavitud porque se transfiere una cantidad importante de poder sobre la persona y su vida diaria. El estado 'niñera' es el precursor del estado totalitario porque transfiere una notable cantidad de poder a una estructura burocrática que tiende a crecer desmesuradamente y a convertirse en dominadora y autocrática.

- El estado está compuesto de personas con idénticos defectos a los que aquejan al ser humano. Entregar vida y hacienda en manos de extraños es absurdo. Nadie lo haría con su casa o sus hijos. El estado enorme y burocrático es peor que un extraño. Es impersonal e indiferente. Resulta muy fácil mandar al quejoso a otro departamento y lavarse las manos.

- Para que exista libertad es preciso dividir el poder tanto político como económico. Cuando un ciudadano puede ahorrar y crear su patrimonio adquiere una medida de poder y de autogestión. Puede tomar decisiones políticas independientes sin tener que obedecer 'orientaciones' de su patrón.

- Desde que existe el mundo, lo normal para el individuo ha sido producir, vender el sobrante y comprar lo que no produce. La diferencia entre lo que se vende y lo que se compra es la ganancia que permite ahorrar e invertir en más medios de producción. La ganancia no es un atraco, ni una explotación, es normal. Cuando el individuo necesita más personas para producir les propone un sueldo. El que vende su trabajo hace lo mismo, vende una mercancía, su trabajo, y compra lo que necesita para atender sus necesidades. Lo que sobra es ahorro.

- Cuando se habla de economía de mercado se dice simplemente que se produce, se compra y se vende y que los precios se determinan por la oferta y la demanda de las personas y empresas que concurren al mercado. Bien pudiera llamársele economía de precios. Si hay mucha producción de maíz por ejemplo, baja el precio porque excede la necesidad del momento. Lo contrario pasa cuando hay escasez. Esto implica que hay libertad para crear empresas, contratar trabajadores, producir, concurrir al mercado, vender y fijar precios, que hay transporte para trasladar lo producido, que hay intermediarios que distribuyan eficientemente las mercancías, que hay incentivo para dedicarse a trabajar, porque el que trabaja puede ahorrar y progresar. El marxismo no quiere que ésto suceda porque disminuye su control sobre la población.

- El marxismo no funciona por eso mismo. No hay estímulo. Nada tiene dueño, nadie tiene interés en mejorarlo porque en definitiva es del estado y realmente es propiedad de la clase política que controla el estado, tiene todos los medios de producción bajo su control y se reparte lo que hay dándole migajas al pueblo.

- La libertad se basa en la capacidad individual de ser empresario, trabajador libre o ahorrista. El término economía de mercado que explicamos enfatiza la función del mercado en fijar precios. Sería mejor aún llamarle economía de empresa individual, libertad de trabajo y de ahorro. Porque ello resalta a la persona y enfatiza la capacidad del individuo de crearse un patrimonio independiente.

- Ese patrimonio no sólo es material, puede ser también intelectual e incluye también cualidades personales como la experiencia acumulada y la reputación profesional del trabajador. En realidad los conocimientos son el mejor patrimonio del hombre libre y su reputación profesional su carta de presentación.

- El mercado es un término abstracto que de por sí no explica que detrás del mercado hay una vasta cantidad de individuos que lo conforman y lo hacen funcionar haciendo millones de transacciones diarias. Como el mercado está compuesto de individuos y no de santos hace falta vigilarlo para que no se cometan abusos. Es ahí donde el estado tiene una función. Es el árbitro en el juego de pelota social que es el mercado. Vigila que nadie batee con un bate relleno de corcho.

- El estado también debe vigilar que los que concurren al mercado organizados en compañías no abusen de su posición o concentren el poder económico. Para ello existen las leyes antimonopolio y las leyes laborales. Las leyes antimonopolio existen para evitar que la producción se concentre en una sola empresa. Esto destruye el mecanismo del precio pues el productor monopólico puede, en teoría, fijar el que le parezca. La concurrencia al mercado se basa en que varios productores compitan entre si y se esfuercen en producir mercancías de calidad a precios razonables. Exactamente lo contrario del estado marxista que habla mucho de monopolios mientras los crea en cantidades industriales.

- El empresario es el motor de la libre empresa. Tiene imaginación, energía, algún capital, sabe comprar, vender y administrar. Es un factor de la producción, y más importante que el capital, porque mucho capital es manos de incompetentes no produce nada o es malgastado o robado. Ejemplo claro: el estado marxista donde no hay controles naturales de concurrencia al mercado que a su vez impone la eficiencia.

- En una sociedad pujante el estado estimula la creación de empresas, en vez de entorpecerla, porque las empresas son fuente de trabajo. Su función es la de vigilar que las cosas marchen bien o que funcionen mejor y de evitar que no funcionen. Ejemplo: Si un empresario tiene un negocio de taxis, la función del estado es asegurarse de que los taxis estén en buenas condiciones mecánicas y los taxistas sean conductores experimentados y conocedores de la ciudad. Ello ayuda al funcionamiento del negocio porque hace que los improvisados y descuidados desaparezcan. Debe existir libertad de crear empresas sin más requisitos que los que imponen la prudencia y el sentido común.

- El empresario depende de otros que produzcan, a los cuales debe remunerar adecuadamente si quiere producción de calidad y en cantidad adecuada. Son los trabajadores.

- Una sociedad justa debe aspirar a que todos los que deseen trabajar puedan hallar empleo pero existe una realidad: No hay crecimiento en la oferta de trabajo sin creación de riqueza.

- El desempleo es reflejo del estancamiento económico y social de una nación. Una nación se estanca cuando no educa a su población o cuando no la deja desenvolverse y crear riqueza. También se estanca cuando envejece y no procrea o aborta a sus hijos.

- El puesto de trabajo no es propiedad del obrero ni de la empresa. Visto en su realidad, simplemente llena una necesidad social al responder a un mercado de bienes y servicios que necesita empleomanía. Las empresas que se desempeñan bien requieren más obreros; las que no tienen éxito o pasan por períodos de vacas flacas, quiebran o rebajan su plantilla para adaptarse a la demanda.

- El despido es una realidad del sistema de empresa que, en una economía de mercado, requiere ajustes constantes. Pero el trauma ocasionado debe ser mitigado con dos apoyos: el seguro de desempleo y el despido compensado. Con el primero se provee un apoyo económico mientras el trabajador se reubica en otro puesto. Con el segundo el empleador paga un múltiplo del salario mensual proporcionado al tiempo que estuvo en el puesto. Esto puede ser pactado en el contrato laboral o con mínimos establecidos por la ley. El seguro de desempleo es un costo laboral que usualmente paga el empleador. Debe ser administrado por una entidad paraestatal independiente.

- El mejor antídoto al despido o desempleo es procurar que exista una gran demanda de trabajo. Ello resalta el hecho obvio de que es mejor trabajar para una empresa exitosa que aferrarse a un empleo en una que va mal. Poder cambiar de trabajo libremente y aspirar a uno mejor remunerado, más seguro o más afín con las cualidades del obrero es la base del entusiasmo y el progreso personal. Un buen profesional, artesano o trabajador siempre puede conseguir trabajo cuando se desempeña en una sociedad pujante que crece, progresa y crea empleo. Un error común es repartir el empleo que existe creando semanas de trabajo de baja duración para así crear más empleos. Es una estrategia que falla porque sólo aumenta los costos y acaba produciendo resultados negativos: empresas estancadas o fallidas y menos puestos.

- En una sociedad justa debe aspirarse a que el salario de un obrero común sin calificación especial sea suficiente para sostener una familia en forma modesta aunque digna. Idealmente el salario individual o de un núcleo familiar debe dar la posibilidad de ahorrar y con dicho ahorro aspirar a sembrar la semilla de una pequeña empresa. Empresa que puede crecer y tomar créditos para aumentar su capital de giro. Pagar un salario de hambre no solamente es explotación sino fuente de agitación social porque no permite al individuo aspirar a salir de su estado. Mata la movilidad social que es la base de una sociedad vibrante y justa.

- Muchas sociedades establecen salarios mínimos por ley. Están enfocados solamente al individuo y a la tasa que se paga por hora trabajada. Tienen sentido si hay un exceso de oferta de trabajo para proteger al individuo de un salario de miseria. Pero en una sociedad económicamente pujante el mínimo no funciona así. Suele estar atrasado y nadie calificado y con experiencia quiere emplearse por esa remuneración. Pasa a ser un salario de inicio

- para aprendices, estudiantes que trabajan en sus vacaciones o personal temporero.

- El salario debe estar relacionado a la jornada laboral normal de 8 horas. Si se trabajan horas extra se pagan mejor. Si se trabaja a destajo se paga un precio por unidad que permita ganar una cantidad razonable en una jornada normal. Las vacaciones retribuidas son aceptadas universalmente. Son parte de la remuneración.

- En igual forma la asistencia médica también lo es. Puede haber muchos sistemas. Pagada en su totalidad por el empleador, pagada por contribuciones mutuas de obrero y empleador, pagada por el estado que cobra un impuesto al efecto. Puede ser proveída por profesionales o clínicas que cobren un tanto por afiliado o en clínicas del estado. La experiencia en otros países sugiere que el monopolio estatal no da buenos resultados en cuanto a calidad y rapidez en el tratamiento. Es un asunto que cada sociedad debe resolver por si misma tras debate. Pero no se debe prohibir que existan diferentes sistemas, ni crear monopolios pues todos los monopolios son ineficientes y burocráticos.

- El costo de atender a la salud es un costo social, empresarial e individual y cada segmento debe contribuir en forma razonable. Si se carga tan sólo sobre el obrero se le reduce inaceptablemente su salario neto. Si se carga solamente sobre la empresa se aumentan los costos y se reduce la competitividad y también el salario pues el empleador calcula lo que puede pagar después de abonar los costos sociales. Si se deja todo en manos del estado se le invita a subir los impuestos y a crear una burocracia enorme que previsiblemente será ineficiente y politizada tarde o temprano porque sería fuente obvia de puestos públicos debidos a alguna influencia. Lo correcto es pedir a cada parte que haga lo suyo de acuerdo con sus posibilidades económicas. Aunque el obrero contribuya menos que el empleador es bueno que contribuya algo pues el que paga tiene derecho a exigir más y se preocupa de hacerlo.

- Idealmente el asunto debería resolverse por el trabajador y el empleador donde ambos contribuyesen a un sistema mutualista como el que existía en Cuba antes de Castro. En dicho caso el obrero escogería el que le conviniese y estimularía así la competencia en calidad y servicio. El estado debe tener una función supletoria para aquellos casos en que el tamaño de las empresas, la economía particular del usuario u otras causas no permitan hacer lo anterior. Debe también vigilar que los servicios proveídos se ajusten a patrones profesionalmente adecuados.

- Los trabajadores tienen el derecho de sindicalizarse para negociar mejor con el empresario, particularmente si éste es miope y egoísta y no entiende que un trabajador contento y bien remunerado es su mejor inversión. Como dijimos no hay nada perfecto pues el ser humano es lo que es y por eso existen leyes laborales para proteger al trabajador. La ley laboral debe proteger al individuo y no entorpecer el desarrollo de la empresa que es la fuente de trabajo. Una ley demagógica hace con frecuencia más daño a la creación de empleo que un patrón egoísta. En una economía de libre competencia los egoístas y miopes usualmente fracasan. El líder sindical hace un servicio importante a sus representados. Si los usa para encumbrarse personalmente es tan egoísta como el patrón explotador.

- El obrero debe poder organizar su retiro, bien sea en forma independiente o con el apoyo del estado. Los sistemas de retiro que funcionan mejor son los creados por deducciones del salario y contribuciones patronales cuyo patrimonio se da a administrar a profesionales del ramo de inversión. Siempre con los controles legales y operativos de rigor y con supervisión por el estado y por los beneficiarios. Se bajan así los costos, se aumenta la eficiencia y no se crean burocracias inmensas y politizadas que consumen en salarios gran parte de las contribuciones.

- El ahorrista es cualquiera que consume menos de lo que produce. Los jubilados, que acumularon un patrimonio de ahorro durante sus vidas y en su tercera edad viven del producto de ese ahorro, son una clase esencial de la sociedad que debe ser estimulada a que provea capital. Lo hacen proveyendo fondos a través de sus cuentas de ahorro en el sistema bancario que sirven para que otros creen empresas.

- Casi todas las empresas que crecen están necesitadas de fondos para financiar su crecimiento. El capital inicial aportado usualmente es insuficiente y si la empresa va bien tampoco es suficiente la utilidad generada porque precisamente el éxito consiste en vender mucho a buenos precios. Una empresa en crecimiento que gane el 10% neto sobre sus ventas, después de pagar todos sus gastos de salarios, materiales, impuestos, servicios públicos, etc. lo está haciendo bien, pero obviamente requiere fondos de otras fuentes para crecer y emplear más obreros, comprar materiales, instalar maquinarias, etc.

- Esto significa que deben existir formas de obtener fondos. Hay dos clásicas: los mercados de acciones y los bancos.

- Los bancos reciben el ahorro de la sociedad y lo prestan a aquellos miembros de la sociedad que lo merecen por su honradez, espíritu de empresa y capacidad de pago. Los bancos deben ser prudentes en escoger sus acreditados porque el 90% de los fondos que prestan son de la sociedad en que operan y sólo del 8 al 10 % es su capital. Si fuese el 10% deberían al público depositante 10 veces lo que tienen de capital. Es la única forma en que puede funcionar el negocio si se pretende que presten a tasas razonables. Un banco que tenga un costo de fondos del 4% puede prestar al 6 % y ganar un 2% porque tiene ese 'palancaje' financiero. Es necesario que los bancos ganen dinero porque tienen que proveer reservas para las cuentas malas que siempre se producen. Los bancos realizan una labor social y por ello todos los países los sujetan a supervisión y control por una entidad especializada que cuenta con inspectores que analizan los créditos dados y la solvencia de la entidad.

- Un banco mal administrado y/o deshonesto tiene usualmente su capital perdido en malos créditos aunque quiera disfrazarlos de buenos. Es una rémora social porque defrauda por su mala gestión a los depositantes que confiaron en él o los estafa si usa los fondos para, a sabiendas, dar créditos incobrables y repartirse el botín. En cuanto a riesgos, lo mismo puede decirse de los malos bancos estatales que de los privados. La experiencia de los estatales es aún peor que la de los privados porque la política protege a la mala gestión y las pérdidas se reparten a toda la ciudadanía que paga impuestos, porque cuando quiebra un banco estatal el estado se ve forzado a pagarle a los depositantes con cargo al presupuesto. Lo mismo ocurre con los privados pues en definitiva el estado falló en su labor de vigilancia y también se le reclama por su mala gestión como poder regulador.

- No se puede entregar una licencia bancaria a cualquiera. Debe existir competencia profesional y amplio respaldo económico. Gran parte de los fracasos que ocurrieron en países que han transicionado del centralismo marxista a la libre empresa se deben a permitir que elementos criminales o deshonestos se apoderen de los bancos. Y peor aún, a veces existía un sistema de seguro de depósitos hasta cierta cantidad, lo cual creaba la ilusión de que todos los bancos eran iguales porque el estado pagaba en caso de quiebra. Es el sistema ideal para un delincuente financiero. En el marxismo los bancos no dan créditos, reparten las asignaciones presupuestarias. Luego no hay experiencia profesional y simplemente cambiar de nombre y de dueño no resuelve nada si no hay solvencia, honestidad y competencia profesional. Un delincuente al frente de un banco tiene en efecto una licencia para robarse 10 pesos por cada uno que ponga de capital y pasarle la cuenta al estado.

- La otra forma clásica de levantar fondos es acudir a los mercados de capitales. Se puede obtener capital en dos formas principales: como préstamo o como venta de acciones de una empresa. Los bancos, como se explicó, son fuentes de préstamos pero también las empresas pueden emitir valores que representen deuda (bonos, pagarés) que el público puede comprar para recibir un interés por su ahorro, usualmente mayor de lo que pagaría un banco. En el caso de acciones se compra una parte alícuota del capital de una empresa. Los accionistas invierten su capital en los negocios de la empresa y corren los mismos riesgos comerciales. Lo hacen porque les gusta el negocio y porque les va a rendir más que invertir en cuentas de ahorro o en bonos. Se benefician del rendimiento del negocio que es mayor que el interés que pagaría un bono emitido por esa misma empresa. El interés pagado seria un costo incluido en el precio en que venden su producto y obviamente tiene que ser menor.

- Es práctica común remunerar a los trabajadores con suplementos a su sueldo por buen desempeño o con suplementos generales atados a las ganancias del año. Una forma útil de estimular al obrero a largo plazo es con acciones de la empresa, permitiendo comprarlas en condiciones favorables. Se logra mediante opciones de compra, ejercitables durante un período largo de tiempo aunque el precio haya sido fijado al valor de mercado en el momento en que se concedió la opción. Vincular al trabajador al éxito económico de la empresa es lo que se consigue. Si la empresa va bien, las acciones suben. La opción puede entonces ser ejercitada y la acción vendida en ese momento con una ganancia. Hay muchas formas de estimular el 'capitalismo popular' y ésa es una de ellas. Una sociedad pujante estimularía ese capitalismo, en que muchos trabajadores fuesen también accionistas, porque sería una forma eficiente de ahorrar más remunerativa que el simple interés. Aunque implica mayor riesgo, ese riesgo se remunera mejor. Dividiendo prudentemente su ahorro, el trabajador tendría disponibles todas las vías para aumentar su patrimonio y labrarse una independencia económica.

- Los mercados de capitales no pueden operar por la libre. Para emitir acciones o bonos hay que cumplir una serie de requisitos. El principal es información financiera confiable. La contabilidad de cada empresa que vende acciones al público debe ser certificada por profesionales independientes. Son los contadores públicos que cobran por ese servicio y son responsables con su patrimonio si fallan y certifican como buenas cuentas que no son correctas. Los valores emitidos, sean bonos o acciones, deben ser también examinados por abogados que den su opinión sobre haberse cumplido todos los requisitos legales. Es decir que los pagarés, bonos o acciones que se emitan se ajusten a la legislación vigente. Los abogados, si yerran, también responden con su patrimonio.

- El estado supervisa los mercados de valores, usualmente a través de una comisión de valores independiente que vigila que los mercados no se manipulen para inflar o bajar los precios en perjuicio de los inversionistas. Y además que la información dada por las empresas llegue oportunamente a todos los inversionistas de modo que ninguno tenga una ventaja para comprar o vender.

- Todo lo anterior no funciona si el estado no se ajusta a un presupuesto acorde con lo que recaude. Si gasta mucho más de lo que recauda y cubre el déficit imprimiendo dinero crea inflación. El papel dinero no es sino un medio de pago para facilitar las transacciones entre individuos. Su cantidad debe responder a la cantidad de producción que exista para comprar o vender. Si se crea más dinero del necesario el dinero vale menos y compra menos mercancías. En ésto consiste la inflación. Cuba la ha tenido bajo Castro y los precios de los mercados libres la han reflejado. El gobierno que siga a Castro tiene que evitar la inflación como si fuese una plaga porque de hecho constituye un impuesto terrible sobre el pueblo trabajador cuyos sueldos siempre estarían atrasados respecto a la subida de los precios. La inflación lleva a la desesperación y destruye los gobiernos democráticos que no usan el terror ni libretas de racionamiento estilo Castro.

Resulta claro que el sistema requiere: libertad de emprender negocios, independencia para comprar, vender y organizar compañías, capacidad profesional para asesorar o certificar la veracidad de lo presentado a los mercados, honestidad en la gestión, supervisión estatal para verificar que se opera bajo la ley y se cumplen las reglas estipuladas por la ley y no por el capricho de una persona. La ley comercial bien hecha se dicta para promover el buen funcionamiento y no para perseguir o acosar.

El sistema se basa en crear equilibrios y controles recíprocos. Nadie debe tener todo el poder ni toda la iniciativa. Todo el poder lleva inevitablemente al abuso. Toda la iniciativa económica concentrada en un solo organismo o persona, conduce a la ineficiencia y al error garrafal. ¿Por qué? Muy simple, nadie lo sabe todo y si se equivoca, se equivoca en grande pues compromete una enorme cantidad de capital social (no es el suyo) a su empresa descabellada. Cuba por 50 años ha sufrido los efectos de este tipo de organización, irresponsable, corrupta y profundamente egoísta, que ha derrochado el esfuerzo de un pueblo en beneficio de una casta de gobierno.

El sistema de libre empresa requiere un estado de derecho donde las cosas se hagan respetando los procesos y reglas establecidas democráticamente, reglas que se examinan y discuten a fondo por una legislatura debidamente electa, reglas que den participación a la sociedad civil y a la capacidad profesional y creativa presente en ella a través del ciudadano. Reglas amparadas por tribunales independientes.

Una verdadera preocupación por el pueblo equivale a querer verlo progresar, económica, cultural y moralmente. Un pueblo en la miseria se ve impedido de progresar en su cultura porque la sociedad civil se descompone. Tampoco progresa moralmente porque la miseria y la angustia de subsistir generan conductas antisociales.

La toma de decisiones que hagan progresar a la sociedad y la lleven a un bienestar con algún desahogo es una enorme responsabilidad porque el ser humano no sólo debe tener sus necesidades perentorias cubiertas. Además debe tener esperanza de mejorarlas. Esperanzas fundadas en la experiencia de lo que ve ocurrir a su alrededor. Un pueblo sin esperanzas no produce, no procrea, no crece como sociedad.

Pretender que un grupo de individuos, funcionarios de una autocracia, sin haber recibido un mandato popular en elecciones disputadas, sin controles institucionales y sin tener una ejecutoria profesional demostrada (la adulonería al líder es el principal requisito exigido en el caudillismo) sea capaz de tomar eficientemente las decisiones de los millones de personas que conforman una sociedad y un mercado es una vulgar estafa, absurda e insultante a la dignidad de la persona. Como absurda, no funciona. El hábitat de la economía de libre empresa y de mercado libre es el estado de derecho y la división del poder.

APENDICE

**La Nulidad de los Contratos de
Inversión Extranjera por Causa Ilícita:
Defraudar al Trabajador Cubano.**

**El Problema de la Vivienda Urbana en Cuba
Objeto de Reclamaciones. Una Solución Dinámica.**

**Privatización en Cuba:
¿Factor de Unión y Desarrollo o de Conflicto Social?**

➤⬥➤

La Nulidad de los Contratos de Inversión Extranjera por Causa Ilícita: Defraudar al Trabajador Cubano

Sumario.

En el curso de los últimos años diversas compañías han firmado contratos con empresas controladas por el gobierno de Cuba para regular las condiciones según las cuales establecen inversiones en la Isla. Los contratos de co-inversión o "joint venture" regulan la forma en que se reparten los beneficios los contratantes, pero paralelamente existe otro contrato celebrado con una empresa del estado cubano que suministra los trabajadores. La estructura de esos contratos de inversión es tal, que son nulos de origen por basarse en una causa ilícita, a saber: Defraudar al trabajador cubano de la mayor parte del salario convenido.

El trabajador cubano es relegado a la triste situación de mercancía u objeto de comercio al por mayor. La ley cubana exige que la contratación de la mano de obra se efectúe a través de una empresa del gobierno de Castro y que se pague a esa empresa el salario convenido en moneda convertible. Dicho salario no se entrega al trabajador que presta el servicio. El gobierno cubano entrega al trabajador una cantidad en moneda nacional, que representa el mísero salario pagado usualmente en Cuba, y cobra en dólares al inversionista extranjero una cantidad muy superior que retiene para sí. Supongamos, en aras de presentar un ejemplo sencillo, que un trabajador cubano percibe 400 pesos cubanos mensuales por sus servicios, y que el gobierno de Castro cobra al inversionista extranjero 400 dólares al mes. Si tomamos una tasa de cambio de pesos a dólares de 20 a 1 (bastante aproximada a la realidad) veremos que el trabajador cubano sólo cobra el 5% de lo que percibe el gobierno de Castro que cobra 400 dólares (8,000 pesos) al inversionista extranjero. La realidad es peor, puesto que el sueldo promedio en Cuba es de unos 250 pesos mensuales y los sueldos cobrados a los extranjeros son mayores que el ejemplo puesto.

Para colmo, el Art. 39 de la Ley de Inversión Extranjera establece un impuesto del 11% por la 'utilización de la fuerza de trabajo', confirmando así en forma impúdica que Castro y su entorno consideran al trabajador cubano como una mercancía que les pertenece y venden a su gusto.

La entidad que contrata la mano de obra es una compañía cuyo objeto social es ilícito. Es una simulación. Ha sido creada sólo para perjudicar a un tercero, el trabajador cubano. Los contratos en que no se remunere directamente al trabajador son nulos. Varios convenios internacionales del trabajo, de los que Cuba es signataria, prohiben específicamente este tipo de contratación. El verdadero contrato de trabajo existe entre la compañía extranjera y el trabajador cubano aunque se pretenda encubrirlo interponiendo una empresa que carece de capacidad de gestión, lo que hace obvia la simulación. Se trata de un intermediario inútil impuesto a la relación laboral.

A pesar del intento de simulación, la realidad cotidiana se impone. Diversos actos jurídicos de los inversionistas respecto a los trabajadores avalan la existencia una relación laboral. Un principio general del derecho laboral establece que los contratos siempre deben ser interpretados en la forma que sea más beneficiosa al trabajador.

El contrato de co-inversión entre el inversionista extranjero y el gobierno de Castro es también nulo. Existe solamente para facilitar una situación de explotación laboral que aumente las utilidades y adolece del mismo vicio.

El inversionista extranjero conoce perfectamente el sistema y lo acepta porque contrata mano de obra a precios sustancialmente más bajos que los del mercado internacional y además, cuenta con una fuerza de trabajo sumisa que carece de derechos de sindicación y de representación efectiva.

La codicia se nutre además de un análisis despiadadamente frío de los beneficios. Se espera que la inversión se pague rápidamente y que se remitan en corto plazo utilidades que equivalgan al 100% de la misma, eliminando así el riesgo de capital. Otro método usual es el de mantener en el exterior una parte de los beneficios utilizando diversos métodos que son de sobra conocidos.

Además, los inversionistas esperan ser protegidos y mantenidos en su situación pues calculan que los actos del gobierno de Castro tendrán que ser aceptados como legítimos por el gobierno que lo suceda. Los tratados de inversión existentes entre Cuba y los países de origen de los inversionistas serían sin duda aducidos como prueba de la "buena fe" de los inversionistas, quienes reclamarían ser un tercero perjudicado por cualquier acción tendiente a remediar las injusticias cometidas. Como algunos han recibido un seguro de inversión de las entidades que se dedican a este giro en sus respectivos países (usualmente son entidades de gobierno) intentarían cobrar sus seguros y calculan que la entidad aseguradora en caso de pago se subrogaría en su lugar y grado apremiando así al gobierno que suceda a Castro.

La validez de la teoría sobre la responsabilidad de un gobierno que suceda a Castro por los actos antijurídicos de ese gobierno es muy cuestionable pues se trata de una dictadura totalitaria que no representa a la nación sino a sus intereses particulares.

Sin embargo, el objeto de este ensayo no es analizar esa cuestión sino otra más enfocada, a saber, la validez de los contratos entre las partes contratantes haciendo abstracción de lo que se alegue sobre las supuestas obligaciones o responsabilidad del estado cubano. Por cierto, dicha responsabilidad sería inexistente por tratarse de contratos nulos, hecho que eximiría también de responsabilidad al asegurador.

La jurisprudencia y legislación civil de la que Cuba es heredera siempre han reputado como nulos los contratos que tienen una causa ilícita, tradición que se remonta al derecho romano y las leyes de partidas del Rey Alfonso el Sabio de España hace más de 2,000 años y 800 años respectivamente.

La consecuencia usual de la nulidad civil es la devolución mutua de las prestaciones, o la devolución en efectivo si la prestación no puede devolverse como es el caso del trabajo realizado.

En este caso la nulidad, sin embargo, es de origen penal. Desde un punto de vista penal puede calificarse una figura delictiva consistente en que la empresa cubana que contrata y retiene el salario y el inversionista extranjero son coautores del delito de robo. Se trata de robo porque existe fuerza y violencia en las personas, a saber: la que se aplica al trabajador por los órganos de seguridad del Estado para obtener su conformidad y silencio.

La nulidad que resulta de la comisión de un delito conlleva el que no se puedan reclamar entre sí los contratantes culpables, (el gobierno de Castro y/o sus empresas y el inversionista extranjero) y que el objeto del delito sea decomisado y sujeto a las reclamaciones que puedan entablar los perjudicados.

El perjudicado no culpable es el trabajador cubano (salvo complicidad) con quien de facto el inversionista extranjero ha celebrado un contrato de trabajo en condiciones leoninas, aprovechando su desamparo y falta de alternativas. Este trabajador conserva su acción civil para reclamar daños y perjuicios a quien lo empleó en condiciones abusivas y puede reclamar sus haberes atrasados más intereses, no al precio por el trabajo pactado entre los coautores del delito, sino al precio del mercado internacional para el tipo de servicios prestados.

La nación cubana (que no es el gobierno de Castro) es también parte afectada, pues el sistema descrito contribuyó a perpetuar una tiranía e instituyó un sistema de trabajo que somete a sus ciudadanos a una situación laboral degradante y abusiva y porque se le restan al país los ingresos que justamente debían percibir sus ciudadanos.

La jurisdicción principal (sin perjuicio de otras posibles) será la cubana, lugar donde se firmaron los contratos.

I. La Ley Cubana de Inversión Extranjera.

La ley # 77 de 5 septiembre de 1995 regula la inversión extranjera. El artículo 33, cuyas partes pertinentes transcribimos a continuación, establece el sistema descrito con anterioridad.

Artículo 33

*33.1 " El personal cubano o extranjero residente permanente en Cuba que preste servicios en las **empresas mixtas** con excepción de los integrantes de su órgano de dirección y administración es contratado por una **entidad empleadora** propuesta por el Ministerio para la Inversión Extranjera y la Colaboración Económica y autorizada por el Ministerio de Trabajo y Seguridad Social."*

*33.3 "En las empresas de **capital totalmente extranjero** los servicios de los trabajadores cubanos o extranjeros residentes permanentes en Cuba con excepción de los integrantes de su órgano superior de* *dirección y administración, se prestan mediante un contrato que otorga la empresa con una **entidad empleadora** propuesta por el Ministerio para la Inversión Extranjera y la Colaboración Económica, y autorizada por el Ministerio de Trabajo y Seguridad Social."*

*33.4 "Los pagos al personal cubano y extranjero residente permanente en Cuba se hacen **en moneda nacional, que debe previamente obtenerse con divisas convertibles**."*

Artículo 34

*34.1 "La entidad empleadora que se refiere el Artículo anterior, contrata individualmente a los trabajadores cubanos y extranjeros residentes permanentes, los que mantienen con ella su vínculo laboral. **Dicha entidad empleadora paga a esos trabajadores sus haberes**."*

*34.2 "Cuando las empresas mixtas o las empresas de capital totalmente extranjero, consideren que un determinado trabajador no satisface sus exigencias en el trabajo puede solicitar a la entidad empleadora que lo sustituya por otro. Cualquier reclamación laboral se resuelve en la entidad empleadora, la que **paga a su costa al trabajador las indemnizaciones a que tuviere derecho**, fijadas por las autoridades competentes; en los casos procedentes, la empresa mixta o la empresa de capital totalmente extranjero, resarce a la entidad empleadora por los pagos, de conformidad con el procedimiento que se establezca y todo debe ajustarse a la legislación vigente."*

No hay duda. Existe una empresa interpuesta y los pagos al trabajador cubano se hacen con moneda nacional que se obtiene del cambio de divisas convertibles. Los despidos se tramitan a través de un intermediario que paga los gastos por indemnización. Sólo excepcionalmente se prevé el pago de indemnizaciones directas por la empresa extranjera.

Pero hay más. **El sistema discrimina a los cubanos**. En los incisos 33.1 y 33.3 se establece que los **miembros de los órganos de dirección y administración de la empresa** de capital totalmente extranjero o de capital mixto son designados por ésta y "**se vincularán laboralmente a la empresa**" mixta o en su caso a la empresa de capital totalmente extranjero. Obviamente los gerentes no van a trabajar por pesos sin valor y se les permite contratar libre y directamente.

¡Así pues, un régimen que dice defender la soberanía nacional y a los trabajadores los relega a ciudadanos de segunda categoría, da preferencia a los extranjeros y hasta se preocupa de que normalmente la empresa extranjera no sufra el costo de las indemnizaciones!

En cierta forma el Estado cubano se responsabiliza de la calidad de las personas que envía a trabajar, práctica inusitada que obedece a una razón: intimidar y controlar aún más la fuerza de trabajo que una vez más es tratada como mercancía. Una relación de trabajo directa con un inversionista extranjero, que pueda contratar libremente trabajadores afiliados a un sindicato también libre, sería terriblemente peligrosa para un régimen totalitario. Crearía centros de poder independientes y una medida de libertad. Eso no lo puede tolerar el gobierno castrita porque la libertad es contagiosa.

Como apuntamos en el sumario, la vinculación laboral directa con la empresa extranjera no puede negarse a pesar de lo que intenta establecer la Ley de Inversión Extranjera que vuelve sobre sus pasos y la autoriza en ocasiones como se observa en el texto del artículo 32.1 que citamos:

Artículo 32

*32.1 "Las empresas, las partes en los contratos de asociación económica internacional y las empresas de capital totalmente extranjero, pueden ser autorizadas a crear **un fondo de estimulación económica para los trabajadores cubanos y extranjeros residentes permanentes en Cuba** que presten sus servicios en actividades correspondientes a las inversiones extranjeras."*

32.2 "Las contribuciones al fondo de estimulación económica se hacen a partir de las utilidades obtenidas. La cuantía de esos aportes es acordada por las empresas mixtas, los inversionistas extranjeros y los inversionistas nacionales partes en contratos de asociación económica internacional, y por las empresas de capital totalmente extranjero con el Ministerio para la Inversión Extranjera y la Colaboración Económica."

Este sistema de remuneración directa vicia el intento de encubrimiento pues no se entiende que puedan darse remuneraciones adicionales a quienes no son trabajadores de la empresa. Si fuéramos a aplicar lo que en derecho se conoce como la doctrina del levantamiento del velo, no habría mayor dificultad en demostrar que esta "empresa empleadora" no es sino un subterfugio. El esquema de encubrimiento es burdo. Presuntamente este guiso antijurídico se hace para tener en su momento un modo de premiar a los miembros fieles del partido y la "nomenklatura" que laboran en cargos medios y altos de las empresas mixtas o para arrojar un "hueso" a los trabajadores si la situación lo requiriese.

Aparentemente, el "hombre nuevo" no lo es tanto. Aspira a tener su parte y la quiere ya. Otra vez la "codicia burguesa" haciendo de las suyas. ¡Que dirían Marx y Lenin!

Para completar el cuadro de explotación inescrupulosa, las horas de trabajo para la industria turística se extendieron a 64 horas a la semana para las labores corrientes y a 72 para ciertos tipos de trabajos. Los trabajadores también deben donar "espontáneamente" una buena parte de sus propinas para sostener al Estado.

En fin, a solicitud de los inversionistas hoteleros, la resolución del 5 de septiembre de 1990 del CETSS (Comité Estatal del Trabajo y la Seguridad Social) les concedió amplias facultades para suspender, transferir o despedir al empleado que no sea satisfactorio. La medida debe ser confirmada por una "comisión" presidida por el gerente de la empresa, siempre un extranjero. Si existiesen dudas acerca de entre quienes existe la verdadera relación laboral, estas disposiciones aclaran el asunto.

II. Los Convenios Internacionales del Trabajo.

Hemos hablado del perjuicio causado a los obreros y explicado como se efectúa. Pero es notable que se lleva a cabo en flagrante violación de convenios internacionales sobre el trabajo, ratificados por Cuba.

El convenio #95 de la Organización Internacional del Trabajo (OIT) de 8 de junio de 1949 se refiere a la protección que debe ser acordada al salario del trabajador. Fue ratificado por Cuba el 24 de septiembre de 1959.

Su artículo 9 dice textualmente: *"Se deberá prohibir cualquier descuento de los salarios que se efectúe para garantizar un pago directo o indirecto por un trabajador al empleador, a su representante* *o a un **intermediario cualquiera** (tales como los agentes encargados de contratar la mano de obra) con objeto de conservar un empleo."*

Tal parece escrito para la situación actual de Cuba. Existe un intermediario impuesto que el trabajador tolera porque es la única forma de obtener y/o conservar un empleo. Se trata de aceptar la explotación o conformarse con la miseria.

El Artículo 6 del Convenio refuerza el concepto cuando expresa: *"se deberá prohibir que los empleadores limiten en forma alguna la libertad del trabajador de disponer de su salario."* ¡Que peor limitación que imponer un salario abusivo!

Sigamos. El convenio #111 de la OIT de 4 de junio de 1958, ratificado por Cuba el 15 de septiembre de 1960, prohibe la discriminación en materia de empleo. Su artículo #1 establece que el término discriminación comprende: *"cualquier distinción, exclusión o preferencia basada en motivos de raza, color, sexo, religión, opinión política, ascendencia nacional u origen social que tenga por efecto anular o alterar la igualdad de oportunidades o de trato en el empleo y la ocupación."*

Sabemos que los miembros de los órganos de administración de la empresa pueden contratar directamente con ella sin pasar por la empresa cubana de "contratación." No existen miembros en esos cargos que no sean extranjeros o si son cubanos. que no comulguen con las ideas políticas del régimen o pertenezcan al partido. Claramente se discrimina por motivos de ascendencia nacional u opinión política. Es de notar que la OIT ya ha formulado observaciones a Cuba sobre la aplicación de este convenio toda vez que se conceden preferencias laborales a los "cuadros" del partido, observaciones que son contestadas con densos memorándums destinados a ganar tiempo mientras las prácticas prohibidas continúan.

El convenio #87 de la OIT, se refiere a la libertad sindical y la protección al derecho de sindicación. Data de 1948 y fue ratificado por Cuba en 1952. Uno de los derechos esenciales que consagra es el de libertad de sindicación.

El artículo 3 que lo establece declara:

3.1 Las organizaciones de trabajadores y de empleadores tienen el derecho de redactar sus estatutos y reglamentos administrativos, el de elegir libremente sus representantes, el de organizar su administración y sus actividades y el de formular su programa de acción.

3.2 Las autoridades públicas deberán abstenerse de toda intervención que tienda a limitar este derecho o a entorpecer su ejercicio legal.

La OIT ha formulado a Cuba observaciones por infringir este precepto, haciendo referencia específica a la "injerencia del Partido Comunista de Cuba en la elección de dirigentes sindicales."

Otras observaciones que se han formulado a Cuba tienen que ver con infracciones de diversos convenios, como por ejemplo: el de prohibición de trabajo forzoso (Convenio #105 de 1957 de la OIT, ratificado por Cuba en 1958 y Convenio #29 de 1930 ratificado en 1953); Convenio sobre la política de empleo; (#122 de 1964, ratificado por Cuba en 1971); y el Convenio sobre las vacaciones pagadas, que increíblemente Cuba también infringe (#52 de 1936, ratificado por Cuba en 1953).

Se trata pues de una situación en la que derechos básicos de los trabajadores son desconocidos por Cuba, lo cual es de conocimiento público por figurar en los registros internacionales de documentos, abiertos a todos. No cabe, por tanto, alegar ignorancia. **El inversionista extranjero contrata con un régimen tiránico y es su cómplice en la explotación de los trabajadores**.

Resulta clara la intención de aprovechar dicha situación en beneficio propio. Como agravante se da el caso de que estos convenios se han ratificado por Cuba hace muchos años, (en algunos casos más de 60 años) lo cual prueba la vocación laborista del trabajador cubano, que no ignora sus derechos, sólo los ve reprimidos. La prensa disidente de Cuba ha formulado denuncias sobre la infracción de convenios, en particular el #95, denuncias que han sido recogidas por la prensa internacional y el Internet. De modo que el inversionista tiene a su disposición no sólo archivos públicos sino también información ampliamente diseminada.

III. La Nulidad y sus Consecuencias.

Dado lo expuesto resulta que no cabe duda sobre la ilicitud de la causa. Se trata de obtener una prestación laboral contra todas las normas internacionales existentes. El motivo es transparente: obtener jugosos beneficios basados en el pago de un salario inferior, aún después de incluir en el cálculo la cantidad que se abona a la empresa del Estado.

Las inversiones más importantes están en la industria turística y en las industrias agrícola y extractiva. Las precarias condiciones de Cuba son causa de que los turistas sólo puedan ser atraídos con precios de ganga, a pesar de lo cual pocos repiten su visita. En el caso de las industrias agrícola y extractiva, también se requiere precio para competir en el mercado mundial. En ambos casos este buen precio se carga sobre las espaldas del trabajador cubano que lo hace posible con su trabajo irrisoriamente remunerado.

El gobierno cubano se presta a esta maniobra con una condición: participar en el despojo. La participación consiste en una parte de las ganancias del negocio. Tomar con violencia la propiedad de otro se define como delito de robo por todas las legislaciones penales del mundo. Existe violencia porque el sistema intimida y encarcela a todo el que se atreva a protestar del estado de cosas imperante y pretenda organizar un sindicato independiente. Los sindicatos no lo son y según apunta la OIT sus dirigentes dependen del partido comunista que impone a sus candidatos.

La asociación para privar a un tercero de su propiedad y enriquecerse injustamente es lo que configura el delito y la nulidad contractual. El ordenamiento jurídico de todos los países regula la nulidad contractual en términos parecidos. Se castiga este abuso del derecho no reconociendo efectos al acto jurídico. **A los efectos legales el contrato nulo nunca existió, y como no existió su defecto no puede ser curado por el transcurso del tiempo, ni el contrato puede ser confirmado.**

El Código Civil español de 1889, que rigió en Cuba casi 100 años hasta ser sustituido por el actual, cuya legalidad es cuestionable pero quieras que no acepta los mismos conceptos, (Arts. 67 a 76) regulaba el caso en su artículo 1275. Decía así: *"los contratos sin causa, o con causa ilícita, no producen efecto alguno. Es ilícita la causa cuando se opone a las leyes o la moral."*

Más adelante declara en su artículo 1305: *"Cuando la nulidad provenga de ser ilícita la causa u objeto del contrato, si el hecho constituye un delito o falta común a ambos contratantes, **carecerán de toda acción entre sí** y se procederá contra ellos, dándose, además, a las cosas o precios que hubieren sido materia del contrato, la aplicación prevenida en el código penal respecto a los efectos o instrumentos del delito o falta."*

Las consecuencias jurídicas previstas por todos los códigos penales, incluyendo los comunistas, no son otras que el decomiso de los activos objeto del delito y de las ganancias obtenidas cualesquiera sean las transformaciones que hubieren podido experimentar, y su venta; aplicándose el producto a cubrir las responsabilidades civiles del penado.

Esas responsabilidades serían los haberes atrasados que se deben al trabajador cubano más intereses, amén de los perjuicios que pueda estimar el tribunal y/o las multas correspondientes.

El artículo 1305 continúa diciendo. *"Esta disposición es aplicable al caso en que sólo hubiere delito o falta de parte de uno de los contratantes; pero, **el no culpado podrá reclamar lo que hubiese dado** y no estará obligado a cumplir lo que hubiere prometido."*

Quiere decir, que el contrato de inversión es nulo. El inversionista, el Estado cubano y/o la empresa diseñada por el Estado cubano para crear una simulación, no tienen acción para reclamarse entre sí. La parte que sí conserva acciones es el trabajador pues es parte no culpable. Aunque el contrato de empleo con el trabajador cubano (que se intenta encubrir con la empresa interpuesta) es también nulo, la parte no culpable tiene derecho a reclamar lo que entregó, es decir, su trabajo al precio justo.

IV. Conclusión.

Una Cuba democrática y respetuosa de los derechos de propiedad y de sus compromisos, jamás confiscaría arbitrariamente a la Castro, pero tampoco podría convalidar pasivamente el despojo de que ha sido víctima la fuerza de trabajo y la nación cubana. Aceptarlo sería no hacer justicia, sino todo lo contrario. En efecto, conllevaría:

Hacer caso omiso de que se cometió un delito público y notorio.

Premiar a los inversionistas sin escrúpulos, y concederles una ventaja en el tiempo y el monto de la inversión en detrimento de los que quieran invertir en una futura Cuba democrática.

Los inversionistas actuales han entrado pagando precios bajos por los activos que han comprado. Es otra de las ventajas de su complicidad. Tampoco han pagado los salarios de mercado que tendrían que pagar los nuevos inversionistas. Mantener esos costos sería darles una ventaja competitiva basada en la injusticia. No se puede pretender que la ley internacional se desconozca y se deje de aplicar selectivamente para premiar a los más voraces.

Hay precedentes en abundancia que justifican una actuación severa. La legislación penal de muchos países contiene delitos contra los derechos de los trabajadores que los inversionistas conocen de sobra. Por ejemplo: Las mayores inversiones en Cuba las han efectuado inversionistas españoles. El Código Penal Español de 1995 sanciona a los que mediante "**abuso de necesidad** impongan a los trabajadores a su servicio condiciones laborales que perjudiquen, supriman o restrinjan los derechos que tengan reconocidos por disposiciones legales, convenios colectivos o contrato individual."

Es pues jurídicamente correcto y moralmente obligatorio que el gobierno futuro de la Isla declare la nulidad de estos contratos con los efectos consiguientes. Cuba no estaría inventando delitos ni sanciones, procedería con arreglo a derecho.

Lo expuesto hace que las protestas de los inversionistas extranjeros, oponiéndose a las medidas impuestas por el gobierno y Congreso de los Estados Unidos a los que trafican con el régimen cubano, suenen a propaganda. Se reclama airadamente contra una supuesta conculcación de derechos de las empresas y personas afectadas por dichas medidas, amparándose en una interpretación (que como mínimo es discutible) de la ley internacional, mientras se desconocen realidades que no admiten discusión pues están avaladas por convenios y llamadas de atención al país infractor.

Lo mismo se puede decir de aquéllos que claman por liberar el comercio con Cuba, sin detenerse a ponderar un hecho: **El trabajador cubano es quien precisa libertad de contratar para así cobrar un salario justo.**

Políticamente los argumentos son aún más fuertes. El resentimiento por la injusticia cometida es tal que una futura Cuba no podría gobernarse con paz laboral si no se remediase el abuso. Los inversionistas que piensan escudarse en la doctrina de la continuidad de actos del Estado o en los tratados para proteger la inversión han olvidado una cosa: las doctrinas y los tratados no se hicieron para proteger actos delictivos. El abuso es tal que no resiste una discusión y argumentación seria ante ningún tribunal independiente.

A los inversionistas sólo les resta una solución: Hacer lo justo. Pagar los haberes atrasados y contratar directamente con sindicatos libres. **De lo contrario se hacen cómplices de la explotación de los débiles por una tiranía.**

El Problema de la Vivienda Urbana en Cuba Objeto de Reclamaciones. Una Solución Dinámica.

El problema de la vivienda en Cuba es conocido de sobra. Derrumbes, propiedades en estado de grave deterioro, hacinamiento, falta de higiene. Todo ello provocado por el continuo déficit de construcción que nunca ha resuelto el gobierno. La 'solución' castrista ha sido crear un verdadero embrollo legal de 'derechos' conflictivos que en algunas ocasiones supuestamente conceden un 'derecho' de propiedad difícil de comprender o de usar normalmente. Si a ello añadimos el derecho de los antiguos dueños y/o sus herederos a las propiedades urbanas confiscadas y tomamos un enfoque puramente legalista el resultado es claro: daremos trabajo a un ejército de abogados por décadas mientras las propiedades se deterioran hasta el derrumbe.

La única solución viable es invertir en la construcción acelerada de nuevas viviendas y facilitar la reparación y mejoría de las existentes. Nada ocurrirá sin financiamiento. Y no habrá financiamiento sin seguridad jurídica. Ello implica una solución que considere y respete los derechos preexistentes y la realidad cubana actual.

No es tan difícil de lograr. A pesar de la demagogia castrista no existe un 'ejército' de 'exiliados radicales' ansiosos de recobrar de inmediato sus antiguas casas. La inmensa mayoría disfruta de mejores viviendas en buenas comunidades, bien sea en Estados Unidos o en otros países. Además están muy al tanto de las condiciones que rigen en Cuba ya que remiten dinero a sus familias para que sobrevivan. Por ello no les pasa ni un momento por la cabeza el absurdo pensamiento de que en un estado de derecho la gente pueda ser arrojada a la calle. Y menos, por un gobierno provisional que deberá enfrentar una enorme cantidad de problemas sociales. Entiéndase bien: El discurso castrista es sólo otra forma más de propaganda y manipulación emotiva de la ciudadanía.

Este documento sólo examina el problema de las viviendas ocupadas que pudieran estar sujetas a reclamaciones entabladas por los dueños anteriores. Se trata de un asunto muy complicado con infinidad de variantes que es preciso entender a fondo. Por ello ofrecemos lo que sigue, simplemente como sugerencias e ideas, a fin de comenzar a pensar las bases de una legislación útil. En aras de la brevedad se presentan tan sólo los principios generales:

- Todo propietario anterior de un inmueble urbano deberá acreditar su derecho ante un registro establecido al efecto. Existirá un plazo pasado el cual existirá la presunción (de iure, que no admite prueba en contrario) de que no hay reclamación.

- Se devolverán a los dueños o a sus herederos los solares yermos. Si ha ocurrido un derrumbe se considerará como solar yermo.

- Se reconoce un derecho de permanencia a todos los habitantes permanentes de las viviendas, cuyo derecho será negociable por un precio de mercado, libremente contratado y pagado en efectivo. Se excluye de este derecho a la alta nomenclatura que detenta mansiones y a los extranjeros que han traficado en propiedades.

- Si las partes (propietario y habitantes) acuerdan la venta del derecho de permanencia el precio será pagado a una nueva entidad: "El Banco de Reconstrucción Urbana". Los ocupantes también podrán optar por designar al Banco como agente y dejarlo negociar por ellos en carácter de fiduciario.

- Los habitantes de las viviendas aceptarán mudarse a nuevas casas construidas por el Banco. El precio de venta del derecho de permanencia será tomado como parte del precio de la nueva vivienda y el resto será financiado con hipoteca. A fin de proteger al habitante(s) y hacer transparentes las operaciones el Banco publicará información de mercado basada en transacciones efectivas.

- El derecho de los propietarios originales (y/o sus herederos o causahabientes) de viviendas confiscadas será reconocido con ciertas limitaciones. Habrá un período de tiempo durante el cual tendrán un derecho preferente para negociar con los habitantes. Transcurrido el plazo sin actuar, dicho derecho caduca y el Banco se subrogará en el lugar y grado del propietario y negociará en su nombre.

- Las viviendas ofrecidas a los habitantes de las casas se asignarán mediante un escalafón cronológico. Quien primero negoció será el primero en recibir una nueva vivienda.

- El Banco será el responsable del planeamiento urbano integral, abarcando tanto la restauración de las viviendas antiguas como el diseño de las nuevas viviendas. Proveerá diferentes opciones según las necesidades familiares. Abrirá a concurso el diseño a fin de captar ideas de los arquitectos cubanos y podrá subcontratar la fabricación de los proyectos a terceros también mediante concurso.

- El Banco captará recursos a base de los pagos recibidos, depósitos y préstamos suaves a largo plazo. Los depositantes participarán en loterías de viviendas.

- Si el dueño anterior no está interesado en adquirir el derecho de permanencia puede solicitar que se le certifique el título de propiedad. Pero en ese caso debe respetar la permanencia y reparar la propiedad para que esté en condiciones habitables, de acuerdo con los reglamentos del caso. Debe también responder de los gastos en que incurran los habitantes de las viviendas por tener que cambiar de domicilio durante la reparación. Una vez terminada la reparación el propietario deberá someterse a la legislación de alquileres que exista y dar preferencia a los antiguos habitantes. Si no cumple su compromiso en el plazo concedido, perderá su derecho de propiedad que pasará al Banco.

- Si por falta de acuerdo entre las partes o porque alguna de ellas deja de actuar durante el plazo concedido, (vide supra) el derecho de negociación pasará al Banco. El Banco podrá hacer lo siguiente:

    a) Vender el derecho de permanencia al precio de mercado al dueño original o a sus cesionarios interesados en adquirir la propiedad o a terceros interesados a precios de mercado y en subasta pública. En dicho caso el producto de la venta pasaría al Banco a beneficio de los ocupantes. Si la venta consiste en el derecho de permanencia de los ocupantes, éstos conservarán su derecho de comprar las nuevas viviendas promovidas por el Banco y se aplicará el precio como parte de la compra. Sólo habrán perdido la oportunidad de colocarse en un mejor lugar en el escalafón. En todo caso conservarán su vivienda hasta que se les provea de alojamiento adecuado en una unidad nueva y no podrán ser forzados a cambiar de domicilio.

b) Vender el derecho de 'nuda propiedad' (así se llama a la propiedad pues queda 'desnuda' sin la posesión) entregando el precio al dueño original, o a sus sucesores o causahabientes adecuadamente registrados. Como consecuencia, la propiedad quedaría libre de reclamaciones y estaría apta para ser rehabilitada.

- En caso de que nadie reclame la propiedad en un plazo determinado los ocupantes de las casas pueden optar por acceder al programa del Banco designándolo como agente de venta, vender su derecho de permanencia directamente, o permanecer en la vivienda, no hacer nada y recibir un título definitivo de propiedad.

- El producto del precio se dividirá en proporción al espacio ocupado. Si existiesen varios ocupantes, podrán comprarse sus respectivos derechos calculados a pro rata según el espacio que ocupen y podrán negociar juntos o por separado con el dueño del inmueble.

Esta solución requeriría una legislación especial bien pensada porque afecta derechos de propiedad y de posesión, los limita, y estipula plazos perentorios. Pero se justificaría en obsequio de los resultados sociales que obtendría y los conflictos que evitaría. A saber:

1- Reconocimiento de que existía un dueño anterior con un legítimo derecho, elemento indispensable para volver al estado de derecho.

2- Reconocimiento de un hecho ineludible: Existe un ocupante(s) que tiene la posesión. Esa posesión tiene un valor económico para el dueño y por ello paga por obtenerla.

3- Se promueve un medio pacífico, consensual y práctico de resolver conflictos y se crean incentivos económicos para resolver problemas. No actuar tiene consecuencias prácticas y económicas. Para el propietario, porque vería el valor económico de su 'nuda propiedad' descender a un nivel muy bajo dados los gastos que tendría que asumir el comprador. Para el ocupante, porque perdería la oportunidad de acceder rápidamente a una mejor vivienda y hacerse de capital.

4- Se descongela la propiedad lanzándola al mercado. Se promueve así la construcción, el crecimiento económico y el empleo. Y además se integra con el planeamiento urbano.

5- Se traen fondos al país.

6- Se crean nuevos propietarios y se promueve el optimismo y la esperanza.

7- Lo más importante: se crea seguridad jurídica. No se cuestiona la posibilidad de devolver el uso y disfrute de la propiedad, simplemente se establece el método y los costos para recobrar la posesión. Sólo se afectan los derechos en caso de incumplimiento o por caducidad de la acción otorgada para ejercerlos. En todo caso se ofrecen protecciones y alternativas a los ocupantes de las viviendas.

8- Además es sabido que en un estado de derecho, cuando se trata de recobrar la posesión, los costos son inevitables pues los procedimientos judiciales son largos y a menudo costosos y pueden ser detenidos por leyes populistas. Es mejor diseñar un sistema en que los acuerdos económicos sean la pauta a seguir, a fin de resolver conflictos.

Se han ofrecido otras soluciones pero tan sólo hablan de mantener el mismo estado de cosas y compensar a los propietarios. La realidad es que un país quebrado con deudas y problemas sociales enormes no está en condiciones de compensar adecuadamente a nadie. Por otra parte, no hacer nada y mantener todo tal y como está mientras se hace frente a las reclamaciones no ayuda a crear prosperidad, pues de hecho esa actitud obstaculizaría el proceso de desarrollo urbano. Naturalmente, implementar la idea ofrecería dificultades en el caso de viviendas ocupadas por un número grande de personas. En estos casos probablemente sería necesario proveer una solución especial adecuada a las circunstancias.

Cuba necesita progresar y la clave es hacer cosas nuevas, justas y positivas que den esperanza y creen objetivos a conseguir por nuestra población tan maltratada y desesperanzada. No debemos perder tiempo precioso en interminables disputas judiciales sobre un pasado que afectó a todos los cubanos en mayor o menor forma. El cubano tiene imaginación e iniciativa. ¡Usemos esas buenas cualidades!

Privatización en Cuba: ¿Factor de Unión y Desarrollo o de Conflicto Social?

I. Introducción.

La privatización de la economía cubana, proceso inevitable, es un tema que no obstante haber sido estudiado desde diversos aspectos sufre de cierto soslayo en cuanto al problema básico que implica: la aceptación de que para llevarla a cabo hay que llegar a una **concertación de intereses, donde todos los involucrados van a tener que ceder en algo.**

Hay muchos puntos de vista pero usualmente enfatizan un aspecto de la cuestión que suele ser jurídico, económico o político. Tal vez sea útil plantear los extremos a fin de definir el problema. Para el jurista a ultranza, debe primar la subsanación de las injusticias y la vuelta al "status quo" anterior; para el economista que sólo enfoca en la eficiencia y la productividad lo que debe primar es el mejor resultado económico; y para el que considera la política como el arte de obtener la mayor popularidad con el mínimo de problemas la privatización se acomodaría a esa premisa.

No hay duda de que en un arreglo del devenir cubano hay que hacer justicia, ser eficientes y obtener un consenso de la población respetando las ideas siempre que no sean impuestas, patentemente nocivas o absurdas. El problema es de grado y de definir los límites mínimos que cada factor social puede y debe aceptar. Los países progresan cuando los ciudadanos saben que usualmente es imposible obtener la sociedad ideal que cada cual define para sí, pero que sí es posible vivir en una situación muy aceptable aunque siempre se aspire a mejorar alguna cosa.

Los cubanos lo sabemos también, pero sufrimos de dos traumas, el del exilio y el de la tiranía. El exiliado tiende a guiarse instintivamente por la nostalgia, y sueña con un cambio rápido que haga volver a Cuba la prosperidad y la libertad, pero su vida diaria no depende de ello. Es una aspiración más espiritual que material. El cubano residente en la isla sueña también con la misma Cuba pero tiene la natural aprensión de un futuro que desconoce.

El régimen ha explotado esta aprensión presentando al exilio como un conjunto de codiciosos sin corazón que sólo quieren recobrar sus propiedades y para ello gestionan embargos y legislación revanchista. Sabemos de sobra que no es así, pero es fácil distorsionar cualquier posición cuando se controlan los medios de comunicación; aparte de que en ocasiones algunos sectores del exilio inconscientemente o influidos por agentes provocadores han ayudado al régimen tomando posturas que no son muy realistas ni ponderadas.

Los países del antiguo telón de hierro que han tomado el camino de la reforma han pasado por diversos traumas pero han llegado a una convivencia aceptable y exitosa. Los que han vuelto de dictaduras de derecha a regímenes democráticos tales como Chile, Argentina o España han hecho lo mismo, aceptando cosas que parecían imposibles antes del cambio. ¿Quién iba a pensar que Santiago Carrillo volviese a España o que el ejército chileno aceptase volver a sus cuarteles sin disparar un tiro o que Gorbachev cediese el puesto a Yeltsin?

En todos los casos el cambio político ha ido acompañado de un cambio económico potenciado por la privatización. Sin duda ha sido tal vez el factor más importante, puesto que sin propiedad privada no hay libertades políticas, pero el cambio de la propiedad estatal a la propiedad privada no se ha desarrollado en el vacío. Según de que país se tratase, de 40 a 70 años habrían transcurrido y al hacer los cambios se hizo necesario tomar en cuenta no sólo lo que sería teóricamente ideal, sino lo que parecía ser factible en el contexto jurídico, económico y político del momento vivido.

Cuba no va a ser una excepción. Los seres humanos reaccionamos en forma parecida ante problemas similares y a lo que debiéramos aspirar como cubanos es a hacerlo mejor que los que nos antecedieron en el proceso, lo cual no significa copiar irreflexivamente, sino **crear** con un espíritu que sea justo y cubano. Tal vez seamos unos románticos pero creemos que Cuba tiene algo que aportar al proceso de organización social del siglo XXI. Al fin y al cabo experiencias no nos faltan. En un siglo hemos tenido capitalismo colonial, capitalismo clásico, períodos de social democracia y despotismo marxista.

Las posiciones extremas del exilio adolecen de una cierta inconsistencia conceptual. Se sueña con la restauración de la Constitución del 40 en su integridad, pero se hace poco caso al hecho de que fue una Constitución social demócrata con una serie de ideas que no son aplicables en el mundo actual y en las circunstancias de una Cuba devastada. El exilio no ha enfocado este problema en forma sistemática, sin reflexionar a fondo sobre lo que convendría o no convendría hacer en un momento dado y en unas circunstancias difíciles.

Los cubanos de la isla a veces también son inconsistentes en cuanto a pretender que se mantenga un alto nivel asistencial del Estado (por encima de la educación y la salud), pues ello implicaría el control de buena parte de sus vidas y un nivel de tributación que pudiera ser asfixiante. Debe pensarse que en una Cuba libre habrá que remunerar adecuadamente a los que presten los servicios y como bien sabemos el Estado paga con los recursos extraídos a los gobernados. Mantener un servicio de salud y de educación de primera son dos aspiraciones legítimas pero probablemente absorberían la mayor parte del presupuesto o en su defecto tendrían que ser pagados en parte y directamente por los ciudadanos.

Una sociedad libre y progresista resuelve estos problemas encarándolos con un espíritu práctico, cívico, patriótico y lo más importante: espíritu de **virtud y de verdad**. Los grandes pensadores, desde Tocqueville que dijo que América es grande porque es buena hasta Montesquieu que hacía residir las bases del Estado y de la libertad en la virtud, lo han identificado claramente. En Cuba ha faltado totalmente la virtud al nivel oficial por casi 50 años. Antes de Castro también teníamos nuestros fallos que es preciso reconocer, aunque sin caer en las diatribas y difamaciones del presente régimen que engorda todos los vicios pasados para disimular los suyos.

La privatización va a ser el tema neurálgico del concierto social y puede ser fuente de concordia o de nuevas luchas y seria discordia según se maneje. De aquí el título de este trabajo. El objetivo es intentar definir las **contrapartidas** que los cubanos debemos manejar, las cosas en que las diversas tendencias deben ceder y los mínimos por los que es razonable luchar y no ceder. Y hablamos de mínimos porque los conciertos sociales se hacen a base de eso y no de pasar la cuenta íntegra al opositor.

Presentamos estas premisas básicas bajo el título de contrapartidas porque lo son. Ninguna funciona sin una reciprocidad de la otra parte involucrada en el quehacer de la reconstrucción. Hemos omitido las formulaciones exclusivamente técnicas y detallistas porque después de meditar sobre soluciones a diversos problemas, llegamos a la conclusión de que el exceso de detalle provoca más confusión que claridad.

Hay muchos datos sobre la situación actual que ignoramos (las estadísticas no son confiables) y asimismo ignoramos las circunstancias de tiempo y situación económica y social al momento de implementar las reformas. Creemos pues, que lo más útil es comenzar a **pensar** en cuáles **principios** debemos acoger para lograr reconstruir, en vez de propuestas demasiado específicas. Así pues, este trabajo sólo pretende lo siguiente: **estimular la reflexión.**

Después de reflexionar, debemos poner de nuestra parte. Para arreglar a Cuba, hay que contar primero que nada con buena voluntad y segundo, como dijo Agramonte, "con la vergüenza de los cubanos", pues vergüenza nos ha de dar ver a nuestro país sumido en la miseria y la destrucción física y moral mientras los demás progresan.

II- El aspecto jurídico.

No existe duda de que para que un país funcione y prospere tiene que existir respeto por la ley y las instituciones que ésta crea y ampara. Perdemos el tiempo ideando soluciones económicas "brillantes" si no hay voluntad de aceptar que existen límites razonables a la conducta humana. Este asentimiento de la voluntad a la norma jurídica es en cierta forma un fenómeno psicológico, pues la efectividad de la ley sólo depende en parte de la capacidad de forzar su cumplimiento a través de los medios legítimos (tribunales, etc.). La verdadera efectividad surge del convencimiento social de que es mejor vivir bajo la ley, pues la alternativa es la barbarie.

La característica básica de la ley para que sea aceptada es que sea **justa y que se dirija al bien común**. Este es el aspecto esencial y hay que convenir que el bien común con frecuencia no equivale ciento por ciento al bien individual.

Para llegar a un acuerdo justo hay que estar dispuesto a conceder ciertas cosas y a mantener unos mínimos. En los contratos consensuales que encontramos en la vida cotidiana, los cubanos sabemos que este principio es cierto y lo aplicamos sin mayores dudas. En general no hemos sido así en la contienda política, guiándonos frecuentemente por la pasión sectaria aunque hemos tenido etapas de gran lucidez de pensamiento.

Veamos cuales son las principales contrapartidas jurídicas que los cubanos deben negociar.

1. **Primera contrapartida jurídica.**

   Después de casi 50 años de arbitrariedad el pueblo cubano está deseoso de vivir bajo un sistema en que la ley no refleje el capricho o la ideología de un sector de la población. Pero, para que el sistema no resurja viciado hay que empezar por reconocer que se violó el Estado de Derecho y las Leyes de la República de Cuba. La República es nuestro país y no la Revolución de Castro, que constituye sólo un episodio de su historia.

   Enunciaríamos así la contrapartida:

   Hay que aceptar que en muchas cosas se actuó injustamente y estar dispuesto a subsanar las injusticias en la medida de lo posible. El pueblo cubano de la Isla tiene que superar su aprensión y enfrentar este reto en forma inteligente y constructiva.

2. **Segunda contrapartida jurídica.**

   Qué cosas son posibles es un tema legítimo a discutir. Aquí es útil insertar el preámbulo de la ley Húngara de "Compensación Parcial por Daños Causados por El Estado".[1] Dice así:

   "En el interés de estabilizar las relaciones de propiedad, crear las condiciones necesarias para la seguridad de las empresas y una economía de mercado, el Parlamento guiado por el **principio de constitucionalidad,** y teniendo en cuenta el **sentido de justicia y la capacidad de la sociedad**, ha dictado la siguiente ley para remediar los daños ilegalmente causados por el Estado a las propiedades de los ciudadanos".[2]

   Obsérvese que la ley habla del principio de constitucionalidad y de la necesidad de hacer justicia, pero específicamente se refiere a la

---

[1] Ley #25 de 1991.

[2] El énfasis es nuestro.

capacidad de la sociedad. La mayor parte de las reclamaciones databan de actos realizados hace más de 40 años y razonablemente se rechaza el concepto de intereses moratorios o compensación total. El artículo 4 de la Ley fija como suma máxima 5 millones de florines húngaros ($26,000) por cada propiedad o cada afectado.[3] La compensación ciertamente es muy modesta pero responde a las posibilidades del país. La de Checoslovaquia asciende aún a menos.[4]

Lo anterior significa que el exilio debe entender que Cuba (país mucho más endeudado y en condiciones económicas mucho peores que Hungría y Checoslovaquia) no va a ser capaz de pagar grandes indemnizaciones y ciertamente no podrá hacer frente a las exigidas por la Ley Helms-Burton. Que sean debidas nadie lo duda. Que sea pagada una suma importante a cada afectado se reputa económicamente imposible por casi todos los que hacen cálculos realistas.

La contrapartida para el exilio es aceptar que el principio de legalidad se debe sustentar pero que la indemnización podrá ser muy modesta porque no hay para más.

3. **Tercera contrapartida jurídica.**

En el supuesto de que exista incapacidad para indemnizar siempre se puede restituir, también en la medida de lo posible.

Este principio es de los que crean conflictos en cuanto se menciona. Algunos de los confiscados sueñan con la restitución absoluta y los usuarios de sus bienes en Cuba temen la desposesión. Ambas cosas son exageraciones. La realidad es que en la práctica hay cosas

---

3 El florín húngaro se cotizaba a 192 por dólar el 18 de julio de 1997. A esa tasa, la compensación es aproximadamente 26,000 $US. Sin embargo, el Art. 13 de la ley 25 de 1991 establece que para las propiedades agrícolas se establecerá una equivalencia de 1 corona de oro por cada 1000 florines, suponemos que con el laudable fin de proteger la compensación contra los efectos de la devaluación.

4 Este país como otros ha intentado restituir en la medida de lo posible, y privatizar a través de subastas y la creación de fondos mutuos de acciones de compañías privatizadas. Se intentaba auspiciar la inversión en fondos diversificados y así bajar los riesgos. La idea es buena pero el tema se presta a toda clase de maniobras. Se requiere cautela y contar con personal experimentado en finanzas para dictar buenas leyes, regular efectivamente el mercado de fondos mutuos y dar garantías a los inversionistas.

restituibles en las cuales se puede conceder la posesión y el dominio (dominio jurídicamente quiere decir la propiedad que consiste en tener un título válido y usualmente va acompañado la posesión efectiva) y cosas en que sólo se puede restituir el dominio porque la posesión la tiene otro.

Ejemplos: Tomemos una empresa extranjera (confiscada por Castro) que requiere grandes aportaciones de capital para poner sus equipos e instalaciones en capacidad de competir internacionalmente. Obviamente se puede y debe restituir tanto el dominio como la posesión pues lo contrario sería torpe. ¿Para qué incurrir en indemnizaciones, dejar de percibir los capitales y conservar una empresa ineficiente? El poseedor, que es el Estado, ve en la posesión de la empresa no un bien de uso sino una carga que no puede afrontar.

Tomemos en cambio el caso que tanto preocupa en Cuba, la vivienda habitación. Aquí la solución preferida en la Europa Oriental es restitución si la propiedad está deshabitada. En defecto de lo anterior se estipula el retorno del dominio, pero no de la posesión, quedando el que habita la casa en calidad de inquilino con derecho de permanencia y un alquiler controlado y módico.

El dueño con el dominio y sin la posesión está obligado entonces a mantener la propiedad y repararla. El dueño no cuenta con un activo que produzca una renta razonable y el inquilino ya no es dueño. El negocio en sí no es muy atractivo para nadie. Las implicaciones económicas de este sistema son previsibles pero por ahora valga decir que jurídicamente la solución es aceptable. Se respeta la propiedad original y se ampara al poseedor actual porque para él este bien no sólo lo usa diariamente, sino que no puede sustituirlo dada la crisis habitacional.

El tratamiento de la propiedad agrícola en dichos países se ha acomodado también a las circunstancias, tomando en consideración una diversidad de casos y dando soluciones adecuadas. Por ejemplo, si la propiedad estaba poseída por una cooperativa se designan lotes de tierras a los cooperativistas y se sacan a subasta. Se da una opción al reclamante que podría ejercer el derecho de concurrir a la subasta ofreciendo la compensación que se le debe como parte del precio o por el contrario se reputa que acepta la compensación. (Un buen ejemplo de este enfoque es el Art. 21 de la ley 25 de 1991 dictada por la República Húngara y su reglamento, decreto 104/1991.)

En Cuba, una posición a considerar si ésto se hiciera, sería que si un reclamante externo triunfase en la subasta, (previsiblemente tendría los recursos para hacerlo) habría dado un paso muy importante pues sería razonable exigir por ley que se comprometa a explotar adecuadamente el predio, a emplear preferentemente a los que viven allí y a cumplir la legislación social en materia de salarios y prestaciones sociales. De modo que si el adquirente no tuviese una idea clara de costos y mercados lo descrito no sucedería. Por el contrario si tomase lugar produciría empleo y una forma de ganarse la vida dignamente que en definitiva es lo que debe procurar un gobierno con manejo económico sensato.

¿Se nos dirá que existen críticas jurídicas y se señalarán inconsistencias y defectos? No cabe duda y en ésto consiste el colofón de la tercera contrapartida:

Será necesario aceptar muchas soluciones jurídicas que en la teoría más pura no son las más correctas pero que responden a situaciones de hecho que hay que enfrentar con justicia.

Se actúa justamente cuando la solución consiste en lo siguiente:

Los principios se mantienen pero no se fuerzan situaciones sociales insostenibles, ni se reconocen derechos de propiedad emanados de actos ilegales.

4. **Cuarta contrapartida jurídica.**

   La restitución o la indemnización son optativas. Se escoge una u otra. El aceptar cualquiera de las dos equivale a dar saldo y finiquito a cualquier reclamación.

   La seguridad jurídica exige que las reclamaciones se resuelvan y se ponga término a una situación de inestabilidad. Lo más probable es que con o sin Ley Helms los tribunales americanos se inhiban de conocer de reclamaciones cubanas una vez que Cuba sea libre. La sección 302.8.d) ya establece que las sentencias de los tribunales americanos no serán ejecutables contra un gobierno de transición o un gobierno electo democráticamente. En dichas circunstancias lo más práctico para un tribunal americano es remitir el pleito a la jurisdicción de origen donde se pueden practicar las pruebas.

Como es sabido, la ley Helms también faculta al Presidente para suspender los pleitos de los cubano-americanos.[5] Ya lo ha hecho en circunstancias menos favorables, de modo que se puede prever que dicho comportamiento se repita. Quiere decir que lo que ofrezca el gobierno cubano a los cubanos será discutible y recurrible en Cuba.

Corresponde pues al gobierno cubano dictar leyes que estimulen la inversión y el retorno de capital y a los exiliados el reconocer las limitaciones económicas que el gobierno enfrentará.

La contrapartida es:

Para el exilio, aceptar menos de lo teóricamente justo, a cambio de estabilidad y oportunidad. Para el gobierno cubano, aceptar que lo que no pueda pagar como indemnización debe suplirlo creando un Estado de Derecho que permita producir legítimamente la riqueza que el país perdió. En definitiva las grandes pérdidas se enjugan con ganancias y no reclamando a quien no puede pagar.

5. **Quinta Contrapartida Jurídica.**

   El proceso de privatización tiene que ser llevado con arreglo a derecho.

   El gobierno no puede dar preferencias a unos cubanos respecto a otros basándose en ideologías o lealtades, ni liquidar activos **en forma privada y no transparente**. Repetir la llamada **"piñata"** organizada en Nicaragua por los Ortegas, donde antes del cambio se repartieron entre la "nueva clase" las mejores casas, etc., sólo crearía en Cuba nuevas disensiones y entorpecería el desarrollo.

   Por otra parte, organizar las transferencias sin crear **incompatibilidades** entre los funcionarios del gobierno y el acceso a cargos o posiciones accionarias en las empresas subastadas también sería fuente de corrupción. El proceso debe evitar "negocios previos" entre los que manejan la venta y los inversionistas, sancionándose severamente cualquier infracción, por quien sea, de las reglas que se dicten.

---

5 Ver: Sección 306.b y 306.c

Las subastas de propiedades deben efectuarse con avalúos previos, balances de las empresas y reglas para que los precios mínimos de salida en cada subasta y el sistema de pujas y puestas sean razonables, abiertos a todos y supervisados por auditores independientes o subastadores que ofrezcan las garantías necesarias (incluso fianzas) respecto a la transparencia de su gestión.

La legislación de Europa Oriental ha acogido estas ideas de sentido común estableciendo incompatibilidades entre los cargos de gobierno y los de las empresas vendidas.[6]

El exilio por su parte debe aceptar que este proceso implicará la suspensión o no aplicación de las garantías a la propiedad e indemnizaciones y recursos judiciales en caso de expropiación que el artículo 24 de la Constitución del 40 concedía. El Art. 24 o la regla de igual contenido que lo suceda tendrá que ser aplicado de la privatización en adelante. No existe otra forma pacífica ni práctica de hacerlo pues de lo contrario no existiría seguridad jurídica. Estos principios también han sido acogidos por otras legislaciones.

Además, el exilio debe cooperar con su capacidad profesional al saneamiento del proceso y abstenerse de proponer transacciones que no sean correctas. La legislación de privatización debe sancionar fuertemente cualquier intento de cohecho directo o indirecto.

6. **Sexta Contrapartida Jurídica.**

   El proceso de privatización tiene que abrir una esperanza y camino a los cubanos residentes en la isla, procurando que su participación sea la mayor posible.

   Se reconocerá el principio de que es necesario el capital extranjero, pero se intentará proteger en todo lo posible que la propiedad pase a manos de cubanos residentes en la isla. Esto implica pago de indemnizaciones tan sólo a aquéllos que residan en Cuba permanentemente, sin importar que se hayan exiliado o no. Lo que se pretendería es que el producto de lo pagado se gaste o invierta en

---

6 Ver Art. 8 de la ley # 44 de 1992 de la República Húngara sobre la Venta Utilización y Protección de Activos Temporalmente Poseídos por el Estado.

Cuba y no en el exterior. Asimismo será necesario un sistema para financiar la compra por los empleados de lotes de acciones de las empresas privatizadas, mediante créditos suaves a largo plazo amortizados con deducciones salariales, o métodos que produzcan un resultado similar.[7]

Los cubanos sin capital tendrán que aceptar que grandes empresas inviertan en Cuba, como ya lo hacen, sujeto claro está al respeto de una legislación laboral y fiscal justa y puesta al día.

Sin embargo, el exilio deberá aceptar y estimular el retorno de la propiedad privada a nuevos empresarios nacionales y en su caso apoyar la participación de los trabajadores en los beneficios de la reconstrucción. Existen multitud de esquemas en el mundo desarrollado que son idóneos para lograr este objetivo. La participación accionaria pagada en efectivo es sólo uno de ellos, existen otros que proporcionan resultados semejantes con menor compromiso de capital.

En todo caso es preciso que la mentalidad propietaria sustituya a la mentalidad proletaria, y que la práctica de la empresa privada dé un mentís a las distorsiones y mentiras de tantos años de propaganda y explotación. Una Cuba que sólo sea campo fértil para la inversión de los cubanos exiliados no residentes o la inversión extranjera, no logrará, a la larga, estabilidad ni paz social.

La contrapartida jurídica consiste en que los residentes de la isla deben aceptar una legislación que fomente la inversión y los cubanos del exilio acepten que ciertas protecciones al cubano residente son inevitables y justas, si se quiere un cambio perdurable.

7. **Séptima contrapartida jurídica.**

   El proceso implicará un cambio radical en la legislación tanto Constitucional como complementaria.

---

[7] Además de Checoslovaquia, tanto Hungría como Polonia han reservado las indemnizaciones a los ciudadanos **residentes en el país** y han estimulado asimismo la participación popular en las privatizaciones, a través de cupones, fondos mutuos, etc.

En otras ocasiones hemos analizado el tema del cambio Constitucional y legislativo que será necesario.[8] La Constitución vigente, que data de 1976 con reformas en 1990, no es un documento susceptible de reforma ni adaptación para promover un cambio. Se inspiró en la Constitución Estalinista de 1936 y no fué creada para limitar el poder sino para consolidar la hegemonía de un partido y un sistema. Carece de la división de poderes y funciones que garantizan que el poder no se concentre arbitrariamente, ya que supedita el Poder Judicial al Legislativo y ambos al Ejecutivo.[9] Además no contiene un sistema de control de la constitucionalidad de las Leyes en tanto en cuanto, que en forma absurda, hace a la Asamblea del Poder Popular juez y parte, al encomendarle la revisión de la Constitucionalidad de las leyes que ella misma aprueba.

Los derechos individuales son enumerados profusamente para ser luego limitados en su ejercicio utilizándose diversos métodos, tales como el monopolio de los medios de comunicación, de los sindicatos y prácticamente todas las formas de asociación.

Como si fuera poco, la legislación complementaria hace caso omiso de las llamadas garantías y establece delitos tales como la "diseminación de propaganda enemiga", "abuso de la libertad religiosa", "salida ilícita" y muchos otros (cuya lista sería muy larga de enumerar) que contradicen las llamadas Garantías Constitucionales. Dichas leyes permanecen porque no hay control constitucional de la legislación, ejercido a través de un tribunal constitucional independiente, como los que existieron en Cuba desde 1903.

Tampoco hay garantías electorales ni división de partidos, concentrándose el poder en uno sólo por expreso mandato constitucional. Consecuente con esa lógica el sistema permite la concentración de cargos en personas reputadas fieles al régimen, dándose el inaudito caso de que en Cuba se pueda ser juez y diputado al mismo tiempo.[10]

---

8 En este libro hemos tocado el tema ampliamente pero lo reproducimos en forma resumida en este apéndice para que el lector pueda formarse una idea general sin recurrir a mayor referencia.

9 Ver artículos 75 y 121 de la Constitución de 1976 modificada en 1992.

10 Ver artículos 75 y 125 de la Ley de Organización del Poder Judicial dictada por el actual gobierno.

En fin, los cambios tendrían que ser tan radicales que el documento actual quedaría irreconocible. Mejor es empezar de nuevo y aquí viene la pregunta clásica. ¿Se restaura la Constitución del 40 o se convoca a una nueva Asamblea Constituyente?

La respuesta no es tan difícil. De hecho muchos artículos de la Constitución del 40 requieren una puesta al día. Por ejemplo, el sistema semi-parlamentario de gobierno que instituyó es un híbrido que merece justas críticas técnicas y que en la práctica no funcionó muy bien debido a defectos conceptuales. Las garantías sociales referentes al empleo asistencia médica y educación, con seguridad van a provocar un debate y comparaciones. Será necesario además, asegurarse de que lo que se prometa se cumpla.

En cuanto a indemnizaciones y privatizaciones ya señalamos los problemas jurídicos que ocasionaría permitir el planteamiento constante de recursos judiciales. Quiere decir que en la práctica un gobierno de transición no podrá implementar dicha Constitución, tal como fué promulgada, por muy buenas intenciones que tenga.

Lo que sí podrá hacer es inspirarse en sus principios y restablecer en toda la medida de lo posible el Título IV que consagra las garantías individuales. Esto pudiera hacerse con un Estatuto Constitucional provisional que rija las relaciones entre los gobernantes y gobernados, mientras se debate el futuro legal y jurídico de Cuba y se dan los pasos para organizarlo.

Dentro de ese esquema debería existir un Tribunal Constitucional de modo que el Gobierno de transición esté sujeto a algún control respecto a su gestión. Asimismo el gobierno de transición deberá marcarse un tiempo para su función e hitos que deberá cumplir, como por ejemplo, tantos meses para un censo electoral, ídem para la organización del Poder Judicial, etc.

¿Cómo calza lo anterior con la privatización? Es esencial. Habrá inversión de calidad en función de las garantías proveídas. Cuantas menos garantías menor será la calidad del inversionista. A pocas o ninguna el inversionista queda desplazado por el especulador que sólo busca un lucro rápido como sucede ahora en Cuba.

Resumido, un elemento básico de la contrapartida consiste en lo siguiente: Para volver a la empresa privada hay que evitar **aferrarse a**

esquemas ideológicos o nostálgicos. La Constitución de 1976 no es idónea para desarrollar un país libre y dinámico; intentar modificarla es perder el tiempo y mostraría precisamente un intento de aferrarse a un sistema ideológico fracasado.

La Constitución del 40 fué un gran documento para su época, pero no es totalmente aplicable al momento actual, aunque muchos de sus principios y artículos sí lo son. La Constitución del 40 provee una base de referencia apoyada por una jurisprudencia valiosa sobre su aplicación. Utilizar esta parte de nuestro acervo político y jurisprudencial no es nostálgico sino práctico. Pretender por otra parte que más de cincuenta años no han pasado y que la Constitución del 40 se puede implementar con sólo ligeros cambios sí sería nostálgico e impráctico, ya que la simple modificación de la parte orgánica constituiría una reforma integral a la Constitución según esta misma lo define en su artículo 286.

Es evidente que mientras se organiza el país y se sientan las bases de una democracia se hace imprescindible dinamizar la economía y privatizar. Esto requiere una base jurídica que hay que proveer tan pronto como sea posible.

Los otros elementos de la contrapartida son:

a) Aceptar que esta base jurídica va a ser dictada por un gobierno de transición, es una conclusión inevitable que debe ser entendida por el exilio. Si será razonable exigir que las garantías del Título IV de la Constitución del 40 sean implementadas en toda la extensión posible, particularmente las que se refieren a la propiedad, concediéndose protección efectiva y real al inversionista respecto a todos los actos jurídicos que realice desde la promulgación de los "estatutos constitucionales" en adelante. La creación de un control judicial del ejecutivo tan pronto como se pueda organizar un Tribunal Constitucional serio, o al menos uno provisional, será también una exigencia razonable. Hay que cambiar la mentalidad de "ordeno y mando" que permea la mente de los funcionarios, por la de "cumplir y hacer cumplir" las leyes para utilizar la frase feliz de la Constitución del 40.

b) Por su parte el pueblo residente en la isla debe aceptar la triste realidad de que no ha tenido Constitución por casi 50 años sino un triste remedo de lo que significa esa palabra, y aplicarse a aprender de Cívica y Constitucionalidad a marchas forzadas. No hay duda de que en el aspecto técnico existen personas en Cuba con formación teórica adecuada, pero nos referimos al pueblo porque **la defensa efectiva y plena de la libertad y de los derechos Constitucionales no es cosa sólo de abogados sino de ciudadanos**.

Entender que no hay libertad política sin instituciones que se respeten, y que no hay libertad personal sin propiedad privada es un supuesto indispensable para la convivencia y el desarrollo, no sólo económico sino también personal y social.

III- El aspecto económico.

Consideraciones previas.

La privatización está de moda en el campo económico. Hablar de intromisión estatal en cosas que puede y debe hacer el ciudadano es hoy en día un anacronismo.

Una concepción sana del Estado es la que proclama Juan Pablo II en su encíclica *"Centessimus Annus"* donde hace resaltar el principio de **subsidiariedad**, mediante el cual el Estado suple la falta de actividad privada en ciertos campos y actúa como árbitro y poder equilibrador de las relaciones entre los diversos factores sociales. Se reconoce asimismo la legitimidad y utilidad social de los beneficios que generen las empresas, siempre que exista la conciencia de que operan dentro de una sociedad donde el bien común es el objetivo primario. Esta concepción encaja perfectamente bien con las aspiraciones de libertad y desarrollo del individuo que preconizan diversas escuelas económicas, aunque sin duda choca con las concepciones radicales del "Darwinismo Económico" que resucita el viejo axioma de que el hombre es el lobo del hombre.

Hoy en día se postula que la llamada "economía de mercado" es el método más idóneo para llegar al resultado apetecido, i.e. la consecución de la libertad. Aceptamos lo obvio pues sin mercados no hay economía pero por nuestra parte preferimos el término de **economía de libre empresa o de economía de libre actuación y contratación**.

Esta preferencia se basa en que el término mercado, enfatizado al máximo como hoy se acostumbra a hacer, distorsiona la realidad. A veces se exagera tanto que tal parece que el mercado es un organismo viviente e independiente de la voluntad humana, cuando sólo refleja los millares o millones de actividades personales que lo conforman. En realidad cuando existen estos millares de individuos que concurren al mercado es cuando mejor funciona, pero no siempre es así.

Hay mercados intervenidos, hay mercados monopolizados u oligopolizados, hay mercados cohechados y hay mercados artificiales. Existen leyes antimonopolio en los países desarrollados precisamente por ésto, así como sanciones criminales por fraude mercantil y por soborno, por idénticas razones.

Por último hay cosas que están fuera del comercio de los hombres y que no son vendibles ni comprables. Son valores espirituales que se deben al ser humano por su simple condición de tal, valores que no son susceptibles de ser tasados a un precio pero que por eso mismo son más importantes.

Lo anterior no es razón para dejar de creer en la eficacia los mercados. Deben ser estimulados y regulados sólo con vistas a que funcionen real y efectivamente y no para asfixiarlos. Lo que pretendemos es señalar que existe causa suficiente para nuestra preferencia de términos, porque el mercado no es un ídolo, ni un ente viviente, es algo creado por empresarios individuales que concurren a él para contratar libremente. Como creación humana al fin, a veces sufre por las acciones de los hombres y se precisa de la intervención de otras personas para arreglar los desperfectos causados, aunque los apologistas a ultranza del mercado digan que siempre se arregla por sí sólo. Es cierto en cuanto a que las personas que lo componen buscan soluciones y que son más creativas en su conjunto que ningún ente estatal. Los problemas simples tienden a auto resolverse por ese mecanismo. Es cierto también que las soluciones para los problemas complejos a veces requieren de un poder moderador que actúe de árbitro.

La esencia de la libertad económica es que existan empresarios y mercados donde los individuos puedan contratar sin trabas indebidas. Sin estos requisitos no hay mercados. Por trabas debe entenderse, no sólo las que pongan las autoridades, sino también las más sutiles que pueden surgir de concentraciones exageradas de poder económico y comercial.

Para el caso cubano vale resaltar la ausencia de ciertos elementos que se dan por sentados en otras sociedades. No hay en la Cuba actual una concepción amplia de empresa, ni de libre contratación porque nunca en los últimos 50 años han existido empresarios libres ni leyes que les permitieran actuar como tales. Esta situación es tan típica en los regímenes que vuelven de la tiranía estatizante, que uno de los primeros pasos de los países de Europa Oriental fué dictar leyes sobre la libertad de empresa.[11]

En estas circunstancias, hablar del mercado como si fuese el maná caído del cielo que resuelve todos los problemas automática e inmediatamente es tan ilusorio que casi resulta engañoso. Es la experiencia de Europa Oriental., donde la retórica se adelantó en mucho a los resultados aunque finalmente se consiguieron.

Se puede hablar de una economía de libre empresa y contratación que produzca mercados libres, pero hay que explicar que son y como se llega a ellos. No se puede suponer una cultura económica donde no ha existido más que el capricho y la orden arbitraria. El haber hecho poco caso a este simple hecho, y exagerar lo que se puede obtener a corto plazo, es en buena parte la causa de muchas sorpresas políticas en diversos países.

En casos, los responsables por la destrucción de la economía, los enemigos de la libertad política y empresarial, han vuelto al poder (adoptando un barniz de libertad), por la torpeza política, debilidad conceptual y falta de vocación didáctica de los que piensan que las transformaciones económicas se hacen solamente con leyes y reglamentos. Esta formación mental es la causa de que con frecuencia se apliquen teorías concebidas en gabinetes de estudio por extranjeros no comprometidos con la realidad social del país, que pueden permitirse el lujo de opinar, insistir en sus ideas y luego marcharse sin asumir las responsabilidades.

Dicha torpeza ha producido esquemas de aplicación festinada de ideas muchas veces buenas, con los consecuentes abusos y concentraciones

---

11 Ver Ley #5 de 1990 de la República Húngara, Ley #105 de 1990 de la República Checa y Ley de 23 de diciembre de 1988 promulgada por Polonia.

de riqueza dudosamente adquirida. Los que quedan fuera del "reparto" de bienes del Estado lo resienten y votan por los que con su tiranía pasada hicieron posible tal estado de cosas. ¿Enigmas de la conducta humana? No ciertamente; ésto es previsible y debemos pensar en como no se reproduce en Cuba.

Privatización: Cómo y cuándo.

Hay dos escuelas básicas, la del 'shock' y la del gradualismo y una tercera que vive escondida dentro de ambas, que llamaríamos la del sentido común.

La escuela del 'shock' preconiza la necesidad de actuar de inmediato para resolver problemas de décadas, antes de que el gobierno de transición a la economía libre agote el capital político de que dispone frente a la población. El postulado es aparentemente razonable, pero adolece de exceso de énfasis en su planteamiento. Los que plantean el tema son usualmente producto de sociedades occidentales y, subconscientemente, entienden por capital político el asentimiento prestado por una población a un gobierno electo democráticamente en un país que goza de instituciones tradicionales y fuertes.

En las transiciones que examinamos, tal asentimiento obviamente no existe, lo que existe es un sentimiento de alivio y de esperanza de que las cosas mejorarán, pero no hay concreción de pensamiento respecto a cómo se logrará la mejoría, ni a través de que instituciones y leyes. Imposible que exista, no hay base educativa ni experimental.

El 'shock' es pues esencialmente oportunista. Sus proponentes dirían: "Actuemos mientras podamos pues después se cerrarán las puertas de una sociedad acostumbrada al anquilosamiento y la inercia y las reformas serán imposibles".

Además, se piensa que el 'shock' quiebra las bases del poder político del estado socialista en tanto que transfiere las nóminas y las inversiones fuera de la esfera de control de los que dirigían el sistema anterior. Esto es cierto y constituye tal vez el mejor argumento para emplearlo. Otra ventaja del 'shock' es mover el proceso adelante y mostrar a la población que existe otra forma de hacer las cosas.

El peligro del 'shock' es la secuela de resentimientos y negocios turbios que deja tras sí, debido a la festinación con la que frecuentemente se actúa para enfrentar problemas muy complicados que usualmente requieren estudio a fondo. La rapidez lleva al error conceptual, y la subasta o entrega inmediata de empresas frecuentemente no se hace en las condiciones más ventajosas para la sociedad.

El gradualismo, por su parte, pretende escoger los momentos y estudiar las situaciones. Teóricamente también es razonable. Hay problemas industriales y agrícolas donde se puede hacer más daño que bien si no se ponderan las soluciones. Pero tiene el peligro de la inercia y la consolidación de posiciones de los que regentean las empresas, con la eventual resistencia al cambio y uso de la demagogia para mantener sus cargos.

La realidad es que ambas posiciones tienen riesgos y ninguna satisface plenamente desde un punto de vista práctico. Por ello es que ninguno de los dos modelos puede presumir de pureza. **Se hacen cosas oportunistas y cosas graduales porque así vienen las circunstancias.** El arte de este proceso consiste en mezclar las dosis convenientes y suministrarlas en el tiempo adecuado.

¿Cómo actuar ante esta disyuntiva en el caso cubano?

Con el sentido común y la mezcla de soluciones, sin importar lo que digan los teóricos a ultranza.

Pero existe un asunto a resolver "a priori" que está íntimamente ligado al asunto de la privatización: se trata de la moneda. Seríamos partidarios de una conversión monetaria inmediata porque habrá que privatizar en términos de dólares. Además, Cuba no es país que toleraría aún por un corto plazo las distorsiones y abusos de un control de cambios, ya que puede preverse que habrá una buena cantidad de dólares por concepto de turismo, remesas familiares e inversión. Aceptado lo anterior, lo mejor será sincerar la tasa de cambio del peso desde el primer momento, dolarizar la economía y dejar que la población se acostumbre a ganar y ahorrar en una moneda que tiene un valor real. En este caso, el 'shock' no lo es tanto porque de hecho el dólar sería la moneda de curso para las operaciones importantes, en tanto el peso adquiera estabilidad y merezca la confianza de la población.

Volvamos al tema. Hay asuntos que se prestan al 'shock' y temas en los que es puede resultar dañino. Ejemplos de lo primero son el turismo y la empresa familiar y de servicios personales.

El turismo, como industria de servicios que requiere atención y esmero y que crea muchos empleos de inmediato, es el tipo de actividad donde existe poco riesgo en privatizar rápidamente; sabida la poca aptitud del Estado para los negocios de servicios y que el producto a vender en buena parte consiste en la naturaleza.

El mismo nivel de riesgo existe en permitir la industria familiar y de servicios personales. Pero es que en estos ejemplos en realidad no hay 'shock' puesto que no se deja a casi nadie sin trabajo, ni se restringen sus ingresos o la capacidad de aumentarlos.

El 'shock' se produce cuando hay que reestructurar empresas con alta empleomanía, que requieren asimismo inversiones importantes en equipos para mantenerse técnicamente al día y capaces de competir en precio y calidad. En este caso, la privatización frecuentemente se convierte en un problema de reconversión industrial debido a que el Estado, durante su gestión, no ha mantenido las empresas a un nivel técnico que las haga viables. En otros casos podrá existir un panorama mezclado, con empresas totalmente ineficientes dentro de un giro, que son prácticamente chatarra y algunas que pueden mejorarse y hacerse aptas para competir a nivel internacional.

En estas situaciones el 'shock' es inevitable ya que el Estado, de por sí quebrado, mal puede sostener empresas que por sus pérdidas aumenten el déficit estatal. La solución conlleva rebajas de personal y cierre de empresas, problemas muy serios en una economía postrada que no genera empleos suficientes. Junto a ésto existen los costos de mitigar los efectos, o sea pagar una prestación social que al menos provea una subsistencia digna a las personas desplazadas, y/o los costos de volver a entrenarlas en otra profesión u oficio. Estos costos, que son por cuenta del Estado, recargan sus presupuestos y aumentan los déficits.

La industria azucarera, otrora la mayor empleadora de personal en Cuba, ya ha sufrido el 'shock'. Está reducida a su mínima expresión, ni siquiera surte lo necesario para el consumo interno y Castro ha exportado ingenios a Venezuela para pagar deudas petroleras. Es un ejemplo de como no hacerlo porque los desplazados no tienen empleo, ni oportunidad de obtenerlo aunque se les pague un sueldo. Pagar un sueldo mientras la gente se re-entrena es justo. Pero entrenarlos para que resulte que no hay trabajos en que emplear los nuevos conocimientos es una burla.

En general el asunto agrícola es de los que no se adaptan muy bien a soluciones rápidas y requiere un volumen de trabajo preparatorio importante, así como educación y legislación especial.

Financiamiento del 'shock'.

Cuestión Previa: No hay nada que hacer sin resolver a priori el problema de la deuda que hemos tocado en el capítulo XII de este libro y en diversos trabajos.

Supuesto lo anterior es correcto decir que hablar de 'shock' sin discurrir en como se financia es o una simpleza o una majadería. Sin embargo la literatura económica está plagada de verdades de perogrullo sin desarrollo ulterior. En este tema se abusa de enunciar lo obvio sin decir cómo se hace, y cuáles son sus consecuencias inevitables. Es una verdadera disyuntiva: si el estado continúa manteniendo empresas que den pérdidas, yerra en el método de cumplir una obligación social, i.e. crear empleo, porque está empleando recursos del pueblo en perpetuar el fracaso. Pero cerrar empresas y sumir a una parte importante de la fuerza de trabajo en la desesperanza tampoco es aceptable.

A la larga, el estado no puede mantener empresas permanentemente deficitarias e ineficientes, para las cuales sería imposible encontrar compradores u operadores privados. Es evidente que no se puede actuar sin contar con un plan bien pensado y realista, que liquide lo que no tiene valor, mejore lo que pueda mejorarse, y entienda que giros son interesantes para la inversión privada. Sólo así se proveerá de oportunidades de empleo a los desplazados.

La solución parcial que se ha dado a estos problemas en algunos países es la de gestionar créditos para efectuar la reconversión industrial y la transición. Los créditos supuestamente deben emplearse en re-entrenar la fuerza de trabajo, pagar indemnizaciones o prestaciones sociales a los dados de baja, etc. El Estado pudiera entonces vender las empresas reestructuradas a la empresa privada pagando los adeudos contraídos. Así se crean fuentes de trabajo y empresas que generen beneficios y paguen impuestos.

Sin embargo, estos créditos por necesidad provienen de instituciones multilaterales (no son aptos para la empresa privada) y tienen tres problemas. Primero, usualmente son insuficientes, segundo frecuentemente los plazos de pago son demasiado cortos, no dando tiempo a que se generen los ingresos fiscales necesarios para su amortización y finalmente su tramitación es lenta, no teniendo muchas veces la virtud de ser oportunos. Además los créditos vienen acompañados de una serie de condiciones financieras respecto a la política fiscal, política de precios, déficits públicos, tasa de cambio, etc. Se pretende con estas medidas que el Estado no caiga en la solución ilusoria de crear dinero e inflar para pagar sus deudas.

Las condiciones mencionadas, en términos de asegurar una gestión económica que garantice el pago del crédito son lógicas, pero el sistema tiene trazas de ser cambiado y ampliado en forma radical.[12] El problema de las condiciones financieras consiste en su aplicación, y en el precio de independencia política que es aceptable pagar por un

---

12 El Fondo Monetario y el Banco Mundial hablan de conceder créditos para procurar el "buen Gobierno". El crédito se condicionaría a que existiesen mejoras institucionales tales como tribunales eficientes, mejorías en la educación, salud, sistema fiscal, etc. Como casi todas las teorías peligrosas de concentración del poder esta modalidad tendría una base aparentemente lógica, que pudiera enunciarse así: "Los malos gobiernos crean riesgos para los inversionistas y prestamistas; riesgos que no son solamente fiscales sino que afectan a toda la sociedad y sus instituciones. Procuremos pues gobiernos a nuestro estilo que es el bueno." Faltaría saber que hace al Fondo competente para ser maestro de ciencias sociales a nivel mundial y que competencia tiene sobre materias educativas, jurídicas o de sanidad. Una cosa es exigir condiciones que inciden directamente sobre la capacidad de generar recursos para pagar un crédito puramente financiero y otra conceder créditos a fin de "comprar" la facultad de actuar como juez en materias sociales. Sea que el Fondo actuase directamente o pasase esos trabajos a terceros (léase consultores a quienes habrá que remunerar) tendremos el caso de que los ciudadanos pagarían impuestos para liquidar deudas cuya condición es que otras personas (no electas) los gobiernen. Se rompe así el primer principio de buen gobierno, a saber: responsabilidad y actuación directa y transparente de los funcionarios ante los electores, con quienes deben discutir lo que conviene a su sociedad y no lo que estime conveniente una burocracia internacional que no vive en esa sociedad ni rinde cuentas de su gestión sea buena o mala. Cada sociedad tiene que aprender a pedir cuentas a quienes deben rendirlas y pueden ser echados de sus cargos. El hecho de que este proceso tome tiempo y sea traumático es parte del aprendizaje de la libertad. Lo propuesto concentra el poder, crea demasiadas excusas y traslada la responsabilidad a quienes ni la asumen ni rinden cuentas. La experiencia ha demostrado que el Fondo está fuera de su campo cuando entra en dichas cuestiones.

crédito, dado que los créditos no son nunca suficientes y que las necesidades sociales se multiplican y se presentan con urgencia.

La concepción tradicional y jurídicamente correcta es que la aceptación de un crédito conlleva la firma de un compromiso para actuar en la forma convenida. El quebrantamiento de las condiciones impuestas origina la suspensión de los desembolsos y nuevas negociaciones para que la política de emisión monetaria para financiar el gasto público (siempre la culpable más inmediata) se restrinja.

Esta, y no otra, es la historia de las negociaciones con el Fondo Monetario y de otras instituciones multilaterales con los países endeudados que sufren además desajustes internos.

La realidad se dramatiza por ambas partes con frecuencia, pero la experiencia demuestra una cosa: Las soluciones permanentes no se generan con créditos ni contratos, que a lo más son ayudas temporales y parciales, sino por la voluntad de una sociedad de apartarse de un camino irracional y educarse en que consiste buen gobierno, a fin de crear uno que deje trabajar y producir a sus ciudadanos. Esta labor corresponde a cada sociedad que tiene que aprender por el método empírico: prueba, error y tiempo para enmendarlo.

Es por ello, que la labor de educar a la población en lo que se aspira a hacer y en las dificultades del proceso es vital. Sólo un gran cociente de solidaridad social logra disminuir al máximo el flujo y reflujo de los problemas, y evita que los sectores desafectos entorpezcan el proceso de tal manera que lo retrasen o lo hagan imposible de momento.

Soluciones:

Se basan en dos principios:

1- La privatización tiene que ser enfocada no sólo como un método de devolver la propiedad a la gestión privada, sino también como un método de promover y financiar la reconstrucción del país.

2- La sociedad como un todo tiene que involucrarse en el proceso, y no solamente en un plano teórico sino en forma comprometida, contribuyendo con su trabajo, ahorro y pago de impuestos.

Desarrollo de los principios:

a) El primer principio supone que las propiedades del Estado que sean susceptibles de venta en subasta pública tienen que ser bien vendidas, de forma que existan ingresos con los cuales sea posible financiar, en parte, las múltiples cargas a las que el gobierno habrá de hacer frente.

La reserva por el Estado de paquetes accionarios en algunas de las empresas puestas a la venta para su ulterior liquidación, preferiblemente cuando las empresas accedan a la Bolsa de Valores y sus acciones hayan cobrado un valor respetable, es un método idóneo. Se ha seguido con éxito en diversos países y la venta de los paquetes no liquidados en primera instancia siempre ha sido extraordinariamente rentable.

Cuba tiene empresas interesantes que bien pudieran entrar en este modo de operar. Ejemplos son: todas las de servicios públicos donde el Estado tiene que dar la concesión, turísticas, de recursos naturales, etc. Manejando bien los activos de primera y extrayendo de su venta el máximo, se pueden allegar recursos muy considerables.

En cierta forma la privatización tiene que ser vista como lo siguiente: **la liquidación de los malos negocios en la forma menos costosa posible; la venta de los buenos negocios al mejor precio posible; y en buena parte la financiación de lo primero a través de lo segundo.**

b) Dentro de este esquema cabe lo que señalábamos anteriormente sobre indemnizaciones y restitución. Se debe indemnizar en la medida de lo posible, tal como hacen las legislaciones de la Europa Oriental o sea sin quebrar al Estado (no hay otra salida); y se debe restituir con criterio de función social, o sea, a quien pueda poner el activo a producir en forma rentable y asegure así la creación continuada de empleos. Si el dueño antiguo no es capaz de asegurar este resultado le cabe la opción de elegir la indemnización o asociarse con alguien que tenga mayores recursos para acceder a la subasta de los activos. En este caso utilizaría sus cupos de indemnización como parte del precio, autofinanciando así la indemnización.[13]

c) La contratación de créditos con las instituciones multilaterales debe hacerse en condiciones sensatas. Si los plazos de amortización son de imposible cumplimiento es mejor no aceptar el crédito. Si las condiciones de política a seguir son tan estrechas que no permiten un campo de acción legítimo será también mejor no aceptar. Cuba ha vivido con tan poco por tanto tiempo, y tiene tantas posibilidades, que no puede ni debe hipotecar su futuro político ni económico por el bíblico plato de lentejas. Aunque las ayudas facilitarían el proceso de reconstrucción recuérdese que nunca serán suficientes en cantidad ni oportunidad.

Las soluciones parciales tienen un precio que no puede ser exagerado, ni tampoco pueden conllevar la aceptación de un sistema de paternalismo tal que retrase una vez más el desarrollo político e institucional de la isla. Ya llevamos casi cincuenta años sujetos a diversos "sabios" domésticos y extranjeros y es hora de que se aplique el principio de "vox populi vox Dei".

d) Lo anterior nos lleva nuevamente al tema jurídico/financiero. Para salir adelante, aún sin ayudas multilaterales de importancia, hace falta contar con un sistema legal que dé garantías tales al inversionista, que lo que no se supla por una fuente entre por la vía preferida de la inversión privada.

Una buena legislación mercantil y seriedad en su aplicación, (buen sistema judicial) haría de Cuba un destino muy atractivo para las inversiones, fomentando así la flotación de emisiones de títulos valores que financiarán la reconstrucción y serían el verdadero motor de ésta. Igualmente, el sistema fiscal debe proporcionar estímulos a la reinversión de las utilidades de las empresas mediante desgravaciones fiscales.

Una legislación de Bolsa moderna y dinámica permitiría además canalizar parte del ahorro popular a valores bursátiles,

---

13 El detalle sobre las cantidades a indemnizar y los métodos específicos, no son objeto de este trabajo. Un estudio de la legislación y circunstancias de la Europa Oriental nos ha llevado a la conclusión de que hay demasiadas variables propias de cada nación y economía para pretender dar una indicación siquiera razonable.

potenciando así la participación accionaria de los empleados en las empresas; y haría más interesante la creación de fondos de retiro que inviertan parte de sus activos en valores. Una vez que este proceso de contribución al retiro e inversión de los productos en títulos valores cobra impulso, se convierte en una máquina de movimiento perpetuo.

El capital generado por las empresas que lanzan emisiones permite la creación de nuevos empleos y de personas que ahorran y contribuyen a sus fondos de retiro. El ahorro a su vez genera nuevo capital, parte del cual se invierte en acciones. Dicho ahorro debe ser estimulado, desgravándose por completo los pagos por concepto de intereses. Las ganancias de capital también deben ser desgravadas a ciertos niveles populares y gravadas a una tasa preferente a otros niveles, a fin de estimular la inversión.

El dinamismo bursátil facilitaría resolver el problema de las indemnizaciones, pues la creación de nuevas empresas con salida a Bolsa hace que los que reciban cupones de indemnización puedan invertirlos en empresas con crecimiento. Todo ésto se ha ensayado ya con buenos resultados en Europa Oriental, pero confiamos en que puede ser mejorado en Cuba, dada nuestra proximidad a los mercados de capitales y la capacidad de gestión financiera de muchos cubanos, que conocen bien el medio por haber trabajado en él.[14]

e) El principio de comprometer a la sociedad tiene dos vertientes, una general y otra específica.

En general significa la necesidad de explicar al pueblo que aunque el desastre lo gestó un sector de la sociedad, nos afectó a todos dentro y fuera de Cuba. Y que a todos nos toca colaborar en la solución, pagar nuestra parte del costo de la reconstrucción y beneficiarnos de sus resultados. Frente a los desastres no cabe un individualismo exagerado donde cada cual pretende lo máximo.

---

14 Para información detallada sobre la legislación de Europa Oriental, ver la ley #44 de 1992 sobre Co-Propiedad e Inversión Accionaria de Empleados en Empresas; la ley #54 sobre Venta de Activos del Estado, ambas de Hungría; la ley de 26 de febrero de 1991 sobre Venta de Activos y el decreto sobre uso de Cupones de Inversión de septiembre 6, 1991, ambos de Checoslovaquia y la ley de Fondos Nacionales de Inversión de abril 30 de 1993 de Polonia.

Los ciclones afectan por igual a los buenos y a los malos, no son justos.

En sentido específico comprometer significa que tiene que existir una aportación tangible de cada cual. No se trata de un compromiso retórico.

Método: Un fondo para la reconstrucción debe ser organizado y nutrirse de los ingresos producto de las ventas por concepto de privatización, un impuesto especial 'ad valorem' aplicable solamente sobre artículos de uso suntuario (se controla así el consumismo demencial, tan frecuente en las transiciones) y un recargo modesto al impuesto sobre la renta, aplicado al exceso sobre cierto nivel de ingresos.

El objetivo debe ser no sólo recabar fondos, sino crear un ambiente de solidaridad donde a medida que los beneficios del cambio lleguen a ciertos sectores de la población, sean revertidos precisamente en entrenar al elemento humano que hará posible el cambio. Con ésto explicamos el propósito del fondo: educar, buscar empleo a los desplazados y durante ese período cubrir sus sueldos. Los beneficiados a su vez pagarán impuestos al fondo cuando estén empleados y sus ingresos lleguen a un nivel adecuado.

En términos económicos la contrapartida que tenemos que aceptar es: **Solidaridad Nacional o cada cual por su cuenta.**

La primera produce la capacidad de enfrentar los múltiples problemas que explicamos con un espíritu inteligente y práctico. La segunda nos puede conducir a ser nuevamente manipulados, explotados y sujetos tal vez a una nueva tiranía que no por más sutil deja de ser menos peligrosa.

IV- El aspecto político.

Por alguna razón a lo largo de su historia, Cuba ha sido país de contrapuntos, desfases y reacciones sorprendentes. La última colonia en separarse de España, fue la primera en incorporar ciertos adelantos como el cable trasatlántico con Europa y los ferrocarriles. Fue a su vez el conflicto colonial más notable de finales del siglo XIX. Sufrió el ataque de una fuerza expedicionaria desmesurada relativa a su población y emergió devastada de la guerra del 95, para recuperarse con rapidez vertiginosa.[15]

Abundando en sorpresas, en el siglo XX Cuba se incorpora sorpresivamente tarde al comunismo internacional, cuando la decadencia de este sistema ya se había gestado como consecuencia de la segunda guerra mundial. Y este pequeño y sorprendente país se dedica a ser punta de lanza del comunismo y a inmiscuirse en cuanta trifulca existía en la guerra fría y casi logra hacerla caliente en 1962.

No contentos con el abrazo tardío al marxismo, los dirigentes actuales y parte de la población que acogió la Revolución, con entusiasmo entonces juvenil, continúan en la senectud aferrados a él, (por razones de una auto-defensa mal concebida) aun después de que el sistema creó una situación nacional que ni a Marx le parecería justificable. Sin duda que los personajes cuentan, y mucho, en la historia de un país, pero a los cubanos tal parece que nos gusta estar "enredados entre las patas de los caballos" para utilizar una metáfora tan guajira como cubana.

En nuestra próxima edición nacional debutaremos en el mundo de la globalización y el liberalismo económico ¿Lo abrazaremos con entusiasmo desmedido o lo intentaremos "cubanizar"?

La pregunta tiene mucho que ver con el tema de este trabajo, porque la privatización se ha convertido en uno de los puntos neurálgicos del sistema liberal y porque sabemos que volver a la economía de empresa en Cuba no es cuestión de ideología, es cuestión de supervivencia. Así planteado el asunto, el quehacer político cubano va a tener que sortear un difícil campo ideológico.

Ensayemos a dibujar algunas tendencias y los problemas y aportaciones que pueden plantear:

---

15 De 1895 a 1898 España envió a Cuba una fuerza expedicionaria de casi 225,000 hombres respondiendo a la promesa del Ministro Cánovas del Castillo: "hasta el último hombre y la última peseta". Si observamos que Cuba tenía entonces una población de apenas un millón y cuarto de almas se puede constatar la intensidad del esfuerzo y sus consecuencias. Los cubanos insurrectos destruyeron la base agrícola azucarera que financiaba ese esfuerzo, pues de Cuba salían los recursos para pagar la guerra.

a) Nostálgicos pre 1959. Tal vez esta tendencia pudiera pecar de exagerar un poco el pasado, pero básicamente sería cubana y bien intencionada. Su parte positiva sería contrarrestar tantos años de mentiras y distorsiones. No vemos que ofrezca ningún problema importante a no ser que se dedique a exigir una vuelta prístina al estado anterior, lo cual sería utópico.

b) La Revolución Frustrada. (Edición #?) No sabemos el número de la edición porque hay demasiadas. Pudiera plantear un sistema de socialismo a medias, sin comunismo pero con un estatismo asfixiante. Privatizaría a regañadientes conservando lo más posible del "status quo" y enderezaría su artillería de grueso calibre a resaltar las injusticias y distorsiones del sistema neo-liberal, mezclando una buena dosis de exageración con marxismo recalentado. Tendría resonancia entre muchos que conservan añoranzas de los 60s y 70s. También hay nostalgia socialista.

c) El neoliberalismo puro. Pretendería ser la solución de todos los problemas con tal de que se deje hacer. Su énfasis sería económico, apoyaría privatizar todo rápidamente (si es barato aún mejor) y no estaría mayormente preocupado por los problemas sociales. Se dirá que éstos los resuelve el mercado. Esta mantra (que por su repetición constante, se parece un tanto a las cansonas consignas marxistas de que la culpa de todo la tiene el imperialismo) tiene sus peligros pues puede ser explotada por la Revolución Frustrada y crear una confusión conceptual entre la empresa privada y el darwinismo económico.

d) El nuevo invento cubano. Con suerte e imaginación (ésto último sí nos sobra) pudiera surgir un híbrido de todas las posiciones anteriores que sea la resultante de un equilibrio de fuerzas o de un concierto social. Sus características generales serían: libertad de empresa y la mayor participación posible del individuo en la reconstrucción y en la empresa donde trabaja.

En lo político y social este sistema sería abierto y conservaría nuestras tradiciones jurídicas y políticas importando sólo aquello que tenga valor probado y no lo que supuestamente "hace todo el mundo". Cuba fué un país abierto en lo económico y avanzado en doctrina social. Estas tradiciones pueden y deben mantenerse sin mezclarlas con extremismos ideológicos de cualquier tendencia.

En lo económico permitiría la inversión extranjera, asegurando que el respeto a la propiedad y a una gestión honesta sea absoluto. Asimismo el sistema sería partidario de privatizar y eliminar la injerencia estatal en la economía.

¿En qué se diferenciaría pues de los esquemas neo liberales y de la Revolución Frustrada? En que tendría un contenido de nacionalismo moderado e inteligente, transido de sentido común y al mismo tiempo estaría muy consciente de las exigencias sociales que plantea una transición y el mundo en que vivimos.

Expliquémonos. Cuba está descapitalizada y por tanto lo están la inmensa mayoría de los cubanos. Proteger la creación de empresas controladas por nacionales de Cuba y la acumulación de la propiedad en manos de cubanos sería un objetivo razonable que estaría justamente en el medio de la tendencia socialista y la neoliberal.

El lograr lo anterior sin caer en demagogias ni restricciones inoperantes no es sencillo, pero puede hacerse pues existen múltiples esquemas de **estímulo fiscal y administrativo** aptos para lograr ese resultado. Pensamos que con un poco de "ventaja" inicial, el cubano se incorporará rápidamente a la competencia pues es naturalmente apto para hacerlo.

Si unimos a ésto el favorecer la participación de la empleomanía en la empresa a base de paquetes accionarios, representación en las directivas, etc., bien pudieran surgir empresas muy ágiles y creativas capaces de competir con cualquiera. Se trataría de estimular y hacer que la gente invierta, pague su inversión, trabaje y la vea crecer y dar resultados.

Nada de regalar acciones, porque "yo soy pobre y tú eres rico"; al contrario: "te doy oportunidad de que me acompañes en el proceso productivo en igualdad de riesgos, salvadas las diferencias cuantitativas". ¿Créditos suaves para comprar acciones? Seguramente que sí, pero hay que pagarlos y mientras tanto las acciones están dadas en garantía. De igual forma hay que tratar las cuestiones sociales. Servicios sí, buenos servicios, rotundo sí, pero hay que pagarlos y remunerar bien a los que los proveen. El ciudadano tendrá que asumir parte del costo si el presupuesto nacional no puede absorber todo lo que se pretende.

Por otra parte, nada de considerar al hombre como otra mercancía más, como una máquina sólo apta para producir o consumir, siendo desechable cuando decrece o desaparece esa aptitud. En los países que sufrieron el marxismo, se explotaron los resentimientos creados por esa forma de obrar durante muchas décadas y se vendió una solución falsa.

Sin embargo, se dejó en la mente de buena parte de la población la conciencia de que en una sociedad debe existir preocupación por las aspiraciones del individuo y una participación mayor del mismo en las actividades sociales. **En buena medida, la Revolución Cubana al principio se nutrió del entusiasmo ingenuo del pueblo de Cuba por una utopía que escondía una tiranía.**

¿Qué tiene que ver todo lo que antecede con la privatización? Tiene que ver absolutamente en todo, pues privatizar no es sino redistribuir el poder económico de un país con las consecuencias sociales que ello implica.

Disyuntiva: ¿Se privatiza concentrando la propiedad y creando un ejército de asalariados no interesados en las empresas; o se crea un ejército de pequeños empresarios y de empleados que también sean accionistas en las grandes empresas que son necesarias en ciertos giros?

El diseño adoptado decidirá el futuro de los conflictos sociales en Cuba. En el supuesto de un proletariado enorme y pocos dueños, es previsible un sindicalismo fuerte y presiones continuas sobre el porcentaje de la creación de riqueza que corresponde a cada sector. El grado de sensibilidad social y la historia del sindicalismo en Cuba hace que este resultado sea probable, una vez que el período inicial, de aceptar cualquier trabajo en cualesquiera condiciones, haya pasado. Esta sensibilidad hará proclive a la fuerza de trabajo a ser movida por planteamientos irredentistas y nacionalistas extremos, que en definitiva retardarán el progreso y la recuperación, aunque puedan ser objetivamente correctos. No hay nada peor que crear fama de difícil o impredecible.

Lo mejor es tener de todo y así sucede en las sociedades prósperas porque la humanidad de por sí naturalmente

produce diversidad y si la hay, entonces existe libertad.

En el supuesto de un diseño participativo de capital privado y obreros, el arte del diseño consistirá en crear participación obrera y dejar campo a la legítima libertad de acción que la gerencia requiere. Asimismo, las diferencias en las aportaciones de capital y de riesgo a correr tienen que ser reconocidas, acordándoles las protecciones pertinentes. No se llegará a nada práctico con un esquema ilusorio, repleto de derechos para los trabajadores y ninguna protección para el capital de riesgo porque nadie lo aceptará como base para hacer nada importante.

Finalmente, la asociación tiene que ser libre. No se puede forzar a nadie a ser socio de nadie. Lo que sí puede hacerse es dar estímulo a esas asociaciones y aquí hay mucho campo para la política económica y fiscal. El diseño participativo **sería voluntario** y se produciría sólo con vista a estímulos fiscales que lo harían atractivo. Si no interesan pues no se participa.

Cuba no puede enfrascarse en una nueva lucha de clases, ni apuntarse irreflexivamente a la última moda, ni reaccionar con exceso ante peligros vislumbrados que pueden o no concretarse. O tenemos inteligencia para crear un país pequeño pero de calidad o seremos una mera isla caribeña apta para vacaciones, vicios, industrias extractivas o industrias de poco valor agregado.

Se alegará que el diseño participativo dificulta la gerencia y el manejo de las empresas, lo cual es cierto en algunos giros donde no sería apto para producir los mejores resultados; pero en otros, donde la relación laboral/patronal tiene que ser muy estrecha, pensamos que bien estructurado tendrá a su favor resultados muy importantes: eficiencia, buena voluntad, creatividad, espíritu de empresa. **En definitiva lo que haría triunfar un diseño de ese tipo serían los resultados, que dependen del elemento humano y su dedicación.**

Conclusión:

El reto para Cuba será éste: producir diversidad de artículos y servicios de buena calidad a precios competitivos, pero sin que este resultado se base en la creación de una isla factoría.

Dadas las condiciones de daño a la moral, a la educación libre y a los hábitos sanos de trabajo creadas por el régimen, que todo lo anterior es una aspiración elevada y difícil, ¿Quién lo duda? Pero el tema es el siguiente: ¿Entramos en otros 20 años de conflictos sociales agudos o intentamos algo nuevo y más sensato?

El tiempo lo dirá. Por nuestra parte pensamos que si Cuba produce esta vez un cupo de políticos inteligentes y patriotas, una buena parte del camino tendrá que ser andado por la vía de crear una economía de empresa con preocupaciones sociales, a fin de lograr por fin la Cuba "con todos y para el bien de todos" con que soñó Martí.